3,00

DESTIN OBLIGE

Son Altesse Royale
Le Prince Consort de Danemark
HENRI DE MONPEZAT

DESTIN OBLIGE

En collaboration avec
PHILIPPE VIGUIÉ DESPLACES

PLON

ISBN 2-259-18232-1

A mes fils Frederik et Joachim ce livre,
afin qu'ils découvrent des facettes
inconnues de leur père et de sa vie.
A ma chère épouse qui s'est associée avec
zèle à ces révélations.

SOMMAIRE

Qui ne connaît pas son destin ne pourra réaliser dans sa plénitude sa destinée humaine.

Confucius.

Préface

Depuis longtemps j'avais envie de connaître la vie du seul Français qui partage un trône étranger, le Prince Consort Henrik de Danemark. J'interrogeai libraires et confrères, spécialisés dans la chronique royale. Il n'existait guère d'ouvrage biographique concernant le mari de la souveraine de Danemark. Cette lacune stigmatisa ma curiosité. Pourquoi ne pas lui demander d'écrire sa vie ?

Je connaissais le Prince depuis quelques années. Par une interview commune avec la Reine que j'avais faite pour Le Figaro*, et des rencontres chez des amis, j'avais pu apprécier la vision parfois originale qu'il a de la vie et du genre humain.*

Je venais de publier un ouvrage d'entretiens avec le Roi Michel de Roumanie, dernier chef d'État survivant après la Seconde Guerre mondiale. Je m'ouvris de mon projet à la Reine Anne de Roumanie, inquiet des réserves que son esprit ne manquerait pas de formuler. La Reine Anne, au contraire, s'enthousiasma à cette idée, et favorisa une rencontre entre le Prince de Danemark et moi.

Le Prince me reçut par une belle journée du mois d'août à Caïx dans le Lot, où il possède une charmante propriété viticole, accrochée aux coteaux des environs de Luzech. Assis sous les lagerstrœmias de la terrasse, l'harmonie du paysage me donnait une tranquillité émoussée quelque peu par l'émotion.

Le Prince objecta qu'il aimait cultiver la discrétion. Il réfuta d'emblée l'idée de biographie : « On a dit autant de mensonges que de vérités... », mais m'avoua toutefois qu'écrire quelques souvenirs n'était pas déplaisant. La partie n'était pas gagnée. Après avoir argumenté et contre-argumenté — la controverse est un exercice apprécié du Prince —, je quittai Caïx emportant avec moi une maigre certitude : Henrik de Danemark réfléchirait à mon projet. Je sentais l'échec poindre à l'horizon.

Quelques semaines plus tard, nous reparlâmes du projet : ses souvenirs serviraient la vérité et les combats qu'il mène dans différents domaines. Je lui proposai d'être celui « ... qui présenterait l'image du Prince et de l'homme, telle que je la percevais ». L'idée d'un travail entrepris avec quelqu'un qui avait seulement huit ans l'année de son mariage, et qui appartenait davantage à la génération de ses fils qu'à la sienne, le séduisit. Que l'avenir fût un point commun entre nous acheva de le convaincre. Sa mémoire serait libre, mon regard aussi.

C'est ainsi que naquit ce livre.

Philippe Viguié Desplaces.

Chapitre premier

Rencontre avec le destin

Novembre. Il est dix heures du matin à Fredensborg. A cinquante kilomètres au nord de Copenhague, le palais d'automne des souverains de Danemark s'éveille doucement. Les contours baroques de cette imposante construction du XVIIIe *siècle — le château compte plus de pièces qu'il existe de jours dans l'année, trois cent quatre-vingt-cinq au total — s'extraient paresseusement des brumes matinales. Une silhouette en vélo fend la perspective de la longue avenue qui mène à la résidence royale. La petite reine est l'autre souveraine de Danemark. Point de hordes de police sur les dents. Aucun touriste. Ici, on est loin de l'agitation d'une capitale. De jeunes soldats en uniforme bleu, coiffés d'un haut bonnet à poil, montent la garde. Tous les quarts d'heure, une cloche cristalline sonne discrètement et les invite à quitter leurs guérites rouges marquées du chiffre de la Reine. Impeccable ballet que rythme la petite musique martiale des claquements de bottes sur le pavé humide. Sur la coupole qui coiffe la salle de bal du palais, aux proportions extravagantes, est fixé un soleil en métal doré dont les rayons figés dans l'histoire veulent évoquer un Versailles danois. Voilà le seul palais où ne flotte pas le Danneborg, un des plus anciens drapeaux du monde, celui du Danemark, une croix blanche sur fond rouge, qui indique la présence des souverains : Sa Majesté la Reine Margrethe II de*

Danemark et son Altesse Royale le Prince Consort Henrik. Le 10 juin 1967 commença ici, avec leur histoire d'amour, un destin extraordinaire. Celui d'Henri de Laborde de Monpezat, gentilhomme français que la naissance ne prédestinait pas à s'approcher d'un trône et dont les fils assureront la descendance de la plus vieille dynastie d'Europe, aux portes du troisième millénaire. Le jour de son mariage avec la Princesse héritière de Danemark, Henri quitta son nom, sa religion, sa nationalité, le soleil du sud-ouest de la France qui l'avait vu naître, son métier de diplomate et l'anonymat d'une destinée ordinaire. Fauché par l'amour à l'âge de trente-deux ans, il renaîtra devant un parterre de rois, sous les traits d'un Prince charmant, appelé avec la Reine à régner sur cinq millions et demi d'âmes, et sur un pays formé de quatre cent six îles.

C'est l'histoire de cette aventure humaine que conte, vingt-huit ans plus tard, le Prince Consort qui n'a jamais trahi la promesse faite le jour de son mariage à ce royaume des neiges. Plus uni que jamais et plus vertueux que nombre de monarques européens, le couple royal du Danemark ne joue pas la comédie de l'amour. Les lourdes portes du palais royal, refermées sur leur intimité, ouvrent des perspectives heureuses. Malgré la présence des valets en livrées rouge et or impeccables, la salle à manger royale garde des accents d'authenticité familiale. Le souci de paraître s'est effacé devant celui d'être heureux. Les rigueurs de la Cour ont été atténuées par une vie de famille qui ne connaît d'autres limites que celles imposées par les devoirs de la charge royale.

Les princes ont souvent la faculté étonnante de donner l'impression de s'intéresser à tout. Une curiosité orientable à loisir qui laisse l'interlocuteur séduit. Henrik de Danemark n'échappe pas à la règle. Si ce n'est que son intérêt pour tout ce qui est différent de lui est bien réel. Le Prince aime la controverse, et se surprend parfois à affirmer quelque chose qu'il n'aurait pas dû dire. Alors il porte la main à la bouche avec un sourire muet qui semble chercher l'indul-

gence de son interlocuteur, étonné d'avoir fait voler en éclats une vérité entendue. Comme un enfant qui se réjouirait d'avoir brisé un interdit. Henri de Monpezat n'est jamais loin d'Henrik. Le Prince et son double sont les deux faces d'une même identité. Invisible, la personnalité bicéphale du mari de la Reine se livre avec douceur. Une enfance protégée, une adolescence fragile, des premiers pas dans la vie, interrompus par la marche du rêve. Si l'ex-citoyen français converti au service de la Couronne danoise n'est pas né pour la charge qu'il occupe, son éducation et ses goûts furent une argile tendre où des mains expertes façonnèrent naturellement un prince. Étrangeté du destin : Henri avait tout pour devenir Henrik. Une éducation de grand seigneur en Indochine coloniale lui offre dès son plus jeune âge l'occasion de côtoyer le faste. La guerre d'Algérie le familiarise avec l'uniforme et son baptême du feu sera aussi celui du sang. Adolescent cultivé, mélomane et poète, attiré par les langues orientales, il nourrit l'ambition de devenir ambassadeur. Aussi sans se forcer, a-t-il su accomplir avec facilité la métamorphose imposée par le destin. Le peuple danois l'acclame. Puis, parce que toute séduction a un prix, n'en finit pas de le critiquer. Enfin il adopte ce serviteur sans reproche. Mais non sans idées. Le Prince n'en manque pas en effet. L'environnement et la solidarité humaine sont au cœur de ses combats comme ils sont aussi les enjeux de notre avenir. Le mari de la Reine a su éviter les inaugurations de pouponnières et les danses folkloriques, que vingt-cinq ans de vie officielle réservent parfois. Actif délégué de la croix-rouge de son pays, président d'Europa-Nostra, association internationale de préservation du patrimoine, président danois du Fonds mondial de la nature (WWF), ambassadeur de l'industrie et du commerce danois à travers le monde, le Prince Henrik s'est inventé un rôle de « Consort » taillé à la mesure d'une exceptionnelle activité intellectuelle, humaine et artistique. Cette silhouette familière de l'Europe est un prince respecté. Une figure avenante qui ponctue ces phrases d'énormes éclats de rire, ne manque jamais d'histoires drôles à raconter, et imite à merveille l'accent snob... ce qui amuse la Reine. Ami fervent de la vie, Henrik n'est pas un ennemi de la joie. Ce livre où il se raconte capte le regard d'un homme sur un monde secret, celui des monarchies, qu'il nous livre avec drôlerie et sincérité. Des chambres de bonnes dans le Paris des années cinquante aux centaines de pièces à sa disposition dans les quatre palais royaux du Danemark, le parcours d'Henri de Monpezat est unique.

Nous sommes assis l'un en face de l'autre. Le Prince sur un large canapé fleuri, moi sur un petit fauteuil doré. Devant nous, dans l'âtre de la cheminée, un grand feu de bois sec qu'alimente un valet en livrée réchauffe la pièce. Dans un salon du palais de Fredensborg commencent nos entretiens. Autour de nous, le silence. Seul signe de vie, le son cristallin des cartels qui s'animent aux quarts d'heure. J'en avais oublié le tintement. Ceux de nos vieilles maisons françaises ont cessé de fonctionner depuis si longtemps... Des fenêtres du château un océan de verdure semble moutonner jusqu'à un horizon d'arbres séculaires. Le Prince fume des Gauloises sans filtre, dont il assèche les paquets sur les radiateurs ou sur le haut des cheminées. Vissé sur ses fume-cigarette, le « Caporal » vient remplir, mal éteint, de pleins cendriers. Nous venons de déjeuner en compagnie de la Reine et d'un aide de camp quasi muet. Par égard pour leur hôte le couple royal a parlé français. Ordinairement il passe d'une langue à l'autre, danois, français, anglais, sans s'en rendre compte. Pour un visiteur cet exercice linguistique est saisissant. Au cours du déjeuner, accompagnant du gibier, le vin de Caïx, le cahors du Prince, à la robe sombre et au goût fruité, coulait dans les verres de cristal marqués du chiffre royal. Sa Majesté prit le café avec nous dans ce même salon.

Je suis seul avec les souverains, la Reine ayant donné congé à l'aide de camp qui, après un brusque claquement de bottes, s'est retiré. L'espace d'un instant, réapparaît le chef d'État alors que la grande féminité de la Reine me l'avait fait oublier. Les militaires pourraient-ils nuancer leur salut lorsque la fonction suprême est occupée par une femme ?... Je goûte le privilège de ce tête-à-tête. Nous parlons de tout mais nous ne disons pas rien. Je ne ressens pas l'insipidité que l'on prête aux conversations avec des chefs d'État ou des têtes couronnées, phrases insignifiantes que vole un micro, et qui semblent ordinaires, venues de ceux que l'on croyait extraordinaires ! Si les souverains danois s'astreignent à ne pas parler politique, je m'aperçois qu'ils ont beaucoup à dire. De tout ce que j'entendrai, je devrai peu retenir. La défaillance obligée de ma mémoire n'est vis-à-vis de mes hôtes pas seulement une obligation, mais une politesse que je leur dois.

« Je vous laisse converser maintenant », dit la souveraine, avant de disparaître dans un dédale de salons, avec la grâce d'une Reine et la simplicité d'une maîtresse de maison qui ne voudrait pas gêner. J'imagine qu'en été, quand le palais s'ouvre au public — la famille royale l'a quitté —, des hordes de touristes traversent les salons et cherchent à imaginer sur quels fauteuils la Reine, le Prince et des grands de ce monde se sont assis. Espérant déceler dans un faux pli, une étoffe usée la présence évanouie des souverains.

Autour de nous, posées sur des tables ou le rebord d'une fenêtre, une kyrielle de photographies dédicacées, dans de jolis cadres, certains surmontés d'une couronne. Je reconnais, pêle-mêle, quelques papes, des rois, des empereurs et, plus surprenant, une photo de la Reine Margrethe à l'intention du Prince, sur laquelle on distingue : « A mon chéri » ! Dans ce décor grandiloquent qui évoque plutôt un musée qu'une maison de famille, un tel cliché et une telle sincérité m'émeuvent. Je songe alors à la formidable histoire d'amour qui lie depuis plus de trente ans ce couple hors du commun.

Tout commença lors d'une rencontre à Londres où Henri de Monpezat occupait un poste d'attaché à l'ambassade de France.

PVD

*

Un soir du printemps de 1965, un diplomate français quitte le cœur insouciant son appartement londonien de Bryanston Square près de Marble Arch. Il part dîner chez des amis. Son costume de soirée est bien repassé ; sa coupe de cheveux rafraîchie. On l'a prévenu quelques jours auparavant que la Princesse héritière de Danemark serait l'invitée d'honneur. Il se promet de quitter aussi tôt que permis ce dîner probablement guindé.

Il est placé à table près d'une grande jeune fille qui lui paraît gauche, réservée et très peu sûre d'elle-même, malgré un air résolu.

Ce jeune homme, à la droite de la Princesse Margrethe, héritière de Danemark, c'était moi, Henri de Laborde de Monpezat, troisième secrétaire à l'ambassade de France.

J'appelai à la rescousse une tournure voltairienne et une discrète élégance appelé « esprit parisien » afin d'alléger une conversation en français hors des fadaises habituelles. Ma commensale n'avait pas besoin de mes tentatives pour que brillent les échanges. Elle avait de la repartie. Elle devint animée tout en restant prudemment conformiste. Malgré sa nervosité je la sentis se détendre. Je la trouvai cultivée, sérieuse avec des traits brillants mélangés de vérités solides qui n'osaient pas s'aventurer vers l'originalité. Je tombai sous le charme de sa tournure d'esprit et de son intelligence granitique. Mon attirance fut immédiate.

Au salon, après les liqueurs, je fus impliqué dans une partie de bridge sérieuse. Elle, avec un cercle plus nombreux et animé, fut conviée à jouer à la bataille, seul jeu de cartes qu'elle connût.

Après avoir gagné un grand chelem à sans atout, je

revins me pavaner avec modestie auprès d'elle, indifférente à la gloire d'un tel coup.

D'autres amis, les semaines suivantes, nous invitèrent au théâtre et dans des restaurants. Puis elle repartit chez elle et pour un long voyage en Amérique du Sud. Mes dossiers à l'ambassade me firent oublier ces agréables intermèdes.

Au printemps de 1966, deux amis tombés amoureux au cours de ce dîner de l'année précédente nous invitèrent séparément à la célébration de leur mariage en Écosse. Nous logeâmes sous le même toit. Nous trouvâmes maintes occasions de piétiner ensemble les landes venteuses. Les festivités terminées, le sort nous plaça côte à côte dans l'avion pour Londres. La Princesse devait y demeurer plusieurs jours. J'offris de lui faire découvrir des restaurants français discrets, car elle répugnait aux temples gastronomiques célèbres. Bien sûr, je lui fis déguster des escargots et des grenouilles, délicatesses peu communes en ce temps-là à Londres comme à Copenhague ; les gosiers gaulois, surtout, s'y complaisaient. Leur digestion nécessitait des exercices corporels que je suggérai de pratiquer sur le parquet de boîtes de nuit à la mode. Ces lieux enfumés (mon Dieu, comme cette Princesse fumait à la chaîne et en augmentait l'opacité !) réclamaient naturellement pour le lendemain un rinçage des poumons avec des bouffées d'air frais et sain — en fait semi-pollué. Les frondaisons de Hyde Park, les bancs et même les pelouses du parc nous accueillirent souvent. Les gazons anglais, ce printemps-là, me parurent plus verts, les jonquilles plus jaunes, les nuages plus légers, et la brise britannique plus revigorante. Il me parut aussi que le célibataire, récalcitrant à tout lien sérieux, tombait sans retenue amoureux.

Nos rencontres se déroulaient comme des épisodes sans lendemain. Entourée et sollicitée par tant de gens, la Princesse, par habitude, montrait une réserve déterminée ; je la sentais néanmoins désemparée. J'imaginai son esprit occupé d'autre chose que de l'imprévu de cette situation. Je me hasardai à donner des signes qu'elle m'attirait, j'allai jusqu'à le lui faire comprendre ouvertement. Elle l'avait déjà compris. Alors, sans discrétion je lui déclarai que je l'aimais. Cette déclaration lui plut, davantage encore le garçon qui osait franchir un tel pas !

Un diplomate, même amoureux, peut faire des erreurs. Ce que j'avais pris pour une bienséante retenue teintée de gêne à nos dernières rencontres n'était autre qu'un penchant amoureux partagé et une attirance réciproque.

Quand on aime, les sentiments entraînent au-delà du raisonnable. Nous tombâmes tous deux d'accord pour envoyer au diable la raison et garder pour nous le bonheur immédiat.

J'admis comme possible qu'un Français vivant en Angleterre pût tomber amoureux d'une belle Danoise. Il m'était plus difficile de trouver normal qu'une Princesse héritière le devînt de lui.

A trente-deux ans, ayant commencé à me bercer de l'attrait de fonder un foyer, je m'habituais paresseusement à l'idée de prendre femme. Tenant à un mariage solide, je désirais mûrir ma décision et lui laisser suivre une lente évolution. Voilà qu'un coup de foudre devenait ouragan. Cet éclat compliquait le cours serein de ma vie. L'*andante* se terminait pour devenir un *presto agitato*. Un autre musicien enfiévré s'y joignait et attaquait le thème avec la même ferveur. En duo nous jouions une fugue expressive dont l'allure harmonieuse — peut-être même *furiosa* ? — annonçait l'accord parfait. Mais cette symphonie à deux allait-elle se poursuivre ?

Quelques jours plus tard, en plein désarroi, l'air de

Londres me parut soudain plus froid, le ciel plus sombre. J'étais seul ! J'envisageai les conséquences d'un tel amour sur ma vie. Au lieu de dissocier la femme de la Princesse, je les amalgamais en une seule personne aimante. Être amoureux de cette femme était compréhensible. Qu'elle fût héritière d'un trône rendait la situation originale et peut-être impossible. De nombreuses complications étaient tapies au fond du bois. Faisais-je une folie aux conséquences inquiétantes pour elle, encore plus que pour moi ? Fallait-il arrêter l'engrenage dès maintenant ? Et pourquoi ne pas s'en remettre au destin ? Faire une folie, une vraie folie une fois dans sa vie, une fois pour la vie ?

Peut-être cette Princesse avait-elle été séduite par moi justement parce que j'étais inconnu ! Avait-elle décelé la sincérité des sentiments que je portais à la femme d'abord, que le destin avait fait héritière ? La réserve obligatoire qu'elle gardait envers son entourage s'est-elle dissipée instinctivement devant la certitude de mon sentiment ?

Devenue ma femme, elle m'a assuré qu'elle n'aurait jamais épousé un homme qu'elle n'aimât pas ou qui ne l'aimât pas avec une profonde sincérité. Qu'il fût Prince ou non lui importait peu. Les traditions matrimoniales des royautés commencèrent à s'effriter dans les années soixante et les familles royales empruntèrent des sentiers moins traditionnels aux barrières moins hautes.

Son intuition lui soufflait que l'important était de trouver un homme ayant pour elle suffisamment d'amour pour fonder un ménage harmonieux et partager ses fonctions, ses charges, sa vie officielle liées à ses devoirs. Qu'un membre d'un couple refuse de participer à la vie de l'autre, on ne donne pas cher de la survie du mariage. Secret du bonheur de tout couple uni : faire ménage à trois : lui, elle, et le couple.

L'entité est aussi importante que les unités.

Discrètement, prudemment, nous avons géré cette passion. Notre amour était trop sensible à la lumière pour être exposé à la presse et au public. Personne ne devait être au courant de notre secret. Une fuite aurait été pernicieuse. Nous voulions décider de notre destin et non subir que l'opinion publique le dévoile avant nous. Nous nous écrivions par amis interposés, nous nous téléphonions sous de faux noms. Quelques mois de feu sous le boisseau, de braises sous la cendre... Pourtant j'hésitais à sauter dans ce brasier inconnu. Qu'allais-je faire dans une galère qui battait rames vers un pays où je n'étais pas sûr d'être accepté ? Le Roi et la Reine allaient-ils acquiescer ? Mon sens des réalités était abusé par les forces qui soutenaient mes sentiments. Une Princesse héritière pouvait-elle épouser un homme selon le seul critère des élans du cœur ?

Mes craintes furent amoindries à la pensée que le Roi Baudouin venait de convoler avec une Espagnole de son choix, la Princesse Béatrix des Pays-Bas avec un Allemand, aucun de lignée princière.

Je partis confiant pour le Danemark et, le soir de la Saint-Jean, chez des amis communs qui nous avaient invités à fêter le solstice d'été dans leur château de Rosenfelt, je sautai dans le feu et demandai sa main. Elle s'y attendait, elle le désirait, elle s'interrogeait : « Quand va-t-il oser ? »

Les rayons d'une aube nouvelle caressèrent notre bonheur et apaisèrent mes craintes : elle m'assura que son père serait ravi d'avoir un gendre à ses côtés, et sa mère un Français qui lui rappellerait les Bernadotte.

Quels parents restent impavides quand leur fils annonce qu'il désire épouser une étrangère inconnue d'eux ? Je ne dévoilai pas tout de suite le nom de la dame de mon cœur. Ma mère fut transportée de joie à l'idée d'agrandir la famille. Apprendre qu'il s'agissait de la Princesse héritière de Danemark lui fit l'effet d'une bombe. Interloquée, elle se contenta de dire : « Avec mon fils ce ne peut être qu'une femme selon son cœur. » Mes grands-mères pensaient vivre un conte de fée. Mes frères et sœurs se voyaient entraînés dans une saga napoléonienne. Seul, mon père fut soucieux. Il croyait à des fantasmes de mon imagination, à des souhaits sans consistance réelle, à peine partagés par la princesse en question. Il craignait que mes sentiments fussent dictés par l'ambition. Si cette aventure se concrétisait, il redoutait que la presse, les critiques, les bien-pensants me réduisent vite en cendres : « Tu seras écorché vif le restant de tes jours. » De surcroît, l'aspect religieux du mariage le tracassait. Mon père redoutait un mariage mixte ou une conversion au protestantisme.

En fait, ses réticences visaient à ouvrir mes yeux sur l'audace de ce projet. M'en montrer les conséquences néfastes et les inconvénients qui s'ensuivraient. Je ne trouvai chez lui ni soutien ni encouragement. Il se réfugia dans le silence des semaines durant. Son incompréhension comme son refus de débattre des décisions à prendre pour le déroulement du mariage furent pénibles. Je me sentis isolé à un moment où je cherchais du réconfort.

Il menaçait même devant le spectre de l'excommunication de ne pas assister au mariage. Ma mère, appuyée par ma sœur Françoise, assura que, quittant l'Église catholique de mon plein gré, je ne serais pas excommunié, renégat seulement. La famille envisagea de faire une neuvaine à sainte Rita, patronne des causes désespérées. Dès les fiançailles rendues officielles, mon père devint le futur beau-père le plus enthousiaste !

Je revins incognito à Copenhague pour être présenté aux souverains. Comme prévu par leur fille, mes futurs beaux-parents m'accueillirent à bras ouverts et se montrèrent ravis. Le Roi se réjouissait d'avoir désormais un homme à ses côtés. La Reine Ingrid souleva les mêmes réticences que mon père, mais pour des motifs inverses : oserais-je devenir luthérien ? La rencontre eut lieu dans l'appartement d'une dame d'honneur et n'éveilla la curiosité de quiconque. On dressa les projets pour les semaines suivantes : obtention du consentement du Parlement, décision quant à la religion, date des fiançailles...

A Londres, le Prince Georges de Danemark, conseiller militaire de son pays, fut chargé de faire un rapport sur un diplomate qu'il connaissait à peine. Prudent et bienveillant, ses renseignements ne furent pas mauvais et il ne me jugea pas un sauvage inculte.

Quand j'annonçai à « mon » ambassadeur, M. de Courcel, mes projets matrimoniaux avec une Princesse de Danemark, il fut heureux pour moi et flatté pour sa mission diplomatique peut-être. Il assura connaître ma fiancée qu'il trouvait charmante, la confondant avec la belle-fille du Prince Georges. Je précisai qu'il s'agissait de la fille du roi, la Princesse héritière. Il fut si surpris qu'il se leva d'un bond et me félicita chaleureusement.

J'avais bien sûr envisagé que les souverains pussent s'opposer au projet de leur fille. Créer les complications d'une Mrs. Simpson, future duchesse de Windsor, et secouer le Danemark comme elle avait bouleversé l'Angleterre en 1936 n'était pas de mon goût. En cas de refus, je me serais rangé à la décision de la famille royale pour le bien de la monarchie et du pays. J'aurais offert de me retirer. Mais ma promise se serait-elle laissée entraîner jusque-là si elle avait douté ?

L'annonce des fiançailles fut divulguée par la presse avant la date prévue comme un coup de tonnerre. Ma fiancée n'avait pu rencontrer sa nouvelle belle-famille. Un premier contact s'était effectué par téléphone lorsque ma mère eut la surprise un matin d'entendre : « Je suis votre future belle-fille, je voudrais parler à Henri ! » Ce premier rapprochement distant mais chaleureux demandait à être consolidé. Nous allâmes dans le Lot passer trois jours par un automne pluvieux et ma fiancée put découvrir sa belle-famille et être appréciée de sa nouvelle tribu.

Un tel événement créa quelque agitation. Il est difficile de fermer une propriété ouverte à tous quand vignes et prairies viennent lécher les escaliers et les terrasses. Une centaine de journalistes avaient envahi la cour et les abords de la maison. Les caméras, cachées dans les arbres du parc et les buissons, crépitaient de partout, dès que nous nous montrions aux fenêtres. Une promenade sentimentale dans les causses devenait impossible, même par des chemins détournés. L'exclusivité d'une photo passait par le harcèlement ou la chasse à courre des fiancés.

Cette fête de famille, prévue pour être tranquille et pour deviser devant un feu de cheminée ou autour d'une table restreinte, évolua comme une kermesse dans un foyer de théâtre. Ma famille défilait, les amis se faufilaient, les photographes enfilaient leurs pellicules.

Ma fiancée ne détesta pas la manière bohème dont vit ma famille et le côté impromptu et naturel de son existence décontractée. Au Cayrou, on improvise sans se laisser contraindre. Une nombreuse famille exige une table extensible pouvant passer de douze à vingt-cinq couverts si nécessaire. Une famille royale peut mieux protéger son intimité et garder une zone de tranquillité en invoquant ses fonctions ou le protocole. On filtre les appels téléphoniques, les quémandeurs, les visiteurs. La famille Monpezat, devenue soudain point de mire temporaire des médias, ne savait et ne pouvait se retrancher dans ses tours ou s'isoler dans un donjon.

Les Danois réagirent avec enthousiasme et chaleur et m'accueillirent à bras ouverts dès que je débarquai de l'avion sous un orage de septembre. Ils avaient longtemps espéré que leur Princesse héritière trouvât un parti convenable et furent rassurés par sa joie éclatante. Un Français était nouveau, latin, exotique... sous les latitudes septentrionales. L'important était que ce choix fût prometteur.

Nous reçûmes d'innombrables témoignages de sympathie et d'affection. Il est de tradition que la famille royale apparaisse au balcon du palais d'Amalienborg, résidence de Copenhague, lors des importantes fêtes familiales telles qu'anniversaires, mariages, etc. La foule se presse alors sous les fenêtres, agite des drapeaux, lance des hourras. C'est émouvant et, chaque fois, mon cœur se serre. Cette première fois la chaleur de l'élan populaire me fit monter des larmes aux yeux !

Depuis je m'émerveille qu'une onde sentimentale entre la foule et celui qu'elle fête puisse se propager si facilement. Une bouffée de cordialité se répand entre les spectateurs et le récipiendaire là-haut sur le balcon. Il reçoit avec reconnaissance cette forme de remerciement qui s'exhale avec force. Moment de vérité qui revigore le moral ! Méfions-nous néanmoins de toute griserie car l'histoire montre que la foule est versatile. On pourrait croire impossible qu'une foule anonyme transmette un contact personnel. Et pourtant on perçoit le sourire bienveillant d'un inconnu, la joie d'un autre. On reconnaît un visage familier de loin, une barbe, un chapeau déjà vu. On découvre l'indifférent, le chaleureux, le curieux. Ondes magnétiques... Les enfants conservent une touchante ingénuité : tous dans la foule croient recevoir un signe direct de celui qu'ils acclament. Leurs vivats sont spontanés et sans contrainte. « Le Prince, je l'aime, c'est un vrai ami », dit un jour l'un d'eux à sa mère qui me le rapporta : « Pourquoi ? L'as-tu rencontré ? — Oui, sous le balcon d'Amalienborg, il m'a fait un signe de la main. Il m'a envoyé un sourire pour moi seul quand j'ai agité la mienne... tu crois qu'il sait qui je suis ? »

En avril 1967, nous passâmes huit jours à Tatoï, résidence des souverains grecs, à quarante kilomètres d'Athènes. Le Roi Constantin et la Reine Anne-Marie qui attendait son second enfant brûlaient de connaître leur futur beau-frère. Nous quittâmes la Grèce la veille du coup d'État qui a porté les colonels au pouvoir. Nous ignorions la profondeur de la crise politique et l'imminence du putsch. Tatoï, spacieuse villa dans les montagnes et les pinèdes, respirait la sérénité de l'Attique. A l'écart de la vie bruyante d'Athènes, elle était un havre de calme et de douceur. Le destin a voulu que nous n'y puissions jamais revenir.

Le gouvernement danois s'opposa à la présence des souverains grecs à notre mariage, décision qui peina beaucoup mes beaux-parents et ma fiancée. Les raisons politiques priment les familiales. Le jeu d'alliances des familles royales n'a plus d'influence sur la politique étrangère des pays, et aux intérêts de l'État doivent être sacrifiées les considérations familiales. Mais nous conservons la joie de revoir, à maintes réunions familiales, les souverains exilés à Londres. Mes cinq neveux et nièces grecs se retrouvent souvent avec mes fils.

Entre nos fiançailles, en octobre 1966, et notre mariage, le 10 juin 1967, je conservai mon poste à l'ambassade de France à Londres. Je voyageai fréquemment entre la Grande-Bretagne, le Danemark et la France. Ma fiancée et moi fûmes conviés à déjeuner à l'Élysée par le Président et Mme de Gaulle. Le Général me déclara de son ton sentencieux lorsque nous prîmes congé : « La France est fière de donner un prince à une monarchie européenne ; restez fier d'elle. » Mes collègues de l'ambassade me regardaient désormais d'un œil différent. Je n'étais plus en compétition pour l'avancement ! Pour l'ambassadeur, je devenais un collaborateur éphémère.

La carrière de diplomate m'avait fait passer des moments enrichissants et maintenant il fallait y mettre un point final. Londres facilite l'incognito, car les Anglais, indifférents à ce qui ne menace pas leur île, sont surtout intéressés par les frasques de leur monarchie et laissent les étrangers célèbres ou inconnus dans un splendide isolement fort plaisant.

Arrivé à Londres par un matin froid de l'hiver 1963, j'avais tenu à débarquer par le train en gare Victoria pour revivre les impressions que m'avait décrites un attaché à cette même ambassade de France, nommé quarante ans avant moi, Paul Morand. Le célèbre écrivain m'avait sussuré comme d'autres diplomates avant de partir : « C'est merveilleux d'entrer dans la diplomatie, à condition d'en sortir vite. » Il m'avait promis des félicités de ma nomination sans cependant exiger un rapport écrit de ma première mission !

J'avais, en 1962, intégré le ministère des Affaires étrangères à la suite d'un concours. Affecté à la direction d'Asie, au cœur du Quai d'Orsay où s'élabore la politique étrangère, je m'étais sentis dans une ruche où les conversations dans les fameux couloirs semblaient aussi fructueuses que les rapports élaborés dans les bureaux.

Sous le général de Gaulle, les Affaires étrangères passèrent dans le domaine réservé du chef de l'État. L'autonomie des ambassadeurs semblait devoir s'amenuiser avec le temps. La carrière d'ambassadeur subissant désormais une réduction de pouvoir et d'envergure comportait-elle autant d'attrait pour un aspirant diplomate ? L'influence des diplomates a diminué au cours des générations, depuis que les ministres prennent leurs décisions par des contacts directs avec leurs collègues étrangers. La marge de manœuvre d'un ambassadeur se rétrécie, mais il continue de jouer un rôle fondamental car il est l'image du pays qu'il représente. Les échanges politiques, économiques, culturels ou militaires, revêtiront toujours de l'importance par les conversations bilatérales. J'eus la conviction que la carrière choisie ne manquerait pas d'attraits. Après un an et demi passé au ministère, l'ambassadeur en Grande-Bretagne, M. de Courcel, compagnon de la première heure du général de Gaulle, souhaita m'intégrer dans son équipe. Quelle chance, quand on est jeune, de commencer dans les capitales prestigieuses !

A Londres, je m'installai dans un appartement spacieux d'une maison géorgienne du quartier de Marble Arch. Je gagnais souvent à pied, à la bonne saison, mon bureau situé à Knightsbridge en traversant Hyde Park. Londres ne m'était pas inconnue. Tout de suite je fus intégré à des cercles anglais et participai davantage à la vie britannique qu'aux festivités diplomatiques.

« Chaque Anglais est une île », a écrit Novalis. Compliment ou critique ? La vie de la société anglaise reflète un style particulier aux insulaires autant qu'un goût tourné vers l'intérieur. Le climat inclément sous ces latitudes exige un confort matériel plus douillet. On déplore cependant une indifférence altière au chauffage des maisons, et une inattention élégante à toute gastronomie appétissante. La tranquillité intellectuelle est essentielle au flegme britannique. Contrairement à la prédilection des Latins, la vie sur l'Agora se révèle dénuée d'attrait. Londres favorise l'épanouissement des hommes avant celui des femmes. Pour preuves les havres de paix que sont les clubs où seule la gente masculine accède ; l'élégance discrète des hommes face à la négligence vestimentaire des femmes. Mon séjour se déroula à l'époque où le *swinging London* donnait une place nouvelle et prépondérante à la jeunesse. Le

« débridé » et la fantaisie remuaient une société élégamment guindée mais figée. A Chelsea, à Pimlico, à Soho, l'éclosion du mouvement hippy, le bruit et la fureur des Beatles et des Rolling Stones explosaient comme une révélation. Assistant à leurs premiers concerts à Londres, je fus emballé par leurs mélodies faciles et poétiques qui apportaient fraîcheur et délire. Comme tout le monde, je les trouvais sympathiques et originaux. Ils suscitaient une réaction saine contre une insularité conformiste, souvent ennuyeuse. Le diplomate investigateur arpentait en explorateur captivé ces nouveaux territoires. Un célibataire est toujours une aubaine pour les maîtresses de maison. Partenaire de secours pour une partie de tennis, quatrième au bridge, convive supposé bien élevé pour remplir au pied levé une place décommandée à un dîner chic... Pas un instant, je regrette d'avoir été célibataire, homme et étranger, chez la perfide et néanmoins chère Albion ! Les fins de semaine mortellement ennuyeuses en ville, consacrées à la lecture et au farniente, je les troquai souvent pour des bols d'air sain et sportif à la campagne.

Le général de Gaulle est venu à Londres durant mon séjour, notamment pour les obsèques de Winston Churchill. L'ambassade s'en trouva chamboulée ! Impressionné par sa stature et son rayonnement, j'échangeai avec respect quelques remarques. Le général de Gaulle n'était guère populaire en Angleterre. A la tribune du Marché commun il tenait tête au gouvernement britannique. Les années 1962-1967 furent foisonnantes d'échanges et de négociations importantes concernant le Marché commun. Celui-ci, tiré par le tandem de Gaulle-Adenauer et consolidé par l'Italie et le Bénélux, marchait à bonne allure. La Grande-Bretagne, doutant de la capacité des rouages de ces six nations, menait un peloton parallèle formé d'autres pays européens, l'AELE, Association de Libre Échange. Les six désiraient s'élargir à de nouveaux membres tirés de l'AELE. La France parlant fort dans le Marché commun des Six et la Grande-Bretagne jouaient au chat et à la souris. La Grande-Bretagne donnait à entendre qu'elle condescendrait à faire partie de l'autre club dont elle n'était pas membre fondateur, à condition qu'on en change pour elle les règles essentielles ; pis, qu'elle y introduise ses propres règles. Les tractations s'enlisaient. Le « Continent » était las de voir ses nouvelles concessions sans cesse repoussées. Devant tant de tergiversations, le général de Gaulle, excédé, frappa mentalement son poing sur la table et lança un « non » retentissant à l'entrée des Britanniques. Le tollé injustifié que cette décision souleva dans l'opinion internationale et les critiques acerbes qui se déversèrent contre le veto énergique du Général ne sont pas oubliés. La Grande-Bretagne n'était pas prête et Mac Millan l'avait jetée dans le giron des États-Unis, affaiblissant ainsi l'idée d'une Europe indépendante, but du général de Gaulle. Elle attendra dix ans pour rejoindre le club. Pour un jeune diplomate, on imagine combien de telles négociations concernant l'avenir de l'Europe furent passionnantes à suivre.

Le Général était un homme majestueux, même en privé où il ne se départissait pas de sa grandeur. A son contact j'ai apprécié l'ampleur de l'expression « homme d'État ». Il s'était investi de l'incarnation de la France et l'on sentait battre en lui le cœur du pays. On ne ressentait jamais chez le Général l'idée que la fonction officielle pourrait être à l'avantage de l'homme privé. Seul comptait l'État, dont il portait à bout de bras l'idée forte et glorieuse.

Churchill avait déjà dit : « De toutes les croix que j'ai eu à porter, la plus lourde a été la croix de Lorraine. » Les Anglais, en dénigrant le Général, comme souvent ce qu'ils admirent, le respectaient. Sans doute l'enviaient-ils secrètement, obligés de constater que, sous son impulsion, la France retrouvait son indépendance d'esprit, sa grandeur, son rôle mondial et reprenait l'une des premières places sur la scène internationale.

Après avoir passé trois années enrichissantes à Londres, je quittai la carrière diplomatique et dis au revoir à la Grande-Bretagne. J'y laissai des amitiés solides et fidèles.

A la France aussi mon au revoir ne fut pas un adieu définitif. Je n'allais pas à l'autre bout du monde. Dans les dernières semaines de mon célibat, je refis seul longtemps les chemins de mon enfance, dans les causses, les vallons, les bois du Lot. Ces paysages, désormais, je les regarderais avec d'autres yeux : ils seraient l'environnement d'un foyer autre, un nid migratoire, et je serais visiteur de la France avec une famille nouvelle. Je pourrais y revenir à ma guise, mais une page se tournait. Mon attachement n'en serait pas amoindri mais différent. Je ne serais plus un diplomate à l'étranger qui glorifie davantage sa patrie puisque sa mission consiste à la représenter et à défendre ses intérêts. Je devais m'apprêter à canaliser mes sentiments vers un nouveau pays et approfondir mon attachement pour une nouvelle patrie. Cela exigeait concentration, renoncement, élan nouveau et dévotion sans faille à ceux qui m'avaient adopté si spontanément...

Comment regretter jamais une décision prise avec la passion de l'amour, quand ma femme et ma nouvelle patrie me promettaient tant d'affectueuses félicités ?

En m'installant au château de Fredensborg chez le Roi et la Reine, pour passer les quelques semaines précédant notre mariage, je mesurai combien cette nouvelle installation était définitive. J'avais vu s'étaler sous les ailes de l'avion des myriades d'îles vertes, serties de détroits bleus. Ce pays serait désormais le mien. Ma vie allait prendre un cours totalement nouveau. Alors me revint en mémoire une prédiction troublante, faite en 1958 lors d'un séjour en Extrême-Orient.

J'avais vingt-quatre ans et j'accompagnai un jour une amie chez un vénérable Chinois qui pratiquait une voyance millénaire basée sur la lecture de sillons tracés sur des cendres, l'interprétation d'hexagrammes et d'inscriptions sur des écailles de tortues, ainsi que sur les retombées d'osselets humains. Mon amie comprenait le dialecte hakka et les phrases qu'il éructait pendant ses transes parmi les volutes de fumées odoriférantes. La séance dura plusieurs heures. Le chaman, d'une voix extatique comme une sibylle, assura mon amie qu'elle serait déçue car rien de merveilleux ne lui arriverait. Puis, me fixant un long moment : « L'homme qui t'accompagne est très intéressant. Il aura un destin étrange et même extraordinaire. Toi, il ne t'épousera pas, mais il se mariera à trente-trois ans loin de son pays. Il disparaîtra de ce monde sans pour autant mourir. » S'adressant à moi, il ajouta : « Tu deviendras une autre personne, tu entreras dans une nouvelle peau, tu partiras en pays inconnu et, comme le phénix, tu renaîtras de tes cendres. » J'imaginai diverses métamorphoses, même celle d'écrire un livre à succès sous un pseudonyme. « Non ! l'écriture ne te donnera pas cette identité nouvelle, protesta-t-il comme s'il lisait dans le secret de ma pensée. Ton existence sera passionnante mais semée d'embûches et ton parcours difficile. Tu seras célèbre, riche et tu vivras le reste de ta vie entouré d'eau ! » Mon amie était perplexe. Il poursuivit, comme pour rendre plus crédibles ses prophéties : « Quand tu reviendras en Europe, une personne qui t'est chère va mourir. Elle n'est guère âgée, vingt, vingt-deux ans, elle est une parente. Ça sera soudain, inattendu et se situera autour de la deuxième lune du solstice d'été. » Un an plus tard, au mois de juillet 1959, une de mes sœurs, Thérèse, âgée de vingt ans, fut tuée dans un accident de la route ; moi, j'allais me marier à trente-trois ans, vivre dans un pays nouveau formé de centaines d'îles — Copenhague est située sur l'une d'entre elles. J'allais perdre mon nom, changer de nationalité, de religion, de langue, d'amis... J'allais devenir un autre homme.

Henri deviendrait Henrik et Prince de Danemark...

★

Même si le décor semble inchangé depuis des siècles, les princes qui ne nous gouvernent plus n'en finissent pas de nous séduire. Le cérémonial qui enveloppe chacun des événements de leur vie ne laisse rien au hasard. Un mariage royal réveille une féerie qui sommeille au plus profond de nous-mêmes, offrant un repère rassurant dans un siècle de tourmente. Le bonheur des autres étalé sur la place publique rend heureux. Le cortège d'une famille royale prend des accents de sincérité qu'aucune solennité républicaine n'est parvenue à imiter. C'est de l'aisance de ceux qui la portent que naît l'éclat d'une couronne. Au Danemark, dans la plus vieille monarchie européenne, les événements familiaux conservent le caractère privé qui donne au public l'impression d'y participer par effraction. Immergé par la force du destin dans la douceur de l'amour, Henri de Monpezat apprendra le samedi 10 juin 1967 à passer sous le regard des autres.

Ce jour-là, tout Copenhague a envahi les rues de la capitale et n'a d'yeux que pour ce jeune Français de trente-trois ans qui charme les Danois. La veille, le Roi Frederik IX est venu chez son futur gendre qui logeait au palais et lui a remis le grand cordon de l'Ordre de l'Éléphant, la plus haute distinction du royaume. Un geste de bienvenue affectueuse. Sept souverains, dont le grand-père de la fiancée, le

Roi de Suède, la Reine Juliana des Pays-Bas, le Roi Baudouin et la Reine Fabiola, le couple grand-ducal du Luxembourg, le Roi de Norvège, et plus de vingt-cinq altesses royales, futurs souverains, comme Juan Carlos et Sophie d'Espagne, ou Carl-Gustav de Suède, assistèrent au mariage. Holmens Kirke, l'église de la marine, avait été choisie par la future souveraine, par attachement familial. Au palais d'Amalienborg, peu après 15 h 30, la Princesse héritière, au côté de son père, monte dans le landau d'apparat. Le cortège, escorté par un détachement des hussards, passera devant les différentes unités de l'armée danoise. La foule derrière les barrières exulte... Arrivée à l'église, la Princesse remonte la nef à la rencontre de l'homme qu'elle a choisi d'épouser. Dans sa robe de zibeline que recouvrent des dentelles anciennes, flanquée d'une traîne de cinq mètres retenue aux épaules, la Princesse glisse, baignée de lumière, et portée par les voix d'une chorale d'enfants qui entonne l'hymne Sicut Cervus *de Palestrina que l'on avait chanté à son baptême. Sous le voile retenu par un diadème de diamants, le visage de la Princesse réchauffe le cœur de millions de Danois. Le bonheur lui va bien. Avec un baiser sur la joue, Henri de Monpezat accueille celle qui l'aime et qu'il aime. L'aumônier royal, évêque d'Aalborg, Mgr Erik Jensen, recueille le consentement mutuel des époux. « Margrethe, Alexandrine, Ingrid, Thorhildhur, veux-tu prendre pour mari, Henri, Marie, Jean, André de Laborde de Monpezat, ici présent... »*

A 17 heures, Margrethe de Danemark et Henri de Monpezat sont unis. Henri, le gentilhomme de Cahors, l'étudiant de Paris, l'ancien soldat d'Algérie, le diplomate de Londres, est devenu Son Altesse Royale le Prince Henrik de Danemark. Jamais rien ne sera pour lui comme avant. Le Prince a-t-il à cet instant pesé le poids de l'histoire ?... Le nouveau Prince quitte le chemin du passé. Le voilà sur l'autre rive, les deux pieds déjà dans le futur. Debout aux côtés de son épouse, face au peuple qui l'acclame, il apprend déjà à connaître et à aimer son pays.

Le mariage d'un héritier du trône revêt les fastes d'un événement officiel. L'agitation, la pression, la curiosité, l'intérêt populaires sont des ajouts incontournables. Une petite chapelle romane dressée au milieu des vignes comme celle du hameau de Camy où habitait ma grand-mère paternelle non loin du Cayrou, une vieille église campagnarde aux vitraux naïfs à défaut d'être artistiques, était un des lieux idylliques que j'avais imaginés pour mes noces.

Il n'y a guère d'intimité à un mariage royal. De nombreux chefs d'État et toute une nation y participent. Quand j'ai entraîné ma nouvelle épouse dans la valse des mariés qui clôt le banquet, je me suis enfin senti seul avec elle. La tradition danoise fait ouvrir le bal sur une valse tirée d'un divertissement romantique. Les invités encerclent le nouveau couple en frappant des mains au rythme de la valse et resserrent le cercle jusqu'au moment où il n'a plus de place pour tourner. Cette valse a fait disparaître les centaines d'invités. Seuls nous tournoyions mon épouse et moi dans un bonheur qui passait de l'ivresse à l'euphorie, de la joie à l'irréalité. Mon destin était scellé.

Être devenu Prince de Danemark m'octroyait une nouvelle dénomination, une étiquette rutilante, une « promotion », comme dans l'armée. En restant le même homme j'allais revêtir des responsabilités nouvelles. Je suis toujours Henri, dans le miroir. Mon mariage m'a fait troquer une pelisse d'individu abrité de la renommée contre celle d'un personnage officiel et connu. Mes nouvelles responsabilités allaient me mener à penser et réagir en Danois et non plus en Français.

Pour faire une surprise à ma femme et à ma belle-famille, j'avais résolu que mon discours au banquet serait en danois. Imprudence de ma part. Les discours étaient télévisés et ceux qui ont cru que je maîtrisais le danois furent déçus ensuite de m'entendre le baragouiner avec maladresse. Il m'a fallu des années pour le parler couramment, car la prononciation indistincte recèle des subtilités insurmontables pour un néophyte. Mon épouse le décrit comme un bon gruau d'avoine. Je l'émaille encore de gallicismes et d'un accent qu'on prétend ne pas être trop laid. Tout le monde me parlait anglais, et je devais me rebeller pour qu'on s'exprimât avec moi en danois, surtout dans mon entourage familial. Mon apprentissage en fut ralenti. Lorsque je répondis au discours de mon beau-père, je n'étais pas très à l'aise ! J'avais, selon l'expression danoise, « des papillons dans le ventre ». Mme Virkner, la charmante et belle épouse du Premier ministre socialiste de l'époque, J.O. Krag, actrice de talent, était placée en face de moi à une table perpendiculaire. Quand je vis couler des larmes d'émotion sur son visage gracieux, je sentis que ma prononciation était convaincante, et que mon discours gagnait les cœurs. Le soutien spontané bien que indirect de l'épouse du Premier ministre fut un baume. J'avais pu remarquer précédemment combien le Premier ministre considérait avec un certain dédain l'institution monarchique et ses représentants. Avec civilité certes, il affichait une distance narquoise et résignée qui cachait mal ses convictions républicaines. Je ne savais pas encore que son épouse ne les partageait pas.

Bien que notre couple ait occupé les journaux pendant des semaines, nous pûmes partir sereins en voyage de noces, mais en jouant au gendarme et au voleur. Notre trace fut effacée par notre chambellan, Ebbe Munck, ancien résistant notoire. Pendant trois jours, à bord du yacht royal, le *Dannebrog*, nous croisâmes dans les baies retirées et pittoresques du Danemark. Puis le navire, dissimulé derrière l'île suédoise de Hven, fut rejoint par une vedette qui nous débarqua à l'aéroport de Copenhague. M. Adam et Mme Ève, tels les premiers amoureux du monde, comme si ces noms pouvaient brouiller les pistes, se sont envolés vers la Turquie. A l'époque destination exotique, le tourisme luxueux n'y était guère développé. La beauté des paysages, l'ancienneté des civilisations qui s'y étaient épanouies, la gentillesse des habitants faisaient le renom de ces lieux sublimes. Mais de superbes palaces, il n'y en avait guère. Ce berceau des civilisations méditerranéennes, aux monuments innombrables, était un rêve pour une archéologue amateur comme ma femme. Nos pas nous menaient sur les traces des dieux et des héros de l'histoire hellénistique. Nous avons rayonné autour d'Ephèse, de Pergame, de Pamukkale, de ruines romantiques en sources chaudes sulfureuses. Puis, sur un bateau prêté par des amis, nous avons caboté le long des côtes enchanteresses, évitant les îles grecques, où notre parenté aurait entraîné des complications politiques. Nous fûmes découverts à Istamboul en fin de voyage. Sans gardes ni policiers, nous couvrîmes des milliers de kilomètres sur les routes turques défoncées de nids de poules, dans une chaleur intense, avec des avatars multiples. Deux ou trois fois, j'abandonnai mon épouse au bord de la route, près de la voiture en panne, en quête d'un dépanneur ou d'un bidon d'essence. Inconscients et enthousiastes élèves en goguette !

Un matin, près de Sidé, une plage de sable fin, immense et déserte nous incite à plonger dans les vagues avenantes. Nous nageons, insouciants vers le large. Les courants violents nous entraînent au-delà d'une barre et nous empêchent de regagner la côte. Nous luttons longtemps. Il aurait été préférable de se laisser porter par le flux et le reflux. La panique s'empare de mon épouse et mon anxiété atteint son comble. Après une lutte interminable contre les flots, nous regagnons la côte, exténués. Aucun témoin, aucune aide, personne pour nous porter secours. Qui de nous deux eut la plus grande peur ? Pouvait-on mourir pendant son voyage de noces, un si beau matin, sur une si belle plage, avec tant d'amour dans son cœur ?

Ma vie défila devant moi comme si elle allait expirer dans ces vagues...

Chapitre 2

Un pied dans deux mondes

C'est à Talence, un faubourg de Bordeaux, que je suis né le 11 juin 1934, dans la maison de ma grand-mère maternelle, proche des vignobles du château Haut-Brion. Mon grand-père maternel, Maurice Doursenot, natif du Limousin, était mort de ses blessures à la première guerre. Ma grand-mère s'était remariée avec un ingénieur dessinateur à la SNCF, André Menneteau.

Le 11 juin fut un jour comme les autres, mais pour moi ce fut le premier. L'année 1934 est réputée bonne... pour le vin aussi. Mais ce fut l'eau du Jourdain, rapportée de Syrie par mon autre grand-mère, que je reçus sur la tête à mon baptême qui eut lieu à Prayssac, Lot, où mon père possédait en commun avec son frère aîné le château de Touzeau. Et je partis quelques jours après pour l'Indochine dans les bras de ma mère.

Après avoir reçu avec l'eau bénite les prénoms de Henri, Marie, Jean, André, mon père badigeonna mes lèvres de vin de Jurançon et d'une gousse d'ail comme on le fit à tous les princes de Navarre et au futur roi de France, Henri IV, Béarnais comme ma famille. Cette coutume, je l'ai appliquée aussi au baptême de mes deux fils. La gousse d'ail, plus que le vin de Cahors qui remplaça pour eux le jurançon, leur fit faire une grimace. Mon père, désirant fêter dignement l'arrivée au monde de son premier fils — ma sœur Françoise était née deux ans auparavant à Hanoi — commanda en primeur un tonneau de château-yquem. Cinq ans plus tard, en 1939, à son retour d'Indochine et à la déclaration de guerre, le Château d'Yquem offrit de racheter cette bedonnante barrique au quintuple du prix ou d'en livrer les trois cent cinquante bouteilles comme convenu. Sagement, mon père, pour agrémenter sa cave autant que son palais, choisit les bouteilles. Par une glose généreuse, il appela ce nectar « le vin d'Henri ». Hélas ! au long de la guerre et ensuite, tout visiteur lui fournit l'occasion bénie d'ouvrir un flacon. Toute mon enfance, j'ai dû aller, à contrecœur, chercher au cellier les divines bouteilles que l'on disait à moi et les servir à des gens qui m'étaient indifférents. Je n'ai pris qu'une maigre part à la dégustation des vingt dernières, passé l'âge de dix-huit ans et obtenu mon permis de conduire.

Depuis 1937, mon père possède un vignoble au Cayrou, à Albas, près de Cahors. En 1974, j'ai suivi filialement ses traces, en devenant viticulteur au château de Caïx, désormais son voisin et concurrent loyal. Tant de précoces relations avec le vin prouvent que les pampres de la vigne et moi avons eu quelque intimité depuis l'enfance...

La famille de Laborde, originaire du Béarn, établit une filiation certaine depuis le XVIe siècle. Un de mes ancêtres, Jean de Laborde, épousa en 1648 Catherine d'Arricau, dame de Monpezat — dame, pour une jeune fille, signifiant qu'elle était possesseur ou héritière du fief. Depuis cette union, nous portons les deux noms. En dépit de lettres patentes de 1655 signées du roi de France, Louis XIV, il fallait, en Navarre, être reçu aux États pour avoir confirmation de noblesse. Le manque de place pour siéger ou des malveillances politiques et religieuses empêchèrent Jean de Laborde dorénavant de Monpezat d'être reçu au parlement de Navarre. Par la suite, la Révolution priva la famille de son « ci-devant nom » en supprimant « de Laborde » et laissant seulement Monpezat. Mon aïeul en ce temps-là, un enfant de trois ans, se retrouva citoyen Monpezat tout court. Les révolutionnaires le forcèrent à danser la gavotte sur la tombe de son père porté dans les bras de sa mère effrayée. En 1861, un jugement du tribunal de Pau nous permit de reprendre le patronyme original, « de Laborde de Monpezat »...

Plusieurs villages en France se dénomment Montpezat, Monpesa, Monpezat... Les noms propres n'avaient pas d'orthographe fixe. Plusieurs familles ont aussi au cours des siècles porté ce nom de terre. Les principales furent Montpezat en Agenais — qui fut, du xe au XIVe siècle, l'une des quatre premières baronnies de cette province —, et Montpezat en Quercy — qui fut aussi, du XIIIe au XVIe siècle, une des plus importantes baronnies du Quercy. Parmi les illustres représentants de ces puissants féodaux ayant engendré cardinaux, ambassadeurs, hommes de guerre, le plus célèbre fut le maréchal Antoine de Montpezat (1490-1544), un des « grands officiers » de François Ier. Outre ses faits d'armes et ses ambassades auprès de Charles Quint et d'Henri VIII, c'est lui qui apporta à la reine mère, régente de France, la fameuse missive de François Ier, prisonnier de l'Empereur, après le désastre de Pavie (1524), dans laquelle est contenue la phrase célèbre : « Tout est perdu, fors l'honneur », si bien connue des écoliers. Ses terres furent érigées plus tard en marquisat. Il est maintenant établi que nous ne descendons pas de lui, non plus que d'un duc du même nom, vivant au XVIIIe siècle et qui ne laissa que trois filles.

Au temps de mes fiançailles, généalogistes et chercheurs se mirent en piste et découvrirent les lignages que nous ne savions plus. Ma famille s'était désintéressée de ses traces lorsque les archives de Navarre furent détruites dans l'incendie du parlement de Pau au XVIIIe siècle. Ayant passé des générations sous de lointains tropiques, elle avait sevré ses liens avec le Béarn. Cependant, mon grand-père fut toute sa vie connu sous le nom de marquis de Monpezat. Il était le fils d'Aristide de Laborde de Monpezat qui fut maire de Pau de 1875 à 1881. Sous son « règne », la capitale béarnaise changea beaucoup de physionomie. Il la modernisa, donna un essor touristique, en fit une station hivernale à la mode. Il acheta le parc Beaumont permettant la construction de la splendide promenade des Pyrénées. Une période faste débuta pour Pau et la société élégante européenne et britannique fréquenta la ville sans discontinuer.

A Pau, se croisent deux rues, l'une où naquit et grandit un garçon qui devint maréchal de Napoléon et Roi de Suède, l'autre portant le nom d'un maire de la ville. Le garçon est Jean-Baptiste Bernadotte, le maire est Aristide de Laborde de Monpezat, mon arrière grand-père.

Voilà une curieuse coïncidence. Certains ont voulu y trouver un signe du destin. Il est de fait que la mère de mes enfants, mon épouse, la Reine Margrethe II, est la descendante du maréchal Bernadotte, par sa mère la Reine Ingrid de Danemark née Princesse de Suède. Le Danemark et la Suède, deux monarchies scandinaves intimement liées par l'histoire et les mariages dynastiques, sont séparés seulement par un mince détroit de la Baltique. Pour moi c'est là qu'intervient le destin qui a choisi les méandres d'un fleuve, le gave de Pau, pour mêler en nos enfants le sang de deux familles béarnaises sur les rives de la Baltique.

Mon grand-père naquit à Pau en 1868. Après ses classes secondaires, il poursuivit des études universitaires à Paris où il mena une vie tumultueuse et laissa le souvenir d'un boulevardier pittoresque et chahuteur. Condisciple, au lycée de Pau, de Louis Barthou futur Premier ministre qui fut tué à Marseille en 1934, lors de l'attentat contre le roi Alexandre de Yougoslavie, il fut aussi l'ami de Léon Daudet et de Charles Maurras, dont il ne partageait pas forcément toutes les idées. Il se mêla à la vie politique agitée du Paris de la fin du siècle. En compagnie de ses amis, Curnonsky, le prince des gastronomes, Paul Fort, Paul-Jean Toulet, les poètes, ses compatriotes, il s'immisça dans le monde des écrivains et des artistes de la capitale. Dans les éditions originales dédicacées de notre bibliothèque à Hanoi, je savourais, adolescent, rimes et « contre-rimes » enchanteresses :

Dans Arles où sont les Alyscamps
quand l'ombre est rouge sous les roses
et clair le temps,
prends garde à la douceur des choses
lorsque tu sens battre sans cause
ton cœur trop lourd
et que se taisent les colombes,
parle tout bas si c'est d'amour,
au bord des tombes.

Avec d'autres intimes d'esprit aventurier et rêveur, entre autres Isabelle Eberhardt, l'exploratrice, Charles de Foucauld, le futur ascète du Sahara, mon grand-père dut échanger récits et projets d'aventures, mais au lieu de suivre ses amis dans leurs épopées d'Afrique et du Sahara, il réalisera son rêve exotique au Tonkin. Sans doute fréquenta-t-il plus assidûment les banquettes des cafés que les bancs de la Faculté. En 1892, à l'âge de vingt-quatre ans, n'ayant plus d'attaches familiales à Pau, le marquis de Monpezat vendit ses biens en Béarn et, muni d'un bon pécule, partit pour l'Indochine. Son tempérament bouillonnant et aventureux l'auréolait d'une légende de mousquetaire gascon. Car avec trois amis, justement de Gascogne, il avait constitué un groupe célèbre : « les Mousquetaires ». Au dire d'un chroniqueur de l'époque, les boulevards de Paris l'admiraient et le redoutaient. Sa carrure, sa faconde et sa moustache relevée évoquaient physiquement d'Artagnan. Bretteur invétéré, toute controverse était occasion de jeter le gant et de provoquer un duel. La loi interdisait évidemment les duels, mais la police fermait un œil indulgent sur des rencontres codifiées par l'honneur.

Son premier duel lui acquit une renommée bienveillante : à l'âge de dix-huit ans, se battant seul contre quatre lieutenants du 18e régiment d'infanterie de ligne, il en mit deux hors de combat. Son dernier, à l'âge de cinquante ans, clôturant une kyrielle impressionnante d'autres rencontres à l'épée, lui valut une condamnation de prison avec sursis. Ce duel au pistolet, pour une affaire d'honneur et de femme, s'était terminé par la mort du rival. Par la suite, il ne toucha plus une arme. Il résilia son mandat de député au Conseil supérieur des colonies, et mit en veilleuse sa carrière politique, qui recommença cependant au soir de sa vie. Car aussitôt après son installation au Tonkin, il avait pris une part active à la politique et avait été élu député à ce conseil en 1902, fonction qu'il garda jusqu'en 1918 avant d'être réélu en 1924.

Ayant le don de la harangue et le regard impérieux, il savait convaincre par le geste et la parole. Il s'intéressa aussi bien aux intérêts français qu'aux droits des indigènes. Il conseilla des réformes et défendit les décrets de l'administration... en permettant quelques entorses ! Sa grande popularité lui procura un siège au Conseil du gouvernement de l'Indochine, organe placé sous la présidence du gouverneur général.

Les bienfaits de son action ont fait courir dans le pays des phrases telles que : « Heureusement, les gouverneurs généraux passent, mais le marquis de Monpezat demeure. » « Le résident général (second après le gouverneur général) ne saurait rien décider sans l'accord de Monpezat. »

Il souhaitait que les populations locales soient soumises à une politique réaliste et pragmatique plutôt qu'aux décrets, souvent irréalistes, de l'administration métropolitaine. Sur la scène internationale, il fut un des artisans, grâce à son amitié avec Delcassé (ministre des Affaires étrangères) de la dévolution au royaume du Cambodge des provinces de Battambang et de Sisophon que lui disputait le Siam. Son goût pour les affaires administratives, sa connaissance des problèmes locaux, l'étendue de son information, ainsi que son attrait pour la politique, le poussèrent à écrire de nombreux pamphlets et à publier plusieurs livres de politique générale. Dans les années 1920, il se dota d'un organe commode pour libérer sa plume et exprimer sa verve : il fonda un journal baptisé *La Volonté indochinoise* qui devint un des grands quotidiens de Hanoi. Il y satyrise, il y agresse, il y redresse les torts, il y ricane. Il expose les travers du personnel administratif et politique, auquel d'ailleurs il appartient. A l'imprimerie de ce journal, établie aux limites du parc de notre maison de Hanoi, j'allais enfant bâtir des châteaux, non de cartes ou de sable, mais de languettes de plomb ou de cuivre, qui serviraient le lendemain à l'imprimer. Dans le cliquetis des machines ou le ronronnement des rotatives, les typographes annamites, sans froncer le sourcil, me confiaient des casiers de lettres majuscules ou de mots incompréhensibles. Maculé d'encre, de graisse ou de poussière, bousculé, rembarré, c'est avec des caractères d'imprimerie que je bâtissais mes édifices d'un jour. *Verba volant...*

Un certain Pham Van Dong fut, dans les années trente, un journaliste attaché à ce journal pendant deux ans. Plus tard il fit une brillante carrière dans le Parti communiste et fut le bras droit du président Ho Chi Minh puis, son ministre des Affaires étrangères, et enfin le Premier ministre du Viêt-nam. Peut-être ai-je sauté sur ses genoux quand j'avais quatre ans ?

Avec une énergie débordante mon grand-père, dès 1894, s'intéresse aux possibilités économiques offertes par le pays dans l'agriculture, et l'industrie. En homme d'affaires avisé et pionnier entreprenant, il acquiert et défriche de vastes étendues dans des provinces inexploitées. Aux plantations de riz, de café, de thé, il ajoute des filatures de coton et des mines de charbon. Hormis la polémique, on lui prêtait quatre passions, et les caricaturistes n'épargnaient pas leurs traits satiriques : « L'agriculture, le duel, les femmes et les chevaux. » Toutes aussi ruineuses ; mais de façon plus ou moins agréable. D'après les anciens coloniaux et quelques membres de ma famille, sa vie était celle d'un gentilhomme flamboyant, dont la culture, l'insouciance et la générosité étaient les traits dominants. Ses deux fils ne le connurent que les six derniers mois de sa vie quand il les appela en 1928 à venir vivre avec lui à Hanoi. Quand ils durent régler la succession, mon père raconte que plus de cent cinquante serviteurs émargèrent sur la liste. En l'absence des appareils ménagers actuels, la domesticité était très étendue en Orient, facteur de prestige autant que d'emploi. En surnuméraire certes, mais le chômage était évité et cet important personnel couvrait cuisines, service intérieur, secrétariat, jardins, mais aussi parc automobile et hippomobile. Encore dans mon enfance, selon l'humeur et le temps, nous pouvions choisir auto ou calèche pour nos promenades vespérales aux alentours d'Hanoi.

Henri de Monpezat s'était marié en 1904 avec Henriette Hallberg, dont la famille, d'origine suédoise, établie à Stralsund au début du XVIIIe siècle, forma une dynastie de pasteurs luthériens. Elle vécut ensuite pendant quelques générations dans le duché de Bade. Mon arrière grand-père paternel Eugène Hallberg s'enfuit d'Allemagne après les émeutes estudiantines qui la soulevèrent en 1848, vint à Paris et sortit diplômé de l'École normale de la rue d'Ulm. Il s'établit ensuite à Toulouse où il fit une brillante carrière à l'Université. Il se convertit au catholicisme sur les instances d'anciens camarades philosophes de Normale, mais surtout de sa femme. Ardente dans sa foi et ses goûts artistiques elle tenta d'empêcher la démolition de l'église romane d'Albas en dormant avec sa maisonnée sur le parvis plusieurs jours de suite. Malgré elle, une nouvelle église fut construite. L'histoire a voulu que je renoue après lui non seulement avec la Scandinavie, mais avec le luthéranisme. Eugène Hallberg, auteur de savants ouvrages concernant les littératures étrangères et des écrivains européens, fut élu mainteneur de l'Académie des jeux floraux de Toulouse. Il composa aussi une messe en vers latins, dans laquelle mon père, soucieux de notre culture littéraire et religieuse, puisait des extraits qu'enfants nous devions apprendre par cœur. Il s'établit à Albas sur les rives du Lot dans la propriété de sa femme, hors des cycles universitaires. De là, notre appartenance à cette magnifique province du Quercy. Ses trois filles, réputées pour leur beauté et leur intelligence, ont fait souche nombreuse. Leurs descendants, restés fidèles au pays des Cadourques, se retrouvent l'été, établis autour de Cahors, où ils forment un noyau imposant de petits cousins. Cette proximité géographique nous permet de garder des contacts réguliers avec cette seule parentèle.

La benjamine des trois, Henriette ma grand-mère, alliait l'intelligence à la grâce, et manifestait des dons artistiques certains. Son originalité savoureuse frisait l'excentricité. Pianiste et harpiste de talent, elle était aussi douée d'une belle voix, taquina maintes muses et écrivit quelques essais rarement publiés. Entre autres, une étude bien-pensante, « Saint Joseph, ou l'éminent cocu mystique », qui, n'ayant pas reçu l'imprimatur de l'archevêque de Paris, la résigna à ne pas essayer de publier ses œuvres. Elle prit peu de part à la vie de mon grand-père. S'il ne l'incita guère à le rejoindre dans les climats tropicaux infestés de fièvres, peut-être refusa-t-elle fermement de s'y rendre. Ils se retrouvaient lors des rares séjours de mon grand-père en métropole, où d'ailleurs il ne revint jamais après 1913. De telles absences les incitèrent à divorcer en 1917. Ils eurent deux fils dont le second est mon père. Mon grand-père s'était bien intégré à la vie du Tonkin et l'attrait de la France s'estompa. La magie de l'Extrême-Orient, évinçant la nostalgie de la métropole, le conquit et le séduisit pour toujours. Décédé et enterré à Hanoi, son cœur cependant, ramené dans une urne, est déposé à Pau. A sa mort en 1929, âgé de soixante ans, le marquis de Monpezat laissait à ses deux fils, mon oncle et mon père, un empire industriel, comprenant quelque 40 000 hectares de plantations diverses, des filatures, des mines de charbon, des caboteurs pour le transport des céréales, des rizeries (moulins), un journal, une écurie de courses de cent cinquante chevaux, plusieurs immeubles, et surtout la réputation d'un intrépide pionnier et d'un virulent orateur. Les mémoires des autochtones gardent de lui l'image d'un homme d'affaires doué et d'un défenseur zélé des Indochinois.

Lorsqu'ils arrivèrent au Tonkin en 1928, mon père

et mon oncle ne connaissaient ni leur père ni le pays. Leur enfance avait été vagabonde, au gré des pérégrinations de leur mère. Elle vécut près de sa parentèle établie en Aquitaine aussi bien qu'à Paris et à Alger où sa sœur aînée, mariée au préfet du département d'Alger, demeura de nombreuses années. Au cours d'un de ces séjours, un incident diplomatique créé par mon père faisait nos délices chaque fois que notre grand-mère nous le racontait. La Reine Ranavalo III de Madagascar, déposée de son trône, était assignée à résidence surveillée en Algérie. Elle continuait à recevoir un traitement régalien de la part des autorités de la République. Elle venait parfois dîner chez le préfet, oncle de mon père. Un soir, on a décidé de présenter à Sa Majesté les deux bambins Monpezat. Mon oncle, avant la présentation, a chuchoté à son frère que c'était une Reine en chocolat, sa couleur foncée l'attestait, et qu'elle était très sucrée. L'inévitable se produisit, mon père, en faisant son baisemain, planta sa mâchoire au travers de la paume royale pour goûter la friandise. Le « Aïe » de la Reine fut plus discret que la déception de mon père.

Quand ma grand-mère se remaria avec un officier, Pierre Keller, en 1917, les fils Monpezat trouvèrent en leur beau-père une affection profonde qui les intégra complètement à leur nouvelle famille. Ils le considérèrent comme un père et ils furent traités comme les trois fils et la fille que ma grand-mère eut de son second mari. Ils voyagèrent au gré de ses affectations militaires au Maroc avec Lyautey, en Allemagne occupée et au Levant à Damas et Beyrouth, avec leurs autres demi-frères et sœurs. Leurs études terminées, mon grand-père désira connaître les deux fils qu'il n'avait vus que bébés. Il leur demanda de venir le retrouver à Hanoi et leur promit un établissement digne des espoirs qu'il fondait sur eux.

Mon oncle, âgé de vingt-trois ans, nouveau promu de Saint-Cyr, avait été affecté à un régiment de Légion étrangère basé au Tonkin. Mon père, âgé de vingt et un ans, avait effectué son service militaire à Damas où résidait son beau-père, et se faisait une fête de découvrir son père et l'Extrême-Orient.

Débarquant à Hanoi les deux fils trouvent en cadeau de bienvenue deux vastes maisons similaires de style néogothique colonial, pastiches du château royal de Pau. Entourées d'un parc commun, elles sont aussi équipées de fond en comble ; les cuisiniers sont même à leurs fourneaux. Les fils ne seront pas gênés par le père qui tient sa cour dans un autre quartier de la ville. Celui où ils vont résider et où je passerai mon enfance est ombragé d'avenues plantées de doubles rangées de banians et de manguiers. Là aussi se trouvent le palais du gouverneur général, le jardin botanique, le grand lac et l'ancienne Citadelle impériale. Le lycée français ultra moderne est proche ; j'y passerai mes baccalauréats en 1951-1952.

Mais mon grand-père meurt six mois plus tard en 1929. Les deux fils doivent assumer une succession aussi vaste que diverse, sans y avoir été préparés. Mon père rencontre ma mère deux ans plus tard et l'enlève à son premier mari. Ils vivront une grande histoire d'amour. Jusqu'en 1939, ils partageront l'apogée des fastes coloniaux de l'Empire français en Indochine.

La France avait trouvé dans ces royaumes un terrain sublime et une civilisation raffinée. La beauté du pays, la gentillesse des populations, la luxuriance de la nature, tout concourait à façonner « la magie indochinoise » si bien décrite par Paul Morand, Albert Londres et autres écrivains voyageurs.

Alors que mon grand-père était pionnier, mon père fut plutôt gestionnaire. Il s'attacha à moderniser les plantations, établir des dispensaires, tracer des routes et des canaux, assainir les exploitations industrielles et moderniser les mines. Il améliora l'élevage de ses chevaux de course par des croisements entre races asiatiques et arabes ; il montait souvent en course comme en attestent de nombreux trophées laissés à Hanoi. Il chassait beaucoup, passion qu'il a conservée jusqu'à l'âge de quatre-vingts ans quand il décida de ranger ses fusils.

L'Indochine était très giboyeuse et dans les jungles inexploitées de l'Annam, une faune variée, éléphants, tigres, civettes, crocodiles, gaurs, buffles et autres, n'était pas encore menacée par la progression démographique ou le danger d'extinction.

Mais l'intérêt principal de mon père se tournait vers son journal, *La Volonté indochinoise*, où il écrivait régulièrement. Après la guerre, le journal sera rebaptisé *L'Entente*. Quand il doit décliner sa profession, mon père, par désir de souligner son intérêt pour l'information, se nomme toujours en premier « journaliste », ensuite planteur. Il parle vietnamien mais ne l'écrit pas.

Ma mère, femme passionnée, met son cœur et ses forces à défendre une idée, un point de vue, un argument et, bien sûr, ses enfants et son mari. Orpheline à dix ans, son tempérament volontaire et indépendant devint contestataire. L'attestent l'obtention de ses bacs et de son permis de conduire à dix-huit ans, quand peu de jeunes filles osaient ces extravagances, son premier mariage contre le gré de sa mère, à dix-neuf ans, en 1928, suivi de son départ pour l'Indochine, ainsi que ses voyages solitaires et périlleux pendant la guerre. Issue d'une famille modeste du Périgord elle apprit le sens des valeurs fondamentales, celles de la patrie, de la famille, de l'économie domestique. Son bon sens lui vient sans doute d'une mère issue de la paysannerie aisée. Son jugement intuitif et sûr, son imagination débordante, ses rêveries fréquentes, lui permettent de construire sur des bases solides. Elle montre une large indépendance d'esprit et une originalité maîtrisée pour ne jamais heurter. Sa curiosité lui a donné une culture variée. Sa débordante activité l'a amenée à élever huit enfants avec une aide réduite pendant la guerre, sans restreindre ses goûts pour les voyages ou ses impulsions vagabondes. Par goût certainement, par mission peut-être, elle s'est toujours pliée aux fantaisies de son époux et n'a jamais rechigné à improviser un menu copieux et succulent quand il ramenait cinq invités, dix minutes avant les repas. Nous avons profité sans vergogne de ces dispositions en imposant des camarades de la même manière. Elle nous enjoignait simplement de mettre la main à la pâte. Enfants, nous la jugions davantage épouse que mère et l'accusions de consacrer plus d'attention et de loyauté à son mari qu'à nous. Son époux l'accusait de l'inverse et se plaignait d'être oublié.

De ma mère j'ai appris à faire face à l'imprévu et à ne pas être désarçonné par le sort contraire. Elle m'a entraîné à défendre fermement mes idées, si elles me paraissent justes ou cohérentes, même si dans les débats, avec elle ou avec mon père, leur logique me semble évidemment trop outrée et... passionnée. Pendant vingt ans, elle a changé périodiquement de paroisse, se fâchant avec les curés dont le prêche lui semblait trop virulent ou trop orienté politiquement dans la fustigation des riches, des propriétaires terriens, ou des pharisiens. Elle quittait ostensiblement l'église avec hauteur et fracas en renversant sa chaise pendant le prône. Elle finit par aller entendre l'office dominical dans les églises situées à trente kilomètres du Cayrou. Maintenant elle est revenue fréquenter les églises d'Albas et de Castelfranc, ses paroisses, qui sont désertées non plus par elle, mais par les prêtres ayant encore moins de raison de fustiger de trop rares fidèles.

Redoutant d'être prise au dépourvu, elle rabroue rarement quiconque, sinon son mari lorsqu'il exaspère sa patience. Elle refuse d'admettre l'impossible et relève tout défi de l'existence avec le sourire. Elle nous apprit la loyauté. « Corvée » est un mot qu'on ne mentionne pas, estime-t-elle. Tout devient facile si l'on se persuade de n'y pas voir une gêne. Désormais octogénaire, clouée à son fauteuil, elle se sent délaissée si elle n'est entourée de nombreux arrière-petits-enfants, de leurs amis et des amis des amis et si la maison ne retentit pas de cris et de jeux. Elle continue de régenter son monde d'une main ferme.

De tout temps, mon père a porté la moustache et la mouche. Avec l'âge, elles sont devenues simplement plus hirsutes. Ses baisers paternels sur nos peaux de bébés piquaient et dérangeaient. Peut-être était-ce stratégie pour se faire craindre à peu de frais et établir une autorité de *pater familias* qui fait sa fierté.

Aucun de nous ne la lui a contestée, même s'il se plaît à assurer que j'y fus le plus rebelle. Comme il dirigeait une escouade nombreuse, nous acceptions tous en silence son autoritarisme et ses directives arbitraires. Sur les bras du lustre de la salle à manger, pendu bas sur la table, était posée une *ca-dui*, mot vietnamien auquel nous donnons l'orthographe « cadouille ». C'est une longue et souple cravache. Elle s'abattait sur notre crâne, nos oreilles ou nos doigts si nous nous tenions mal à table, chahutions ou parlions trop fort. En revanche, si nous faisions des farces discrètes ou des blagues pas trop idiotes, l'indulgence ou le sourire étaient la récompense. Car mon père aime les mots d'esprit. Il ne déteste pas la grivoiserie et apprécie le calembour où il excelle. Les complaisances de mon père se manifestaient dans les limites où l'autorité parentale n'était pas bafouée.

Mes frères et sœurs, souvent par moi inspirés, se permettaient des remarques cocasses que d'autres parents n'auraient pas tolérées. J'enseignais à mes sœurs des locutions que des jeunes filles de bonne famille n'emploient pas, mais qui sont nécessaires à leur éducation, même si leur âge ne leur permettait pas de les comprendre encore. Ainsi à déjeuner, une invitée remarquant : « Il ne faut pas confondre les tentacules de la pieuvre avec les antennes de la seiche », ma sœur Françoise enchaîna : « Bien sûr, ne pas confondre tentacules et enc... la tante. » Stupéfaction et silence de catastrophe. A un autre dîner, on présente les fruits. Mon père, fier de sa production de pêches, de la variété dite « Tétons de Vénus », incite un convive : « Vous devriez goûter mes “Tétons de Vénus”. » Du bout de la table, on entend la voix suave et assurée de Thérèse, neuf ans, pointant vers de juteuses prunes d'ente : « Vous devriez goûter les... ouilles de Jupiter de papa. » Silence de catastrophe et gloussements. Mon père scrutait les mines candides de mes sœurs et voyait, à mon air impassible, d'où venait leur science. J'étais prié fermement, plus tard, de garder mes connaissances pour moi.

Mais la « cadouille », sur son lustre, menaçait en permanence comme l'épée de Damoclès, et nous l'avons tous ressentie. Aucun de nous n'en a gardé de traumatismes psychiques. Une caresse de cette cravache si artistement pendue ou une bonne gifle était un soulagement moral quand on avait fait une bêtise. Nous pensions que la justice régnait en ce monde et un monde logique et juste devait sanctionner la faute. La punition, si elle était immédiate, était méritée et juste, et les deux parties, le donneur et le récipiendaire, oubliaient l'incident aussitôt.

Nous nous moquions des punitions abstraites qui en prolongent le souvenir : « Tu seras privé de gâteaux... de cinéma demain... » Les explications oiseuses de certains parents nous exaspéraient et nos camarades bougonnaient ensuite : « Évidemment qu'on sait que c'est mal. Évidemment qu'on sait que ça fait de la peine à nos parents, aux autres... etc. Cause toujours... Mais dégage vite pour que je puisse aller jouer. » Une gifle nous paraissait radicale et n'entraînait pas d'explications. Elle calmait ; l'incident était clos.

Nous entendions avec dégoût les récits de violences de certains parents envers leurs enfants. La honte était pour eux qu'on aurait dû punir. Hélas, il existe des parents dénués d'un sentiment essentiel : l'affection parentale. Mais pour nous qui connaissions celle de nos parents, nous estimions que ces exemples odieux ne pouvaient abolir les vertus efficaces d'une gifle. Nous savions que l'excès transforme même toute qualité en défaut. Nous prônions la gifle modérée en force, rare en fréquence, et limitée à l'âge tendre. A cet âge, les accès d'humeur ou les impatiences subites de mon père et de ma mère nous paraissaient normales. Au-delà, c'est une déclaration de guerre.

De tyran du foyer, mon père est devenu ange de tribu. De jeune père sévère, il s'est retrouvé grand-papa gâteau. On peut porter au crédit des aînés leurs efforts conjugués et constants qui ont réussi à pacifier son tempérament. Déjà, les derniers enfants de la série paraissaient gâtés-pourris par rapport aux aînés. Déjà la cravache était devenue au cours des ans un accessoire de théâtre. Mes dernières sœurs ont commis exprès des incongruités à table dans le but d'activer les soubresauts de cette cravache. Elles s'extasiaient en douce sur la terreur répandue chez leurs jeunes amis invités.

Désormais, la cravache grandement raccourcie fait quelquefois des apparitions sur le lustre. On ne sait qui l'y met. Quand et pourquoi. Elle trône telle une relique de lieu saint, une arme de culture primitive, un signe d'autorité, un objet d'admiration, un sujet de conversation. On la contemple avec déférence. Et chaque enfant de soupirer malicieux et contrit : « Sa taille était le double, c'est sur mes doigts qu'elle l'a perdue »...

Mon père possède une vaste culture littéraire pourtant limitée aux classiques. La peinture, la musique, la sculpture, ne sont pas pour lui des domaines de dilection. Les sciences naturelles et l'astronomie lui sont familières ; la botanique, la zoologie, la mycologie, la sylviculture et bien sûr la viticulture, ont peu de secrets pour lui. L'histoire des hommes et l'histoire des religions, il en connaît les faits, les noms et les dates. C'est en littérature qu'il est surprenant car ce qu'il a lu, il l'a retenu, il le cite. Dommage que ses lectures se soient arrêtées à l'entrée de ce siècle ; les œuvres modernes lui sont indifférentes. Cicéron, Horace, Virgile, il s'y réfère en latin. De Villon à Verlaine, il possède ses poètes sur le bout de la langue. Les sonnets de Ronsard, les tragédies de Racine sont revenus comme des leitmotive entre le poisson et le rôt. Les *Essais* de Montaigne, *Les Fleurs du mal* entre la poire et le fromage ; les *Chansons d'automne*, les *Poèmes saturniens*, entre les cornes des vaches et les galops des chevaux ; *La Légende des siècles* entre deux virages. Les *Fables* de La Fontaine s'égrenaient à toute heure du jour. Le ton emphatique était pris pour les *Oraisons funèbres* ou les *Mémoires d'outre-tombe*. Les citations de mon père, qui sur l'heure me barbaient plutôt, m'ont fait plus tard découvrir les beautés de l'œuvre de Chateaubriand. Avec lui et Jean d'Ormesson, j'estime que les *Mémoires d'outre-tombe* sont un des plus beaux livres de la littérature française.

Mon père se croyait-il les talents de Talma ? Quand il déclamait dans la galerie dallée du Cayrou : « La voix du maître de maison appelant son valet de chambre retentissait sous ces voûtes séculaires comme... », je me croyais dans les murs de Combourg et lui se prenait pour le père de François-René, l'illustre vicomte.

Mon père possède une foi inébranlable. Pourtant se plier aux horaires des services religieux lui est difficile. De toute sa vie, je ne l'ai jamais vu arriver à l'heure à la messe. Sa théologie paraît se rapprocher davantage d'un jansénisme mâtiné de calvinisme, que du catholicisme pur. « La vie est une vallée de larmes... », « Notre passage sur terre est un chemin de sacrifices », « La volonté de Dieu passe par la grâce », « Notre volonté doit être concentrée sur le rachat de nos fautes ». Un flot de citations a encombré notre enfance. Théorie mise à part, dans ses actes, il est joyeux, hédoniste, bon vivant et insouciant. Il vit « au plaisir de lui ».

Constamment et très tôt nous avons dû partager sa disponibilité, sa culture, son goût de la nature, ses penchants gastronomiques, son flair au bridge. Par ses citations, il nous a transmis un goût éclectique malgré notre mauvaise volonté. Quels beaux cadeaux !

Les cinq premières années de ma vie se sont passées en Indochine, coupées de courtes interruptions en France. Parmi des souvenirs diffus et imprécis, demeurent des gamineries, des sensations profondément ancrées ou floues, des saveurs, des effluves, des couleurs, des bruits. Mes sœurs Françoise, mon aînée de deux ans, Anne-Marie la cadette décédée en 1938 et moi, disposions du dernier étage de la maison de Hanoi. L'escalier menant à ce troisième étage était situé dans une tour carrée. Quand nous le remontions après nos promenades, nous traversions les bureaux et les antichambres du rez-de-chaussée, où nous cajolaient intendants et secrétaires. Nous évitions les salons du premier étage, car souvent il fallait se frayer un chemin dans une forêt de jambes en essuyant des baisers mouillés. Les chambres à coucher, au deuxième, conservaient le calme d'une clairière où nous descendions le matin propres et rutilants, embrasser nos parents. Arrivés chez nous au troisième, nous étions essoufflés. Sous les toits et au-dessus des arbres, notre domaine enfantin, calme et peut-être désordonné, était une fournaise. Il faisait très chaud dès le mois de mars jusqu'à novembre, et frais l'hiver car au Tonkin la température peut descendre jusqu'à dix degrés. Un balcon terrasse courait en les doublant le long de nos chambres, et servait d'aire de jeux en plein air. Univers paisible et feutré par les pales des ventilateurs et le frémissement des moustiquaires.

Notre monde protégé se composait de nous trois et de nos trois *amah*, mot chinois qui désigne la nourrice ou la nurse. La mienne s'appelait Thi-Haï, en vietnamien « fille deuxième ». Son affection, que je lui rendais, était profonde, sans jamais avoir été en compétition avec celle de mes parents que, pourtant, je ne voyais que quelques instants par jour, le matin et le soir. Son dévouement était insondable, mon attachement de même, et je pleurais à l'idée d'en être séparé un jour. Les trois nurses étaient rivales, chacune croyant avoir la charge d'un phénix et exigeant des prérogatives ou des faveurs en raison de l'importance du chenapan qu'elle gardait. Leurs chamailleries innocentes m'exaspéraient quand les nurses de mes sœurs, Thi-Ba qui veut dire fille troisième et Thi-Tu, fille quatrième, osaient me gronder, moi, et refusaient de me passer mes caprices, alors qu'elles toléraient ceux de mes sœurs. La réciproque était valable car ma nurse me gâtait et jouait les cerbères avec les autres, ce que n'appréciaient pas mes sœurs.

Hormis nos jeux dans le jardin, elles nous emmenaient en promenade, sur les rives du Grand Lac bordé de lotus et de barques. Nous allions aussi déposer des bâtonnets d'encens dans la pagode du Grand Bouddha si proche de chez nous, que nous entendions le tintement aigrelet des gongs, appelant les bonzes à la prière par-dessus les frondaisons du jardin. Les bouddhas cléments, enveloppés des fumées lourdes des brûle-parfum, souriaient béatement, alors que leurs acolytes, farouches, ricanaient agressivement et me remplissaient d'effroi. Avec les mêmes courbettes que nos nurses, Françoise et moi nous offrions fruits, fleurs et encens. On tirait aussi des billets bariolés qui nous promettaient des félicités célestes. Je fus ainsi plus précocement familiarisé avec Bouddha qu'avec Jésus. Le sourire de Bouddha semblait plus bénévole lorsque je lui demandais des faveurs enfantines, comme de me conserver l'amour de ma Thi-Haï. Aux festivals bouddhiques, lorsque les oriflammes se déployaient au vent et que les ors et les bronzes brillaient plus rutilants, les bonzillons cessaient de marteler leurs gongs, interrompaient leurs litanies et nous offraient des sucreries formées de purée de graines de lotus ou des friandises de haricots noirs sucrés, enveloppés dans des paquets de feuilles de bananiers. Au sortir des pagodes, je préférais un bol de *pho*, soupe de vermicelle aux crevettes avec poulet et coriandre, que nos nurses nous emmenaient ingurgiter à un carrefour sur un étal muni d'une chaudière ambulante entre coolies et tireurs de pousse-pousse. Thi-Haï n'avait sûrement pas bonne conscience car nos parents n'auraient pas aimé cet écart, mais comme nous nous régalions !... Quelquefois, rue de la Soie, du Thé, des Dinandiers, pittoresques artères de la ville indigène proches de chez nous, où se regroupaient par spécialités les commerces et les corporations, nous participions aux emplettes de nos nurses.

A la saison chaude, qui au Tonkin commence en mai, nous partions pour le Tam-Dao, station d'altitude à deux cents kilomètres environ de Hanoi. Nos déplacements s'effectuaient en train dans un wagon privé construit pour mon grand-père. L'acajou et le bois d'amarante, les rideaux pomponnés et les sièges en velours peluché nous ravissaient. Ouvrir les robinets dorés mais vert-de-grisés des salles de bains, pique-niquer sur les tables vernies aux odeurs de moisi, inspecter les vélos, les bagages, les jouets, les chiens, les oiseaux en cage qui nous accompagnaient en villégiature, renforçaient l'excitation du voyage. Dans les montagnes, la maison rustique juchée près d'un torrent, sous une voûte d'arbres effilée de lianes, était environnée de singes et de perroquets. Quelques semaines plus tard, les grandes chaleurs passées, nous descendions vers le bord de la mer, près de Hong Gai et de ses mines de charbon. Exploitées à ciel ouvert, elles grouillaient de milliers de coolies noirs de tunique, de corps et de poussière, fourmis trottinant sans s'arrêter avec leur double chargement sur des fléaux. Je croyais qu'ils alimentaient le feu de l'enfer dans les entrailles de la terre ouvertes à mes pieds. Notre villa donnait sur la baie d'Along, également proche des charbonnages de Dong Trieu où mon père, le propriétaire, nous emmena à plusieurs reprises. Les promenades en sampan dans la baie d'Along étaient moins déroutantes. Merveille de la nature, cette baie aux eaux vertes est parsemée de pitons rocheux aux formes extravagantes. On les prendrait pour des morilles verdâtres jaillies du gazon azuré de la mer ou pour des croupes de dragons aux écailles glauques. Roches trouées en bouquets de fleurs bizarres, ou peignes édentés pour coiffer les nuages. Dans cette luxuriante végétation aux lianes inextricables, des perroquets, des aigles, des martins-pêcheurs, des civettes, des singes... Sur le sampan ventru manié à la godille ou à la voile, une tonnelle de latanier nous protégeait du soleil. Thi-Haï et Thi-Ba, aidées du sampanier et de sa sampanière, grillaient sur du charbon des poissons et des galettes qu'elles partageaient avec nous. Quel regret, à l'automne, de regagner Hanoi !

Nous reprenions nos jeux d'enfants dans le jardin de ville. Françoise et moi y possédions un jouet de choix que nous appelions notre cabane. La cabane était une auto immense reléguée sous un hangar de latanier. Affaissée sur des pneus blancs dégonflés, ses roues étaient néanmoins plus hautes que moi, et le marchepied me paraissait un obstacle difficile à escalader. Ma tanière, à l'avant, avait un toit fixe, de multiples manettes, un volant en bois verni, des instruments nickelés, et surtout une poire en caoutchouc qui suppléait un klaxon électrique, décédé depuis belle lurette. Ma sœur Françoise, à l'arrière, disposait de deux banquettes parallèles, de miroirs piqués et même de vases en cristal où elle pouvait mettre des fleurs. Nous communiquions par un cornet acoustique en écaille, ou bien nous tirions la vitre de séparation. Elle m'invitait à des goûters composés de jus de fruits, de bananes, de letchis, disposés avec componction sur des tablettes en acajou. D'autres invités, ses poupées ou occasionnellement une amie, participaient aux ripailles. Moi, je rendais la politesse à l'avant et je leur faisais faire des courses folles, stationnaires bien sûr, ponctuées de bruits de moteur assourdissant.

Comment disposions-nous d'un jouet aussi extraordinaire ? En 1929, mon grand-père commanda une auto de grosse cylindrée aux Établissements Farman de Paris. Constructeur d'avions, Farman ne fabriqua dans sa carrière qu'une dizaine de voitures, mais toutes prestigieuses. Notre modèle, au capot colossal, ressemblait à une locomotive. Six passagers s'y trouvaient à l'aise à l'arrière. Lors d'un déplacement dans le delta tonkinois, mes parents durent un jour traverser un estuaire sur un bac de petite envergure. Son poids ayant été sous-estimé, on vit l'auto s'enfoncer avec majesté dans un tourbillon d'eau glougloutante entraînant, bien sûr, bac et passagers au fond de l'estuaire. Chauffeur et parents en furent quittes pour un bain forcé, mais la voiture, repêchée quelques jours plus tard, avait été rendue irréparable par le séjour dans l'eau salée. Mon père la relégua au fond du jardin et, pour notre grande joie, elle devint la cabane des enfants. Ma cabane avait disparu quand je revins en 1950, hélas !

Au cours de nos promenades en ville, il n'était pas rare de rencontrer des équipages étranges et spectaculaires : funérailles de mandarins, avec processions de pleureuses, orchestres tambourinants, bannières colorées ; gouverneur général en grand apparat avec sa garde à cheval ; ou encore cortège d'un mandarin de première classe représentant l'Empereur d'Annam de passage au Tonkin. Le mandarin dans un palanquin sculpté et doré était précédé de coureurs en tuniques brodées, la tête coiffée d'un turban noir. Des hérauts agitant des oriflammes, des musiciens frappant tambours et sonnant trompettes, des fifres paradaient alentour. Quelle ne fut pas ma surprise, à deux ou trois occasions, de croiser sur les boulevards semblable apparat bruyant et coloré, précédé aussi de fifres et de tambourins, mais suivi d'une calèche attelée à la d'Aumont. Sur la banquette, une dame élégante, protégée du soleil par des parasols tenus par deux boys en livrée blanche ; c'était ma tante ! Elle ne se rendait pas chez l'Empereur, mais simplement en promenade. Très belle et séduisante, elle pouvait se permettre ces excentricités. Elle estimait qu'une marquise française ne serait pas critiquée de copier les coutumes des mandarins annamites.

Certains soirs, à l'approche des nuits moites, où s'exhalent les parfums des frangipaniers et des tubéreuses, je reluquais à travers la rambarde de la terrasse et les feuillages les enlacements des couples dansant sur la véranda ou dans le jardin de mon oncle, quelques étages en dessous. Un orchestre ou un gramophone égrenait des rythmes de jazz ou de charleston et des airs langoureux à la mode : « Nuits de Chine, nuits câlines, nuits divines »...

Froufrous de soie, joue contre joue, baisers volés, que ces ombres étaient séduisantes et lascives ! Ma tante Jeanine tournait les têtes et séduisait les cœurs. Elle aurait pu, comme cette coquette de la cour de Louis XIII, se justifier en citant Tallemant des Réaux : « J'étais belle, je m'en doutais, on me l'a dit, je l'ai cru, jugez du reste. » Un jour, à mon grand chagrin, mes parents nous intimèrent l'ordre d'éviter désormais de fréquenter notre tante Jeanine. Adieu baisers parfumés ! adieu yeux verts fondants et caressants ! mains diaphanes laquées de vermillon, caresses de soie, coupelles de bonbons ! De ce jour, quand ils mentionnaient leur belle-sœur, mes parents, dédaigneux, ne l'appelaient plus que « la marquise ».

A ces souvenirs d'Hanoi, s'ajoute un incident dont les conséquences m'ont amené depuis à détester tout bruit violent, surtout s'il survient brusquement. Probablement âgé de trois ans, je vaque seul au rez-de-chaussée, ayant trompé toute surveillance. M'approchant d'une roue immense qui me semble un volant d'auto, j'enlève une goupille et le monte-plats qui relie l'office du rez-de-chaussée à la salle à manger du premier étage est libéré. La poulie grince, siffle, ronfle comme un moteur emballé. Des craquements sinistres s'enflent en un tonnerre assourdissant, des planches volent en éclats ; couteaux, fourchettes, cuillères, jaillissent du placard éventré. Assiettes, plats, verres s'écrasent autour de moi ; même des grêlons durs, des bouchons de carafes, cognent ma tête. Des morceaux de viande dégoulinante de sauce se collent à mes cheveux, des petits pois gluants glissent dans mon cou, des crèmes chantilly empâtent ma figure ; de l'eau ou du vin m'arrosent : reliefs d'un déjeuner d'une vingtaine de convives ! Abasourdi, terrorisé, je me sauve à toutes jambes au fond du jardin. Là, se trouvent les cuisines, domaine réservé aux *beps*, les cuisiniers et leurs marmitons. Avec eux la confiance revient, car ils me distribuent toujours de bonnes friandises à grignoter. Je me cache dans le local attenant aux cuisines, sous un immense bat-flanc, lit massif recouvert de lattes utilisé pour le repos. On y fait la sieste, on y mange, on y joue avec ses marmots. Dans le fond de la pièce, sous ce terrier inaccessible, je me tapis dans le recoin le plus sombre. Je suis passé inaperçu. Je tremble de peur. La colère du ciel s'est abattue sur moi. J'y demeure un temps qui me semble interminable, entendant les appels inquiets de toute la maisonnée : « Henli, Henli ! » ça, c'est un boy ou ma nurse, « Henri ! », c'est un de mes parents, « Ritou ! », c'est ma sœur. Bien sûr, muet, je fais le mort, trop pétrifié pour bouger. Je sortirai de ma cachette bientôt. Tous sont trop soulagés pour me punir. Henri ne fait pas le fanfaron, Ritou encore moins ; ce surnom sera davantage utilisé que mon prénom officiel jusqu'à l'âge de sept ans. Après, j'ai interdit qu'on m'appelle autrement que Henri.

Coconnés par nos nurses et les serviteurs, nos rares contacts avec nos parents n'étaient jamais privés d'affection. Le mode de vie, l'existence généreuse, facile, extravagante de la « colonie » nous tenaient à l'écart d'eux. Mais l'amour parental ne nous a pas été épargné !

Mes parents me considéraient comme un enfant sérieux, réfléchi et calme. Blond filasse, avant de devenir châtain, ma maigreur me rendit d'une timidité presque maladive jusqu'à l'âge de dix-huit ans. Une vie intérieure intense devint mon refuge. Je laissais divaguer mon âme dans des rêves sans fin. Ayant poussé vite et haut comme une asperge, je me trouvais difforme et répugnant.

Les camarades d'Indochine furent tôt perdus. Pendant la guerre dans le Lot, ils furent rares : quelques voisins, cousins et amis établis à proximité qui venaient en vacances malgré les communications rendues difficiles par la guerre.

Au cours de ces années, la famille s'agrandit à neuf enfants. Ma sœur Anne-Marie, mon frère Joseph, et mon autre sœur Thérèse, mes cadets, sont décédés depuis. La première d'une méningite, à trois ans, les deux autres d'accidents, autour de leur vingtième année en 1957 et 1959. Joseph, je le surnommerai tôt Jason, à cause d'une toison d'or qui tombait en boucles blondes et soyeuses sur ses épaules. Depuis, la famille entière a adopté ce prénom de héros.

Chapitre 3

Les deux pieds dans la terre

En septembre 1939, mes parents nous annoncent que le court séjour projeté en France allait se prolonger plus avant, tant que durerait la guerre européenne qui venait de se déclarer. Ce fut une déception car j'espérais revenir vite en Indochine, mon pays, celui où je me sentais attaché depuis ma naissance. La France représentait pour moi une contrée de transit pour changer d'air, et reprendre des forces. La France offrait une autre manière de vivre, de nouveaux paysages, des saisons. Le premier hiver de 39-40 se révéla froid. Le jour où la neige tomba pour la première fois, je tentai, dans ma naïveté, d'attraper des flocons comme s'il s'agissait de coton, avec lequel j'étais familier en Indochine. Le premier sapin de Noël, la crèche furent aussi des découvertes.

Le Cayrou, maison pour les vacances d'été devenue résidence permanente, révéla les sévérités rigoureuses attachées à la vie campagnarde. Mes parents avaient certes modernisé la vétuste gentilhommière achetée en 1937, dans le but d'y passer quelques mois. Simple, rustique, haute de plafond, elle était sans chauffage. Vaste bâtisse aux murs épais, sans doute ancienne, perchée sur une colline elle domine la vallée. La rivière Lot bordée de peupliers coule paresseusement à cinq cents mètres de là. Équidistante — trois kilomètres — des villages d'Albas et de Castelfranc dont on aperçoit les clochers. Typique construction quercynoise, elle forme un carré volumineux auquel est incluse une tour rectangulaire, d'une hauteur de trois étages, davantage pigeonnier sans ramiers que donjon défensif, attestant la liberté d'un propriétaire sans suzerain de posséder des pigeons, privilège réservé à l'état seigneurial.

Le rez-de-chaussée comprend caves, cuisine, offices et locaux du personnel. Le premier étage est bordé sur deux côtés par une large terrasse, ombragée de glycine sur laquelle ouvrent chambres de maîtres et salons. Le pigeonnier comprend deux chambres par étage ; au sommet dormaient deux garçons par chambre. A l'étage inférieur, nos sœurs étaient énervées lorsque nous trépignions à dessein sur le plancher pour les réveiller. Les annexes forment avec le bâtiment principal une cour en U ombragée de platanes.

L'hiver nous grelottions autant dans les salons que sous les couvertures. La nuit, les feux de cheminée, malgré leur romantisme, étaient source de cauchemars. Les grandes flammes faisaient danser des ombres menaçantes sur le plafond et cet étrange ballet nocturne, complété par les craquements des poutres ou les sarabandes des rats au grenier, m'effrayait.

Mon père avait ramené du Tonkin des sacs de riz, de café et de poivre, produits de ses plantations, et comptait en faire cadeau à ses proches. En octobre 1939, ma mère, bien avisée, fit mettre ces provisions désormais précieuses en bouteilles, récipient idéal pour les conserver longtemps en vue des restrictions que la guerre amènerait. Cette prévoyance permit de nous servir, ainsi qu'aux invités admiratifs, des risottos relevés et un moka délicieux pendant les hostilités (en 1943, il devint néanmoins chicorée mêlée de glands). On empila ces bouteilles au grenier. Ce fut un jeu pour les rongeurs de grignoter les bouchons de liège. Ils se régalèrent longtemps des graines qui tombaient des goulots. Les nuits trop obscures, ils se trompèrent de bouchons, et la caféine autant que le poivre gris émoustillèrent leurs sarabandes et augmentèrent mes frayeurs.

A un âge où tout garçon est naturellement peureux, je le fus extrêmement. Dans la nuit menaçante, aller au bûcher chercher le bois pour alimenter la cheminée, ou descendre au cellier dépourvu d'électricité prendre des bouteilles de vin vieux pour le dîner devenait une expédition effrayante. Un courant d'air soufflait la bougie, des rats surpris se laissaient tomber des murs sur le sol en piaillant, des chauves-souris voletaient autour de ma tête. Comme dans le village la rumeur suggérait que nos caves étaient remplies de sacs d'or — dommage que ce ne fussent que des pommes de terre — j'imaginais que des voleurs y faisaient des incursions. Ces peurs devenaient panique quand je voyais bouger la trompe d'un éléphant ou les bajoues inférieures de deux buffles menaçants, trophées de chasse entreposés sous des toiles d'araignées, dont les yeux de verre clignotaient à la lueur de la bougie. Il me fallut du temps pour découvrir que ce phénomène était dû à des nichées de rats confortablement installés dans la bourre des monstres empaillés.

L'eau courante était un modernisme admiré de beaucoup. Mais l'eau chaude provenait du gaz qu'on ne put se procurer dès la première année de guerre. Ainsi on dut monter des baquets d'eau chauffée dans d'immenses chaudrons à l'extérieur. Dès lors, le bain quotidien devint hebdomadaire... Les canalisations gelaient et éclataient pendant l'hiver. L'été, les citernes devenaient vides par manque de pluie et la corvée consistait à aller remplir des tonnes d'eau à la rivière, que des attelages de chevaux remontaient... Nous en profitions bien entendu pour y faire nos ablutions afin de réserver la précieuse eau pour les autres, et nager avec entrain.

Mes parents, privés de leurs revenus indochinois, durent vivre de ceux que procurait le domaine. Mon père s'attacha à rentabiliser la ferme d'une cinquantaine d'hectares. Aux chevaux de selle et de labour, se mêlaient vaches, moutons, chèvres, porcs et volailles de basse-cour qui tous nous donnèrent une connaissance approfondie des animaux familiers. Dans le Lot, pays de polyculture par nécessité d'autarcie, on cultivait surtout du blé, des pommes de terre, de la vigne. Mais pâturages et terres pour le tabac, les betteraves et autres denrées étaient essentiels. Nous, les enfants, sommes devenus une main-d'œuvre d'appoint, indispensable aux travaux agricoles. A l'époque nous trouvions ennuyeux de ramasser les pommes de terre, d'écraser les doryphores, de ranger les pêches dans des cageots. Vendanger, épamprer la vigne, moissonner, faner..., nous faisions tout ça en ronchonnant. S'il faisait beau nous étions ravis, malgré tout, de garder les vaches ou de récolter les prunes. L'hiver ou sous la pluie, c'était bien moins amusant. Mais je ne regrette aucun de ces moments.

De cette époque datent mon attrait pour la terre et mon respect pour les dons dispensés par la nature. Mon âme est campagnarde plus que citadine. Traire les vaches, baratter le beurre, écorcher un lapin, saigner une volaille, poser des collets pour braconner ne me pose aucune difficulté.

Le jour le plus excitant, dans le rythme de la ferme, était incontestablement celui où l'on sacrifiait les cochons. Deux fois par an, avant et après la Noël, il fallait sortir l'animal confiant de la porcherie, alors qu'il croyait aller se régaler à la glandaie. Quel chemin de croix physique et moral pour moi d'aider à lier ses pattes et de le coucher sur un billot ! Il comprenait trop tard sa méprise, gigotait et criait à fendre l'âme. J'ai souvent versé quelques larmes, car le cochon comme le sanglier est un animal attachant et attaché à son compagnon humain. A huit heures, tout le personnel s'assemblait, jusqu'à la couturière et au précepteur. Le boucher et son aide, grands prêtres du sacrifice, aiguisaient leur panoplie de couteaux. Ils tranchaient artistement la gorge tout en liant le museau pour atténuer les vociférations du porc. A mesure qu'il perdait ses forces, les miennes augmentaient. Ma sensiblerie s'affermissait à mesure que ses gigotements faiblissaient. Le sang giclait dans la bassine où nous plongions les mains jusqu'au coude, pour remuer à gestes vigoureux le liquide chaud et gluant, auquel on mélangeait épices et quartiers de pommes pour en retarder la coagulation. Après, venait la toilette du mort. Dans son bac en bois il baignait, béat, dans l'eau bouillante versée à grands seaux. Propre comme un sou neuf, les coiffeurs, comme nous appelions les commis du boucher, rasaient de leurs racloirs aiguisés les poils soyeux de la peau rosâtre et tremblante. Puis, pendu la tête en bas sur l'échelle dressée au mur, les couteaux miroitants plongeaient dans son ventre béant, et tranchaient comme dans un parchemin de bibliophile. S'affalaient les intestins fumants d'où l'on retirait avec admiration les abats nobles, le foie, le cœur, les rognons... L'un s'emparait du grand colon, l'autre de la panse, un troisième du petit intestin... Le péritoine délicat était réservé par le boucher. Et tous, hommes, femmes, enfants, de laver, de rincer, de parfumer les boyaux à la gnôle du pays. Découpage, sciage, parage de la bête occupaient toute la matinée. L'après-midi se dépensait en cuissons de boudins, couennes, graillons, fritons, rillettes, dans d'immenses bassines de cuivre, tandis que la coppa, les saucisses éventuellement piquées de truffes, les saucissons, les mortadelles, étaient préparés à l'intérieur sur un étal. Les jambons salés et cousus ensuite dans un sac de jute, les petits salés comprenant les jarrets, les bas morceaux, les oreilles, la queue, étaient traités par les spécialistes et pendus au saloir. Ah, la belle fête que celle de la cuisine du cochon !

L'opulence nous avait quittés en nous éloignant de l'Indochine et en entrant dans la période de guerre, mais la vie nous paraissait idyllique. Nous n'avons jamais souffert de la faim. La nourriture, à cause des restrictions, était bien sûr moins variée. Le beurre était introuvable ? Avec plusieurs vaches à la ferme, nous nous sommes mis à le faire. L'abattage des animaux de boucherie était contrôlé ? On les tuait secrètement sans les déclarer ou bien on se passait de viande. On abattait un mouton la nuit, on le partageait avec deux ou trois voisins, et la semaine suivante, venait leur tour. On échangeait un gigot ou une bonbonne de vin contre quelques douzaines d'œufs ou un kilo de sucre. Des tartines de graisse d'oie, un quignon frotté d'ail et trempé dans de l'huile de noix, une tranche de pain de seigle avec des copeaux de truffes, ça vaut le beurre et le chocolat. Ce n'est pas nous qui nous en plaignions.

La guerre a remis la campagne quercynoise à l'heure d'une économie autarcique ancienne. Puisque les denrées étaient rares, on se mit à produire ce que la terre permettait et ce que l'ingéniosité humaine inventait. Chocolat, oranges, bananes, sucre, poissons de mer, avaient disparu des étalages comme dans le reste de la France. Viande, beurre et autres denrées essentielles étaient contrôlés. Les mentalités ont changé et se sont adaptées aux contraintes du jour. On mangeait les légumes du potager, les fruits du verger, à leur pleine maturité et aux saisons traditionnelles. Cinq jours sans viande ? On attaquait les salaisons préparées en hiver ou les confits rangés dans les saloirs de la cave. Poulets, pigeons, oies, dindons étaient saignés à la cuisine et nous aidions le cuisinier à les plumer ainsi qu'à écorcher les lapins. Les poissons, on allait les pêcher à la rivière. Sans sucre ? On inventait de nouvelles confitures où se mélangeaient légumes et fruits à forte teneur en sucre. Dans les ruches, les abeilles faisaient des heures supplémentaires. Quelle fête quand on partait aux écrevisses ou que mon père ramenait de ses chasses un lièvre, deux lapins de garenne, des perdreaux ou des bécasses ! Comparés à d'autres provinces de France, surtout celles du Nord ou aux villes de la zone occupée, où les enfants ont souffert de restrictions alimentaires, nous étions des privilégiés. Nous ne le savions pas, mais nous avons appris à nous contenter des dons de la nature. Nous nous insurgions contre ses lubies, telles que le gel, la grêle, les orages, ou bien ses avarices, la sécheresse, l'infécondation des fleurs car elles nous privaient de récoltes. Nous prenions la vie comme elle nous était donnée, généreusement mais aussi parcimonieusement. Ce n'est pas nous qui osions nous plaindre ni invoquer l'injustice. Pourquoi demander l'impossible ? Le milieu et les circonstances nous dictaient leur loi et non nos envies.

La résignation à la fatalité laissait l'humeur égale face aux avatars de la conjoncture. L'ingéniosité surmontait les aléas du moment. Parce qu'on se contentait du possible, qu'on ne recherchait pas l'inhabituel, que la simplicité était joyeuse et que la campagne française est prodigue en ressources nourricières, on continuait chez mes parents à faire des agapes, rares mais raffinées, à accueillir généreusement des connaissances en villégiature ou de passage en zone libre. A l'un de ces déjeuners, j'ai appris sans le vouloir la recette de la brouillade aux truffes que je ne sers plus que de cette façon.

Un jour d'automne 1943, trois invités « distingués »,

comme dirent mes parents, vinrent déjeuner à la maison. Françoise et moi, âgés de plus de dix ans, nous eûmes la permission de participer au repas. En bout de table, sages comme des images, nous nous ennuyions à mourir. Mais nous dressâmes l'oreille quand l'un des convives, opulent et majestueux, s'adressant à mon père, dit en fait pour la galerie : « Votre père est bien celui qui a trouvé mon nom ! » Et il expliqua qu'avant la première guerre, autour d'une table plantureuse avec de joyeux commensaux (mon Dieu, qu'il paraissait ventripotent et vieux !), il avait déclaré que l'ambition d'un bon vivant comme lui serait de passer sa vie à déguster un succulent repas par jour.

« Il faut de bonnes rentes et une fameuse renommée, dit l'un.

— Il te faudrait avoir l'air d'un grand-duc russe. Quand on s'appelle Sailland on n'a pas autant d'avenir qu'avec un nom terminé en « ski ». Pense aux fastes russes !... Pourquoi ne t'appellerais-tu pas Saillandski ? *Cur non* ski ? dit mon grand-père pour étaler son latin...

— Curnonsky ?... Adopté » ! rit Sailland.

Ainsi, sous ce nouveau nom, il fit une carrière oisive, consacrée à une passion culinaire exclusive, passa une longue vie heureuse sans fortune, à savourer un succulent repas par jour et devint pour l'histoire le célèbre Prince des Gastronomes.

Là dessus, Curnonsky, à mon grand amusement, s'étant servi une bécasse bien faisandée, disparut sous l'immense serviette déployée comme pour une fumigation. Françoise et moi échangeâmes un regard ; comment un invité « distingué », de surplus baptisé par notre grand-père, pouvait-il se permettre de telles familiarités avec une bécasse ? Il reprit la conversation après l'avoir dégustée, mais il attaqua les cuisses avec ses doigts.

Autant Curnonsky était disert et flamboyant, autant

le second invité restait discret et silencieux, pour nous un rond-de-cuir distrait. Pourtant je compris qu'il était un écrivain fameux, membre de l'Académie française. Quelques années plus tard, les romans d'aventures et d'amour de Pierre Benoit — dont les héroïnes portaient toutes un prénom en A — emplissaient mes rayonnages.

Quant au troisième personnage sévère et sérieux puisque nous ne comptions pas pour lui, il parlait journalisme et projets de publication avec l'autre « journaliste », mon père. Il s'appelait Hubert Beuve-Méry et, deux ans plus tard, fonda le journal *Le Monde*.

On présenta une brouillade aux truffes.

« Oh, madame ! lança Curnonsky à ma mère en se servant voluptueusement. Comment, en ces temps malheureux, réussir des œufs brouillés concoctés selon la seule manière digne d'une grande table ? Je reconnais déjà la recette sublime, "l'Unique" ! "Autant de truffes que d'œufs, autant d'œufs que de beurre, et surtout le bain-marie, et pas de contact direct avec le feu ni avec le métal." »

Ma mère se rengorgea. Pour moi, la simplicité et le laconisme de cette recette sont restés gravés dans ma mémoire. Pourquoi toute cuisine n'est-elle pas aussi concise ? Mais de la semaine entière qui suivit ce repas nous ne vîmes trace de beurre sur nos tartines du matin !

Vingt ans plus tard, des truffes furent l'objet d'une gourmandise aussi recommandable. Le général de Gaulle, en visite à Cahors, présida le dîner officiel servi par le préfet. On présenta un rôti couronné d'une longue brochette de truffes splendides. Devant la table médusée, le Général prit une tranche de viande mais la brochette entière de « diamants noirs » parada sans vergogne sur son assiette. Sa vue faible plus que son estomac fut, dit-on, responsable du geste.

Les truffes, dans mon enfance, étaient en Quercy et Périgord moins rares qu'aujourd'hui. Quelques chênes truffiers poussaient sur la propriété. J'en avais découvert un que personne ne soupçonnait. Après que le chien ou le cochon de l'expert, à moins que ce ne fût le chercheur à la mouche, avaient ramassé la récolte officielle, je partais en douce fouiller mon chêne secret aidé seulement de mes ongles et d'une bêche. Je reniflais la terre, j'imitais le chien, le porc. Je faisais des ravages, mais je récoltais de nombreux kilos. Comme la moitié de mes trouvailles était payée par mes parents, je disposais l'hiver d'un substantiel pécule...

Quant aux vêtements, le choix était restreint. Les femmes de la maison tricotaient comme Pénélope. Par faveur, on trouvait à acheter des pelotes de laine locale filée à la main. La couturière coupait dans les anciennes robes du soir de ma mère et retaillait des culottes dans les costumes de mon père encore entassés dans les malles-cabines reléguées au grenier. Ces nouveaux ensembles passaient d'enfant à enfant à mesure qu'ils grandissaient et finissaient usés jusqu'à la corde. Le cordonnier du coin nous fabriqua même des chaussures à semelles de caoutchouc, taillées dans des vieux pneus de voiture.

Mon père mena une existence de gentilhomme campagnard pendant six ans, dès sa démobilisation en juillet 1940. Il s'était engagé volontaire au lendemain de la déclaration de guerre. Agé de trente-trois ans et père de trois enfants mineurs, il n'était pas mobilisable, mais tint à se porter volontaire pour le front. Basé sur la frontière de la Sarre, il participa aux opérations de la dixième armée du général Frère. Ma mère, épouse dévouée, nous quitta, en novembre 1939, pour aller le rejoindre sur le front. Elle demeura de neuf à dix semaines à ses côtés sur la Ligne Maginot dans le village d'Avioth où était cantonné le régiment de mon père. Elle laissa notre maisonnée sous la férule de la gouvernante et nous envoya à Bordeaux chez sa mère passer les mois d'hiver. Quel courage, pour traverser la France à cette époque-là ! Mille kilomètres de routes encombrées du Lot à la frontière allemande, bloquées ou gelées. Les sièges arrière de la Citroën laissèrent place à une barrique de vin, cinq ou six jambons, des mètres de saucisses, des boîtes de foie gras et des fromages variés. Parvenue enfin en Lorraine, les camarades de mon père avec lesquels il partagea toutes ces victuailles la fêtèrent. Puis elle revint passer Noël 1939 avec nous à Bordeaux. Elle refit le même trajet au mois de mars, plus périlleux encore, car elle était démunie des autorisations officielles pour traverser la France. De plus elle était enceinte de quatre mois. Il en aurait fallu davantage pour l'arrêter. Bravant tous les interdits et la menace allemande, elle passa huit autres semaines au bivouac. Cantinière de nouveau, elle obtint sans difficulté du colonel l'autorisation pour son mari de coucher à l'auberge. Sa fougue dans son rôle d'épouse, peut-être inspirée du *Cyrano* de Rostand, lui faisait jouer avec brio le rôle de Roxane allant retrouver son Christian à la bataille.

Pendant ce temps, nous avions envahi la maison de ma grand-mère encore en zone libre à Bordeaux où s'était aussi réfugié le gouvernement français. Nous ne détestions pas être sortis de nos lits en pleine nuit pour trouver dans l'abri souterrain construit dans le jardin une protection contre les bombes éventuelles. La nuit était déchirée par les alarmes stridentes des sirènes et le ciel strié des faisceaux lumineux de la défense aérienne. Pour nous, c'était féerique. Descendus dans l'abri, emmitouflés de couvertures, nous buvions du chocolat chaud pendant la durée de l'alerte. Les commentaires alarmants nous laissaient indifférents en raison de la beauté du feu d'artifice militaire admiré par les minces ouvertures de l'abri.

Mon père revint en juillet 1940, libéré après l'armistice signé en juin. La France respira alors en voyant finir si vite, avec si peu de pertes, une guerre si peu populaire. Beaucoup de Français furent soulagés qu'un militaire, le maréchal Pétain, prestigieux survivant de la première guerre, accepte d'arrêter les hostilités et une possible hécatombe. L'antimilitarisme des années trente était responsable de l'envahissement de la France et ne l'avait pas préparée à résister. La défaite était prévisible. Ce fut la « Drôle de guerre ». Le régime établi à Vichy, zone libre, était le gouvernement légal. Nous chantions avec d'autres *Maréchal nous voilà*. Mais tôt, mon père fut persuadé que grâce à la ténacité du général de Gaulle la France pourrait être sauvée. Pourtant, le héros de Londres avait peu de partisans à l'époque et ne représentait aucun pouvoir, sinon une résistance glorieuse mais hypothétique et une idée fière. Quand la Résistance s'organisa en France et dans notre province, mon père y prit une part active, mais cachée, et soutint le maquis du Lot.

Les commentaires enthousiastes de ma famille à l'Appel du 18 juin lancé de Londres par de Gaulle demeurent dans ma mémoire. Lorsque le gouvernement de Vichy collabora avec les Allemands et publiquement s'attaqua aux Juifs, mon père s'insurgea. Ses convictions religieuses et humaines ne toléraient pas ces mesures. Mes parents désapprouvèrent la collaboration du régime : « Honteux, indigne de la France », entendais-je. Le Midi, dont le Lot, resta « zone libre » jusqu'en 1943. Lorsque les côtes françaises de l'Atlantique furent occupées, la nouvelle ligne de démarcation nous empêchait d'aller auprès de notre grand-mère à Bordeaux, encore moins de séjourner, comme en été 1940, dans sa villa du Pyla sur le bassin d'Arcachon. Nous demeurâmes au Cayrou sans en bouger jusqu'en 1945. L'exode de 1940 ayant fait fuir du Nord de nombreuses familles, le Lot se peupla de réfugiés inquiets. Plusieurs venus de Belgique et de Picardie, de Lorraine ou de Paris s'installèrent dans des maisons des communes voisines. Leurs enfants de nos âges furent vite apprivoisés par nous et devinrent des amis confiants. Partageant les mêmes soucis de retour dans nos vrais foyers, nous vivions aussi les mêmes enchantements de l'enfance. Certains entretiennent encore avec moi des rapports suivis.

Mon père prenait garde de ne pas exposer sa famille, composée au fur et à mesure de sept enfants. Ses conseils logistiques, ses avis tactiques, ses renseignements à la Résistance ont été précieux. Il a caché à plusieurs reprises, lors d'un passage vers l'Espagne, ceux qui allaient rejoindre Alger ou les maquis du Sud. Bien entendu, nous étions tenus éloignés de ces activités cachées et des conciliabules secrets. Ayant dix ans, je devinais que ces connaissances de nos parents, surgies de la nuit, grimées ou déguisées, devaient être d'importants agents de la Résistance venus clandestinement chez nous reconnaître des terrains, faire atterrir des avions, organiser des réseaux ou des caches d'armes. Parmi ces silhouettes alors inconnues, plus tard célèbres : Challe, Corniglion-Molinier, Lauzin, Malraux, *alias* Berger.

Mon père connaissait André Malraux depuis l'Indochine mais ne l'admirait pas. Les médisances qui couraient sur l'auteur de *La Voie royale* concernant des disparitions de statues khmères d'Angkor en 1935 lui étaient familières. Son image, pour mon père, était ternie par ses virulences politiques révolutionnaires, sa participation à la guerre civile espagnole au côté des « Rouges » et ses invectives contre le gouvernement général de l'Indochine. Malraux, très actif parmi les résistants du Sud, en fut surtout le coordinateur apprécié.

Les conciliabules que je ne comprenais pas paraient mon père d'une mystérieuse aura. Plusieurs fois, je surpris des conversations à propos d'atterrissages, de parachutages ou de messages radio. Quelques jours plus tard, les acolytes de mon père quittaient subitement le Cayrou lorsque les messages ressortaient sur Radio-Londres, Radio-France-Libre : « La robe verte de Gertrude sera repassée mardi à dix-neuf heures », « les épinards seront cuits pour la Sainte-Ursule... »

Une nuit de l'hiver 1943, nous fûmes éveillés par des coups violents frappés à la porte. Thi-Tu, la nurse annamite de mon frère Joseph, couchait avec lui dans ma chambre, et alla s'enquérir : « Qui est là ? — Le maquis », répond-on. Affolée, la malheureuse tombe presque en syncope, trottine d'un pied vacillant en claquant des dents, va réveiller mon père : « Le maquis, à la porte ! il va l'enfoncer ! » En langue vietnamienne, *Ma-Qui* signifie « fantôme, esprit vengeur » qui revient des enfers pour tourmenter les gens. Quelle panique ! Moi glissé furtivement près de lui, mon père ouvre la porte. Des garçons brandissant mitraillettes et grenades jaillissent de l'obscurité, le cernent et ordonnent : « Mains en l'air. Pas un geste. Donne-nous tes voitures. On les prendra de toute façon. » Furieux d'une telle intrusion à minuit, d'être traité comme un malfaiteur dans sa maison, d'être bousculé avec le canon d'une mitraillette sur le ventre, mon père s'insurge : « D'abord, je n'aime pas le tutoiement. Ensuite, ces procédés sont infâmes. Vous vous comportez comme des voyous. Le maquis, je l'aide, vous devriez le savoir. Voici les clefs et mes voitures, je vous les livre avec plaisir ! » Cette nuit-là, en pyjama, nous aidons à remettre les voitures en état, à gonfler les pneus, à transvaser dans la Citroën l'essence apportée par le maquis, puis à allumer le gazogène dans la grosse Renault vingt chevaux, toutes deux sur des cales. Au petit jour, les gars prêts à partir, mon père dit à la ronde : « Comme vous êtes très sympathiques, maintenant on va boire un verre. » On trinque et on se sépare avec des « bonne chance ! ». Plus tard nos voitures pétaradaient sur les routes du Lot, conduites sur les chapeaux de roue par les garçons du maquis, auréolés par moi d'un immense prestige. Je me rengorgeais à chacune de nos rencontres, persuadé que, grâce à nos voitures, ils faisaient des prouesses, c'est-à-dire, sauter les ponts et dérailler les trains.

Un dimanche de juin 1944, jour tant attendu de ma communion solennelle, mon père sort un fiacre branlant du garage et l'attelle à un cheval. Vêtu de blanc, avec la lavallière et un brassard brodé, je monte avec les hommes sur l'impériale décorée de branches de lilas. Dames et enfants à l'intérieur, nous étions bien douze dans ce fiacre bondé à destination de l'église d'Albas. Dans cet attelage nous avions prévu d'aller aux vêpres après les agapes du déjeuner. L'évêque avait annoncé sa présence. Le déjeuner est presque terminé ainsi que le premier discours. L'immense gâteau de communiant arrive quand on tambourine avec fracas à la porte d'entrée. Des hommes menaçants brandissent des armes sous le nez des invités, et mitraillettes et fusils cernent la table. « Nous venons arrêter le général Keller. Levez-vous, mon général. » Le général, mari de ma grand-mère, m'a tenu lieu de grand-père affectueux et affectionné. Fait prisonnier en 1940, il fut mis à la retraite à son retour de captivité en 1942. Mon père, furieux, s'interpose. Pourquoi le maquis venait-il, le jour de ma communion solennelle, arrêter en plein déjeuner son beau-père insoupçonnable ? « Il doit être jugé » fut tout ce qu'on put tirer des jeunes excités. Nous avions entendu raconter les jugements sommaires pratiqués par certains maquis envers des gens soupçonnés d'être miliciens ou collaborateurs. Mon père, comme nous tous très inquiet, rédige illico une lettre et m'ordonne de partir dare-dare en vélo à l'église. Adieu gâteau, adieu champagne ! « Nous n'irons pas aux vêpres. Remets cette lettre au curé sitôt que tu arriveras à l'église, tout de suite, où qu'il se trouve, va la lui donner. » L'arrestation du général nous avait mis en retard. Françoise s'embrouille dans ses voiles qui se prennent aux chaînes et aux pédales du vélo. Nous couvrons les trois kilomètres néanmoins à vive allure. Arrivé à l'église en sueur, panique ! Les vêpres sont non seulement commencées, mais le curé est déjà en chaire. Les ordres de mon père sont des ordres. Je gravis en tremblant les marches de la chaire, tous les yeux des paroissiens braqués sur moi. Le curé me croit fou. Rouge de confusion, sans un mot, je lui remets la lettre. Tout en continuant son prône, il la décachette avec inquiétude, la lit, bégaye, et lance abruptement : « Mes chers communiants, maintenant terminons là. Au nom du père et du fils et du Saint-Esprit. » Il redescend la chaire en toute hâte. L'évêque, sur sa cathèdre, fronce les sourcils, tandis que le curé expédie vêpres et prières. Sans nous réunir après l'office, il enfourche son vélo et vole vers le Cayrou. Le soir, mon père nous expliqua que le curé était un soutien précieux des maquisards, peut-être un de leurs chefs. Il avait cru que l'ordre d'arrêter le général, le jour même de notre communion, était donné par le curé. Le curé, effrayé par l'arrestation et la suspicion paternelle, pensa avoir été dépassé par un maquis incontrôlé et perdre ainsi sa crédibilité auprès de son propre groupe. Le général Keller fut raccompagné chez lui dix jours plus tard avec des excuses officielles. On l'avait confondu avec un autre général !

Aux premiers mois de 1944, le maquis, plus spectaculairement, se montra à visage ouvert, sortit de ses caches, parada et attaqua les ponts, les chemins de fer, les barrages, mais hélas, organisa aussi des exécutions sommaires. Planait un réel danger de guerre civile, en Aquitaine du moins. Certains maquis infiltrés par des communistes et de jeunes Espagnols rescapés de la guerre civile recevaient les ordres de Moscou pour prendre le pouvoir en France. Quelques bandes indépendantes n'étaient pas contrôlées par les chefs réels de la Résistance. Les esprits étaient très échauffés.

A chaque information que le maquis avait saboté un ouvrage essentiel aux transports, nous applaudissions. Mais s'il y avait mort d'homme, encore plus si l'on voyait la mort, l'impression était très pénible. Un garçon de vingt-deux ans, que nous avions rencontré quelquefois, fut suspecté d'être milicien et abattu sur le pont d'un village voisin. Le pont bloqué par trois maquisards fut fermé à la circulation mais on put voir le cadavre étendu toute la journée afin de donner un exemple. Dans un village du causse, une voiture avec quatre soldats allemands fut interceptée et ses occupants abattus. Deux jours après, les Allemands, en représailles, choisirent six hommes du village et les fusillèrent sur la place du marché. Nous ne soupçonnions pas que la guerre prolongerait encore de onze mois les combats et les pertes avant d'aboutir enfin à la défaite allemande.

L'occupation ne m'a pas empêché d'étudier car j'ai eu la chance de recevoir à la maison, en compagnie de mes frères et sœurs à mesure de leur avance en âge, une instruction privée efficace. Ce n'est qu'en 1947, à l'âge de treize ans, que je connus une école publique.

Nous avons eu une institutrice de 1940 à 1945. Des précepteurs lui succédèrent jusqu'en 1947. Entretemps, deux prisonniers de guerre allemands vinrent travailler à la ferme en 1945, et l'un étant chimiste, mon père les chargea de nous apprendre l'allemand et la chimie... sans grand résultat ! La première de nos institutrices, Mme Ythier, eut en charge notre éducation générale pendant cinq années. Elle m'apprit tout, l'écriture comme le piano, les biographies de musiciens, les révérences de cour (déjà !) qu'elle tenait de sa mère, présente à un bal aux Tuileries, à quelques jours de la chute du Second Empire... Mme Ythier, élève d'Alfred Cortot, m'a donné un goût profond pour la musique et une technique solide héritée du maestro que j'ai depuis perdue, hélas ! Entre une leçon d'arithmétique et une dictée, le phonographe nasillait un disque classique, qu'elle commentait avec ferveur. Dès l'âge de sept ans, elle me fit jouer à des concerts d'enfants au Cayrou. Quand je partis pour le pensionnat à Bordeaux en 1947, elle m'incita à présenter l'examen d'entrée au Conservatoire de musique. A treize ans, fier d'être reçu, je poursuivis néanmoins ma scolarité sans regretter une carrière musicale hors de mes moyens ! Alors au zénith de mes talents pianistiques, je n'ai fait depuis que perdre graduellement mes acquis.

Mais la musique est restée pour moi source de moments de grande intensité. Dans les dernières années de ma vie estudiantine, Pierre Cochereau, titulaire de l'orgue de Notre-Dame, m'invitait certains soirs à assister à ses exercices et improvisations dans la cathédrale fermée. Figé dans l'obscurité je sentais la virtuosité de l'organiste monter le long des piliers cannelés de la nef et faire tressaillir les voûtes gothiques parsemées des reflets bigarrés des vitraux illuminés par les réverbères extérieurs.

Peu après mon mariage, mon beau-père, le roi Frederik IX, chef d'orchestre passionné, m'incita à travailler le troisième concerto de Beethoven. Puis lui au pupitre, son gendre au piano, le théâtre royal de Copenhague résonna de nos cadences avec un auditoire restreint mais choisi : quelques membres de la famille. L'épouse du chef d'orchestre, ma belle-mère, celle du soliste, mon épouse, se demandaient comment départager leurs compliments. Un grand moment musical, pour moi, du moins ! Des années plus tard, Mistlav Rostropovitch donna à Copenhague un concert à la mémoire de Frederik IX. Lors des rappels, à la surprise de la salle, il lança : « Maintenant un de mes vieux amis, proche du roi, va interpréter avec moi une pièce de Fauré. » La salle retint son souffle et, en chancelant, je dus monter sur scène acclamé par deux mille personnes. Mes mains tremblaient ; nous avions cependant répété ensemble la nuit précédente. L'ovation fut chaude. Rostropovitch, l'année suivante, me dit avec sa malice affectueuse en me serrant sur son cœur : « Moi, depuis notre dernier concert, je me vante partout d'avoir joué avec vous. Alors pourquoi ne faites-vous pas de même ? »

Notre institutrice enseigna le piano à toute notre tribu d'enfants, avec plus ou moins de bonheur, je l'avoue. Certains regrettent maintenant de n'avoir pas été assez attentifs. Pour faire oublier sa technique sévère, elle nous enseignait les pas de la mazurka, de la gavotte, de la polonaise et bien sûr de la valse. Légèreté et rythme baignaient naturellement alors nos interprétations de Chopin. Ses sourcils réprobateurs se froncèrent quand ma mère, ingénument, suggéra un jour de sortir des classiques et proposa que j'apprenne aussi des valses de Johann Strauss, des tangos, surtout *La Veuve joyeuse* qu'elle fredonnait souvent. « Pourquoi les apprendre puisqu'il les joue déjà ! Un seul Strauss est digne de la grande musique, c'est Richard », répondit-elle.

Nous l'avions baptisée Louis XI : ses chapeaux garnis d'une plume dont l'ovale, en forme de corne, ombrait un nez aquilin ainsi que ses lèvres pincées nous rappelaient des estampes représentant ce roi chassant ou visitant, dans sa prison, le cardinal La Balue.

« Louis XI », native du village de Castelfranc, avait longtemps vécu à Paris. Mais elle se complaisait à raconter l'histoire locale, la navigation sur le Lot avant la fermeture des écluses en 1920, et la tragique attaque du phylloxera qui avait ruiné les viticulteurs en 1880. A travers elle, la vie campagnarde au début du siècle revêtait de chatoyantes couleurs. Nous allions tous les jours chez elle en vélo, été comme hiver, mais elle venait souvent donner ses cours à la maison. Alors, installée chez nous pour quelques jours, nous en prenions davantage à notre aise. Nos leçons se déroulaient sous les arbres, dans les prairies, au bord de la rivière...

Ces cours champêtres devinrent plus fréquents lorsque des précepteurs habitant à domicile lui succédèrent. Nous les persuadions d'enseigner la botanique, la géographie, les sciences naturelles, même l'astronomie, sur des prés parsemés de pâquerettes et agrémentés de trilles d'oiseaux. Un tel enseignement privé, varié et libéral, nous a donné une forme de culture éparpillée. Un enfant apprend facilement quand il converse sans contrainte avec son tuteur. De telles méthodes correspondaient aux goûts de mon père et à son inclination rousseauiste. Il se soutenait, citant Montaigne, et des *Mens sana in corpore sano* ou des « Plutôt la tête bien faite que bien pleine ». Jusqu'à l'âge de treize ans, sans effort et avec libéralisme, je reçus les bases d'une scolarité traditionnelle, mais agrémentée de superflu et d'inapplicable. Notre programme s'adaptait autant aux saisons qu'il s'en inspirait. Nos horaires élastiques, notre discipline relâchée fournissaient une grande panoplie d'excuses toujours à portée de main pour échapper aux leçons ou aux devoirs rébarbatifs. Mon père favorisait nos envies d'école buissonnière par des : « Venez aider aux fenaisons, au lieu d'apprendre l'histoire. Je vous enseignerai les batailles de Napoléon entre deux coups de fourche. » Ou bien : « Allez garder les vaches, vous méditerez sur Pascal. » Les vers de Molière, Racine, Verlaine s'égrenaient pendant les vendanges, le ramassage des pommes de terre ou les moissons, relayés par mon père et sa voix, légère ou docte. Combien agréable s'il faisait beau, rebutant s'il pleuvait ! « Louis XI » s'insurgeait : « Enfin, voulez-vous faire de Henri un vacher ou un gentilhomme ? »

Ma mère s'était réservé l'enseignement du latin. A dix ans, elle me fit découvrir les valeurs morales du *De viris illustribus urbis Romae*, par ses commentaires et ses admonestations exaspérées. Sa patience était mise à rude épreuve ! Deux ans plus tard, sur son ordre, je devins un professeur de latin aussi peu patient : elle me délégua ses fonctions auprès de Jason et de Thérèse, envers lesquels je fus sans doute assez sévère. En leur faisant apprendre les rébarbatives déclinaisons et les conjugaisons, je gagnais au moins de l'aisance. En ânonnant à nouveau le *De viris illustribus* ou les *Métamorphoses* apprises naguère au milieu des larmes, j'en comprenais enfin les subtiles arcanes. C'est en latin que plus tard, au lycée, je fus le moins mauvais.

Nos horaires lâches et notre temps d'études réparti selon l'humeur ou la saison ne laissaient guère de place à des vacances qui nous étaient quasiment inconnues. Le dimanche, quelquefois occupé à des répétitions, rendait toute journée de l'année à demi studieuse ou à demi fériée, si l'on préfère. Les vacances que nos amis prenaient l'été, à Noël et à Pâques nous paraissaient incongrues. Quoi ! Trois mois ou deux semaines sans étudier !

Une certaine précocité m'a fait tomber jeune dans les filets des jeunes filles. A neuf ans, par amour, j'ai mangé une limace crue sans grimace. De pareilles idioties sont communes aux garçons. Marie-Thérèse, Parisienne de dix ans, réfugiée dans une propriété voisine, participa une année à nos cours. Brune aux yeux verts, gracile, elle avait la vivacité des citadines et une langueur espiègle, armée pour charmer. J'en tombai amoureux fou et, avec gaucherie, je lui murmurai des mots brûlants et maladroits. Nous trouvâmes plus facile d'échanger des billets enflammés. Craignant d'être surpris, nous décidâmes de glisser nos messages sous un pot de géranium au pied de la grille d'entrée. Un jour, Marie-Thérèse, en dénichant ma lettre sur laquelle rampait une limace dodue, s'exclame, avec sérieux et emphase : « Penser que cette limace a sucé ta lettre, et les baisers chauds que tu y as mis ! Ça me rend jalouse. C'est une voleuse, il faut la punir. Si tu m'aimes, mange-la. » Et le garçon de neuf ans, amoureux transi, devant un tel défi avale la limace sans la mâcher ! Cet exploit, accompli avec conviction et fierté, ne me valut qu'un condescendant prestige. Elle le prit comme une bagatelle à peine digne d'une nymphe aussi précieuse. Le soir à table, on servit des escargots. Jason qui m'avait vu avaler la limace, clama à la ronde : « Henri, lui, il préfère les limaces crues. Pour plaire à Marie-Thérèse qui est son chouchou. D'ailleurs, ils s'embrassent en cachette. » Je craignis une réprimande. On ne me critiqua pas pour avoir donné un baiser, mais toute la table se moqua de moi. J'avais révélé une faiblesse de caractère envers une gentille pimbêche qui, par coquetterie, menait « un garçon qui paraissait si intelligent » (merci, maman, du compliment !...) à se comporter stupidement.

L'enseignement particulier tient l'esprit en alerte et éveille la curiosité. Essentiellement dialogue, il efface les traces d'inhibition et incite à poser des questions, relevantes ou non. On ne redoute pas d'être gêné par un auditoire dont on craint lazzis ou critiques. Il encourage la réflexion et suscite l'intérêt pour de nombreux sujets.

Cependant, je m'aperçus de ses inconvénients lorsque je fus envoyé dans un véritable établissement scolaire.

En 1947, ma sœur et moi, âgé de treize ans, nous fûmes envoyés en pension à Bordeaux. Elle, chez les sœurs de l'Assomption, moi chez les Jésuites de Saint-Joseph de Tivoli. Nous n'y restâmes qu'un an, mes parents trouvant ensuite plus commode le pensionnat du lycée de Cahors, situé à vingt-cinq kilomètres du Cayrou. Une telle césure pour un adolescent fut blessante. Me plier au fonctionnement d'une école, de surcroît un pensionnat, étudier en compagnie de camarades me gênait. La discipline de groupe et ses conséquences frustrantes, astreinte sur laquelle les pères jésuites ne plaisantaient pas, qu'elle soit physique ou morale, est un fondement de leur éducation. L'adaptation au travail régulier, aux horaires fixes, fut dure. La vie en commun fut gênante, les règles heurtantes, le silence insupportable. Je désirais parler, questionner, échanger des idées, à mon habitude. La contrainte des travaux forcés du soir, l'isolement impossible, la surveillance, l'inquisition permanente, exigeaient une soumission dure et on ne pouvait quitter le pensionnat que le jeudi après-midi ou le dimanche après la messe. Coupé du monde extérieur, je rongeais mon frein et me sentais un oiseau en cage. J'enviais les externes. Je me rebellais comme sous le carcan d'une prison.

Puis, ainsi que tous, je m'adaptai vite non sans avoir pleuré des larmes amères les deux premiers soirs. Deux maigres avantages sur les autres pensionnaires venaient des leçons de musique que je prenais en ville. J'en augmentai par de pieux mensonges le nombre, à mesure que la saison devenait meilleure. Elles me permettaient de jouer le chaland sur les boulevards de Bordeaux et, l'année suivante, sur ceux de Cahors. De plus, une charge de « maître de chapelle » me privilégiait, car je tenais l'harmonium ou l'orgue. Pour la messe quotidienne, je devais préparer mes programmes à l'avance. Au clavier, hors les hymnes coutumiers, j'improvisais des offertoires romantiques, des communions angéliques, des sorties déchaînées. « Rejouez-nous ces morceaux dimanche prochain », me dit un jour le père abbé. Je dus dévoiler les libertés que je prenais avec mon instrument, mais au lieu de réprimande, je reçus une accolade : « Continuez à improviser, c'est pas mal. » A ce jour je persiste à suivre son avis !

Si le passage par un pensionnat est une contrainte fructueuse, c'est qu'il favorise l'apprentissage de la vie en groupe. Les limites à la liberté personnelle, les égards dus aux autres, la prudence requise envers tous y sont découverts tout comme la cruauté mentale latente chez un groupe de gamins. Malheur au faible dans une bande de garnements ! On choisit ses camarades par affinité mais aussi par contraste. Les amitiés se nouent et se dénouent au gré des jours ou des situations. La venue d'un nouveau est l'occasion d'un bizutage : le test, l'initiation, mais surtout l'occasion de peser l'impétrant à l'aune des valeurs du groupe. Le bizutage est un rite qui permet d'être évalué physiquement et moralement. En outre, il permet d'évaluer les autres et de faire une incursion aussi dans son propre caractère. Arrivant chez les Jésuites, j'ai dû paraître naïf, venu d'une autre planète, issu du cocon choyé et préservé du Cayrou. J'étais indépendant, peut-être indifférent au milieu bordelais qui avait encore la réputation de ne pas mélanger ses trois aristocraties : l'épée, la robe et le bouchon. Au lycée de Cahors, l'année suivante, on me trouva différent, exotique à cause de l'Indochine et dépourvu de l'accent chantant du Quercy. De plus, quelle tare, j'étais « nople », avec un nom évoquant les coutumes honnies d'une classe anéantie à la prise de la Bastille ! J'ai surmonté le bizutage avec ses obstacles et ses vexations. Grâce à ma bonne humeur et à ma loyauté, je passai vite de suspect à respecté, de victime à chef de bande élu par mes camarades. Sans m'y efforcer, je fus un élève moyen, dénué de l'ambition d'être le fort en thème, mais inquiet de risquer d'être le dernier. J'étudiais peu, mais ce peu je l'apprenais vite. Le latin, le grec ancien et mes nombreuses lectures me faisaient obtenir des notes raisonnables en français et en humanités. En géographie j'étais imbattable sur l'Indochine !

Mes frères et moi avons reçu une éducation religieuse approfondie, d'abord de notre père à toute heure, mais aussi du curé d'Albas. Notre préparation à la communion solennelle et à la confirmation se fit au presbytère, à moins que la certitude d'un bon déjeuner chez nous n'incitât l'abbé à nous catéchiser à domicile... Mon père commentait à table l'Évangile du dimanche, et il émaillait ses rapports avec nous de sentences tirées de l'Ancien et du Nouveau Testament. Le soir, après que ma mère ou lui nous avaient lu des histoires de la comtesse de Ségur, du capitaine Corcoran, des récits de chasse ou d'expéditions exotiques, nous faisions la prière en commun au pied du lit. Le malade la faisait sous les couvertures. On évoque encore les nombreux blasphèmes que j'ai proférés quand je tombais de sommeil. Au « Notre Père », au lieu de : « ... et ne nous laissez pas succomber à la tentation », je disais « la plantation » ! au « Je vous salue Marie pleine de grâce..., je continuais : « ... vous êtes le phoenix des hôtes de ces bois ». Sans vouloir faire pouffer de rire, j'ai provoqué maintes hilarités en mêlant La Fontaine, Villon, Racine à mes prières. Celles-ci terminées, nous exprimions à haute voix des souhaits à exaucer : « Petit Jésus, protégez papa, maman, Françoise, Jason, Thérèse... » Omettre un frère ou une sœur avec qui on était en bisbille, intimait au coupable de se racheter le lendemain.

J'eus un jour l'insolence d'omettre mon père.

« Alors Henri, le petit Jésus ne doit pas protéger son papa ?

— Non.

— Pourquoi ?

— Parce qu'il n'a pas été gentil.

— Allons, Henri, demande au petit Jésus de protéger ton père.

— Non, je ne veux pas qu'il vous protège. »

Je n'en démordais pas. Mon père se fâcha. Plus je m'entêtais, plus il s'échauffait. Ma mère intervint avec douceur et calma les combattants. Les enfants pleuraient, la congrégation familiale se débanda. Le lendemain, mon père fut toute pommade. J'avais appris qu'on peut lancer des avertissements à ses parents, certes peu diplomatiques, mais en menaçant des foudres du Très-Haut.

Des souhaits plus triviaux étaient aussi fréquents : « Petit Jésus, faites tomber la pluie demain (pour éviter la corvée d'eau) ; faites vêler la vache (une de moins à garder). Faites-nous aller à Prayssac (pour monter sur les manèges de la fête foraine).

Les fêtes religieuses tenaient une place importante à cette époque. A la Fête-Dieu, curé et enfants en tête partaient en procession sur les chemins vicinaux et déposaient des fleurs sur des autels érigés aux croix des carrefours ou en des lieux réputés sanctifiés. La mélopée des hymnes suivait souvent la ligne d'un canon, la tête du cortège entamant le refrain alors que la queue n'avait pas fini la strophe. On transpirait sous la chaleur et on se balançait sur les chemins caillouteux comme une chenille aux pattes coupées. Ces cortèges bucoliques avaient des relents de fêtes à Pomone, à Cérès ou aux dieux druidiques, curieux mélange de piété chrétienne et de foi païenne. Pour moi, ils évoquent Virgile et des processions aux déités champêtres, mais tous y mettaient la foi des pèlerinages médiévaux. Au carême, mon père nous imposait des restrictions bénignes et des sacrifices légers : privation de beurre, de crème ou de sucreries. Lui-même s'infligeait par pénitence l'abstinence de cigares et de vin pendant quarante jours. La mauvaise humeur en était une conséquence redoutable. A la semaine sainte, nous participions à tous les offices. Le vendredi saint où l'autel et les statues étaient drapés de crêpe de deuil, l'interminable office des ténèbres et les mélopées funèbres de la musique grégorienne m'enchantaient au lieu de m'attrister. Avec conviction, je participai au chemin de croix qui menait les croyants, à trois heures de l'après-midi, par des sentiers de chèvres et de moutons, au sommet des collines. Surplombant la vallée du Lot, le panorama s'étalait, superbe. Le curé, entouré de ses ouailles, lisait avec conviction un passage de l'Evangile de la Passion à chacune des quatorze stations. Parfois, des villageois, improvisés acteurs, mimaient les chutes du Christ, sa flagellation, sa souffrance ; une sainte Véronique présentait le voile... Nous gambadions, reprenions souffle, tressions des couronnes de broussaille fleuries, déposées en fin de parcours au pied des trois croix du calvaire. Le mois de mai — on fêtait encore le mois de Marie — déroulait chaque dimanche des processions roucoulantes de magnificats et ondulantes de guirlandes de fleur, déposées ensuite aux statues de la Vierge essaimées dans la commune. L'Assomption aux moiteurs odorantes, la Toussaint aux orgies de chrysanthèmes qui tapissaient les cimetières, maintes autres fêtes religieuses, nous préparaient à Noël qui, évidemment, était la plus attendue. La confection des crèches paroissiales et familiales prenait plusieurs jours. Enfin, on dressait l'arbre de Noël et les fêtes étaient joyeuses.

La vie au Cayrou pendant la guerre se pliait deux

fois par jour au rythme du poste de radio. A midi et à sept heures, on s'assemblait pour écouter la radio officielle ainsi que Radio-Londres, Radio-France-Libre, dont les trois notes courtes et la longue évoquaient les premières mesures de la Cinquième Symphonie de Beethoven. Les nouvelles les plus intéressantes relataient les progrès des Alliés à la suite des débarquements en Italie et en Normandie. Mais elles n'étaient pas similaires sur les deux radios. La Libération de Paris et plus tard celle de la France furent fêtées dans l'allégresse. Une phase de la déroute allemande se déroula sous nos yeux, en direct. En effet, la grand-route Paris-Toulouse, qui se prolonge vers l'Espagne ou la Méditerranée, passe dans le causse, à dix kilomètres de chez nous. Dès juin 1944, prenant la poudre d'escampette certains après-midi, j'enfourchais mon vélo et pédalais par les chemins vicinaux pour me poster au bord de la route nationale. Rejoint par ma sœur, mon frère et quelques enfants du village, nous nous cachions dans les buissons et observions, allongés, la retraite des troupes allemandes le long de l'important axe routier. Le repli du sud vers le nord des véhicules bruyants, fumant, pétaradant, bourrés de soldats en uniforme était plus impressionnant vu à travers les feuillages qu'entendu par les haut-parleurs de la radio. Les chars, les camions, les automitrailleuses, les motos, ont ainsi défilé sous nos yeux émerveillés pendant des semaines, dans une retraite tonitruante. Les visages sales et déconfits de ces troupes qu'on espérait en reddition laissaient présager un proche dénouement.

Le 8 mai 1945, la défaite de l'Axe confirmée, la fin de la guerre assurée, on respira d'aise comme à l'issue d'un cauchemar. Mes parents décidèrent de fêter l'événement dans l'allégresse du village. Ils nous emmenèrent danser au bal organisé ce soir-là sur la place d'Albas. Au son de l'accordéon, sous les vivats, les lampions et les banderoles, pour la première fois de ma vie, je pus danser en public avec ma mère des valses musette, des javas et des pasos dobles. J'en étais plus fier que de la victoire nationale. Pourtant, dans l'été 1945, on ne parla chez nous que de l'explosion en août des bombes atomiques d'Hiroshima et de Nagasaki. Ce souvenir angoissant est gravé dans ma mémoire. Qu'on pût fabriquer une arme capable de détruire des centaines de milliers de personnes d'un seul coup atterra mes parents. La cruauté des humains, capables d'un tel carnage, même pour en prévenir un autre, les progrès de la science et ses dangers les emplirent d'effroi. Depuis, une certaine forme de sagesse a contrôlé l'utilisation de l'arme atomique qui est devenue une menace dotée d'une dissuasion efficace. La peur qu'elle a engendrée a interdit son emploi, et nous a valu cinquante ans de paix mondiale — conflits locaux exceptés.

Le Japon, ennemi violent et cruel en Indochine, avait fait subir aux Français de là-bas d'abominables sévices. Pour nous, les Japonais avaient été des ennemis directs superposés aux Allemands. La guerre mondiale nous avait touchés sur les deux fronts, de France et du Tonkin. Les Japonais avaient gâché notre enfance en pays exotique, et leur intervention en Extrême-Orient avait obéré notre futur.

Mon père repartit pour l'Indochine en 1946 : voyage exploratoire pour évaluer les dégâts de l'occupation japonaise et remettre en état les plantations, les mines et les installations industrielles. Disposant d'informations pessimistes, il décida de ne pas nous emmener avec lui.

Les déprédations avaient été considérables, et le joug nippon féroce envers les Français. Les atrocités commises ont laissé une profonde cicatrice. Fussions-nous restés, serions-nous encore en vie ? Dans nos maisons pillées, l'argenterie et une collection d'art chinois et vietnamien assemblée par mon grand-père et comprenant de rares porcelaines, des bronzes et des statues incomparables, avaient disparu.

Une autre guerre commençait : attentats, meurtres, pillages se perpétraient contre les Français, suscités par des communistes armés par les Japonais après leur capitulation. Le pays, peu sûr, se relevait lentement de cinq ans d'occupation, dus à une guerre mondiale qui avait réduit l'économie internationale et les relations commerciales à néant. Les soubresauts d'un violent nationalisme étaient entretenus par les puissances communistes. La faiblesse d'une France exsangue et politiquement agitée, les priorités métropolitaines, l'établissement d'une nouvelle administration, tout contribuait à entretenir un climat bouillonnant et dangereux dans les possessions d'outre-mer.

Ma mère rejoignit mon père six mois après son départ, nous laissant seuls à la garde de ma grand-mère maternelle et de la gouvernante.

Au Cayrou, le rétablissement de la paix n'avait guère apporté de changement, sinon de personnel. Les domestiques annamites qui nous avaient accompagnés en 1939, bloqués comme nous pendant six ans, nous quittèrent pour retrouver leur pays par le premier cargo en partance. Nous fîmes des adieux déchirants à Thi-Tu et ses compagnes, au dévouement si profond. Thi-Tu qui avait son petit autel de Bouddha dans la chambre mais se faisait fêter son saint patronymique quand elle eut découvert sur le calendrier catholique la Sainte-Tite... La chère Thi-Tu que nous mettions facilement en rage quand nous marmonnions la célèbre rengaine de Joséphine Baker : « ma Tonkiki, ma Tonkiki, ma Tonkinoise... » Les seuls à se réjouir de cette disparition furent les marmots du village auxquels les Annamites faisaient une peur bleue. Elles étaient habillées de tuniques longues et fendues sur des pantalons de soie blanche ou noire et portaient un turban de velours formant trois saucisses concentriques sur la tête. Leurs dents laquées noires et brillantes resplendissaient : technique millénaire qui éveille une admiration prophylactique chez tout dentiste européen. Chez les tout jeunes en revanche, une mâchoire d'ébène, même revêtue d'un sourire avenant, engendrait la panique. Des cris apeurés volaient sur notre passage et nous semions une terreur muette quand nous répondions à leurs tremblantes questions :

« Pourquoi vos gens ont-ils la bouche si noire ?

— C'est pour mieux te manger mon enfant. »

Aussi, quand ma mère à la fin de 1946 laissa une maisonnée de sept enfants sous la férule de sa mère et de la gouvernante institutrice, nous vécûmes une période d'intense liberté. Peuplée de gamins dont l'âge s'étalait de quatorze ans (Françoise) à onze mois (Catherine), la maison se transforma en un phalanstère pagailleur. Les deux responsables officiels abdiquèrent vite leurs responsabilités. L'une, ma grand-mère maternelle, car elle était dénuée d'autorité, l'autre, la gouvernante, car elle n'osait s'en emparer. Ma sœur aînée et moi, par ricochet, les assumâmes. S'ensuivirent des conflits risibles entre les adultes et nous. Nous apprîmes donc très jeunes le sens des responsabilités et des devoirs, la mesure, et une vague tempérance dans nos caprices et nos désirs.

Ma grand-mère maternelle, en procédure de divorce, avait vendu ses maisons de Bordeaux et du Pyla, pour s'installer au Cayrou. La soixantaine plantureuse, elle n'oubliait pas les aises qui avaient choyé sa vie solitaire. N'ayant eu qu'une fille, comment pouvait-elle s'adapter à une tribu de garnements piailleurs, sauvages et indisciplinés ? Elle était issue d'une famille rurale du Périgord et son père avait aussi possédé une quincaillerie à Saint-Astier. De sa parentèle perdue et dispersée, seuls deux cousins lui rendaient des visites sporadiques. L'une, antiquaire à Périgueux, nous apportait des chocolats appréciés. L'autre, stomatologue réputé de Limoges, fondateur et rédacteur d'un journal communiste, amenait de précieuses bouteilles de grands crus bordelais, des poupées russes emplies de caramels. Il nous épargnait néanmoins ses feuilles de propagande insidieuse... Leurs visites impromptues et amicales étaient les bienvenues surtout grâce à leurs fils sympathiques de nos âges. Ma grand-mère, abandonnée par son mari, regrettait le cercle de ses amis bordelais, les abonnements au Grand-Théâtre, les séances de cinéma, le lèche-vitrines, le confort et l'insouciance d'une vie concentrée sur elle-même. Son humeur connaissait plus de bas que de hauts. Elle nous laissa la direction de la maisonnée, passant ses journées à écouter les arias de ses opérettes favorites, à déranger la cuisinière pour se faire mijoter à part ses plats préférés que nous refusions ou à se plaindre de son sort injuste. A partir de ce temps-là nous l'avons appelée Mme Menneteau plutôt que grand-mère. Adresse néanmoins affectueuse mais hypocritement respectueuse. Combien l'avons-nous aimée malgré ses silences, ses bougonnements et son incompréhension envers nos chamailleries !

Débuta alors l'âge d'or de mes contes affabulatoires et terrifiants — ainsi que mon rôle de barde. Lors des longs après-dîners, avachis sur des coussins devant l'âtre de la cheminée gothique, j'assemblai un auditoire médusé pour entendre des histoires à hérisser les cheveux. J'inventais des monstres issus de loups-garous, mâtinés de tarasques, des méduses et gorgones abâtardies par des dragons. Héros et héroïnes s'en sortaient souvent indemnes, mais il fallait bien les trucider de temps à autre. Je commençais alors une nouvelle saga aux monstres plus effrayants et aux combattants plus valeureux. Mon auditoire en redemandait. Il mourait de plaisir. Il s'enchantait de terreur pour mon Macrocigale aux yeux phosphorescents et ailes de dindon. Il se régalait d'agréables frissons pour mon Rainponneau à bec poilu, langue de fourmillier, pattes de gazelle et mains de boxeur... Ma sœur et moi, plus tard, devions aller calmer les prétendues angoisses de nos frères et sœurs cachés sous les couvertures remontées sur leur tête, mais c'était l'épisode suivant qu'ils réclamaient avec une frayeur feinte ! Je promettais la suite pour le lendemain. Nous caressions leur front, et nous empressions de les embrasser pour un sommeil heureux. Nous jouions avec componction aux grandes personnes responsables ; nous avions annexé avec fierté le rôle parental ; nous leur dispensions avec sérieux l'affection des adultes.

Nous avons joué à notre aïeule des tours pendables, prenant un plaisir immodéré à lui procurer des frayeurs insondables : mannequins que nous déguisions de capes et de chapeaux, dressés avec une épée menaçante dans sa salle de bains ; araignées velues cachées dans des boîtes d'allumettes ; grenouilles sous son oreiller... Chenapans nous avons été, mais avec combien d'affection ! Pour entretenir la jeunesse de notre grand-mère les benjamins ont continué à la faire mourir d'une peur bienfaisante pour sa santé, grâce à des souris, des serpents, et autres facéties. Oserais-je présumer que ce sont ces attentions-là qui l'ont tenue alerte jusqu'à quatre-vingt-treize ans ?

Malgré l'absence de rapports alarmants, mes parents revinrent après un an d'absence. Les années suivantes, ils firent des va-et-vient par air entre la France et l'Indochine. C'était l'enfance de l'aviation commerciale et le vol Paris-Hanoi prenait trois jours, alors qu'en paquebot il fallait trois semaines. Aventure nouvelle avec escale dans des aéroports encore peu équipés, où l'on atterrissait souvent pour dormir.

A dix ans, on ne regarde pas la guerre comme un adulte. Vivant en zone libre à la campagne, en sécurité et dans un confort relatif auquel l'insouciance enfantine n'attache pas de valeur, j'ai vécu ce conflit comme le spectateur d'une partie de gendarmes et de voleurs jouée par des adultes et des politiciens. Les enjeux dépassaient notre entendement et nos soucis. Beaucoup ont souffert dans leurs affections et par les malheurs de leur famille. Pour moi, la guerre a apporté surtout des restrictions matérielles, des futilités d'intendance, des limites à ma liberté et à mon bien-être. En l'absence d'électricité, la bougie, le pétrole, les feux de cheminée éclairaient et chauffaient. La frugalité est devenue vertu. Le confort s'est révélé fragile : un dérèglement suffit à nous ramener en arrière dans le temps. On apprend à se contenter du rudimentaire. Renaissent alors les joies essentielles : l'absence de transport limite les déplacements et rend attentif au voisinage. La fraternité, la « convivance [1] », la sympathie gagnent en chaleur. La charité, l'attention, la générosité, en profondeur. Une vie rude ou simple remplace alors une vie facile mais souvent futile.

Aujourd'hui où je dispose du superflu et de toutes les facilités de la vie, je sais qu'on les perd d'une chiquenaude, mais qu'il n'est pas essentiel de les posséder pour être heureux. La dernière guerre fut un sombre drame pour beaucoup d'enfants. Pour moi, elle fut une fracture. Se sont écroulés mon univers tropical et l'enchantement oriental qui avaient délicatement bercé mes premières années. Puis une existence frugale et campagnarde au rythme d'une province encore virgilienne m'a révélé des joies simples et des sévérités natu-

1. Néologisme : pour la différencier de convivialité.

relles. Le luxe paré d'insouciance et d'abondance, les privilèges scintillants ont fait place à une vie spartiate où le bonheur comportait des trésors simples dispensés par la nature et la vie de famille. N'aurais-je pas vécu, bien qu'à l'écart, des épisodes de la dernière guerre et de l'occupation, je serais incapable de mesurer les horreurs qu'un conflit mondial traîne avec lui pendant et après son déroulement. Je n'aurais pas soupçonné certaines profondeurs de l'existence et les bonheurs simples non recherchés. A l'époque, une seule obsession me hantait : retrouver mon cocon annamite.

« Petit Jésus, faites que nous revenions vite en Indochine... »

Chapitre 4

Terre tonkinoise

L'Indochine française fut le fleuron de l'Empire colonial. Peut-être même son ornement, à l'image des dragons d'or qui ornaient le pavillon indochinois de l'Exposition universelle de 1900. Teinté d'orientalisme, le coq gaulois devient l'animal sacré de vingt-deux millions d'Indochinois. A la veille de la Seconde Guerre mondiale quarante-deux mille Européens y vivent. Plus de la moitié appartiennent à l'armée auxquels il faut ajouter quelque six cents missionnaires en charge d'y « planter l'étendard de la foi »... Il reste finalement assez peu de colons. Quelques familles se partagent de grandes richesses.

Idée de gauche, la décolonisation ne date pas des années cinquante. L'anticolonialisme est l'une des vingt et une conditions imposées par Lénine pour adhérer à l'Internationale communiste. L'Humanité *parle « d'apothéose du crime » en présentant la grande Exposition coloniale de Paris en 1931. Un jugement que démentira le succès populaire de la manifestation. Durant huit mois, huit millions de personnes visiteront le site où se déroulent quotidiennement de magistrales démonstrations en tout genre. Les fêtes de la culture indigène atteignent des sommets d'esthétisme avec le défilé des somptueux mandarins annamites. La république française montre les bienfaits de son œuvre civilisatrice. Mieux encore, elle les met en scène devant des millions d'yeux ébahis par la rencontre avec la culture vietnamienne, berbère ou malgache. Les premiers signes de craquement de l'Empire colonial français résonnent d'un sinistre écho au cœur de la fête. En 1930, l'Indochine avait connu une première secousse avec l'insurrection de Yen Bai, dont Aragon fera un poème : « Yen Bai. Quel est ce vocable qui rappelle qu'on ne bâillonne pas un peuple, qu'on ne le mate pas avec le sabre courbe du bourreau... », et la création du parti communiste indochinois par Nguyen Ai Quoc, qui plus tard entrera dans l'histoire sous le nom de Ho Chi Minh ! La Seconde Guerre mondiale et la déclaration de guerre au Japon, le 9 décembre 1941, par le Comité national français correspondent aux premiers troubles contre l'ordre établi par la France.*

Mais c'est l'intervention de la flotte française contre Haiphong, dans le golfe du Tonkin, le 23 novembre 1947, qui marque l'ouverture de la guerre du Viêt-nam. Un conflit dont le but est motivé essentiellement par la présence du Parti communiste en tant qu'animateur principal du mouvement de « libération nationale ». L'Occident voit d'autant plus rouge qu'après 1949, victorieux en Chine, Mao Tsé-toung fait la courte échelle à Ho Chi Minh. L'invasion japonaise et son cortège de vexations, sévices, et pillages, ont entraîné l'Indochine dans une guerre sourde dirigée contre les intérêts français et qui peut frapper n'importe où, à tout moment. Pour la famille d'Henri de Monpezat s'ouvre alors une période d'incertitudes et de doutes. Après les années de guerre passées dans le Lot, le rêve de revenir vivre en Indochine est contrarié par des signes annonciateurs d'une tragédie. Mais le désir de renouer avec l'existence de la colonie l'emporte sur les dangers de l'histoire.

⋆

En 1950, mon vœu se réalisa : mon père décida de m'emmener seul avec lui au Tonkin. Ma sœur aînée s'étant mariée deux mois auparavant, il décida que l'enfant suivant, Jason, viendrait ensuite avec nous à Hanoi. Je quittai dans une excitation facilement imaginable le lycée de Cahors. Agé de seize ans, mon voyage en paquebot fut une aventure inoubliable de trois semaines. Les paquebots qui assuraient la liaison entre la France et le Viêt-nam étaient flambant neufs et luxueux. Les lignes maritimes françaises étaient réputées pour la vie fastueuse qu'on menait à bord. Les escales étaient légendaires : Égypte, Djibouti, Aden, Inde, Ceylan, Singapour, enfin la remontée de deux cents kilomètres de rivière et l'arrivée à Saigon. On pouvait découvrir les Pyramides en quittant le bateau à Port-Saïd, retrouver le canal à Suez, puis les crépuscules de la mer Rouge, le désert aux alentours de Djibouti, la magie flamboyante de Bombay, les bouddhas mystérieux de Ceylan, l'ordonnance britannique de Singapour. Un enchantement ! Mon voyage fut magnifique et mes connaissances en géographie autant qu'en histoire firent un grand bond en avant. Mon esprit et mon œil emmagasinaient pour l'avenir. La France, de nouveau présente sur les mers d'Orient avec ses paquebots, exhibant une vitrine prestigieuse et le pavillon du bon goût comme de l'art de vivre, retrouvait son éclat d'antan.

Je redevenais acteur de la vie coloniale, investi certainement d'une conscience des devoirs et des responsabilités qu'elle impliquait. Un colon est par essence un expatrié entreprenant, une sorte de transfuge qui désire découvrir d'autres cieux mais surtout adopter un nouveau pays. Il vise certes la rentabilité de ses investissements et son but ne s'atteint pas sans difficultés et efforts. Parmi les propriétés agricoles de mes parents, les rizières représentaient l'agriculture intensive, et les plantations de café l'agriculture extensive. Mon grand-père d'abord, mon père ensuite introduisirent des méthodes nouvelles d'exploitation, d'irrigation et d'assainissement profitables à un grand nombre de *nha-qué*, paysans, en vietnamien. La main-d'œuvre locale, outre les outils traditionnels, utilisait parfois des engins modernes, financés par le propriétaire, qui, à l'occasion, avançait aussi l'achat d'une paire de buffles, de chariots, de machines ou de pompes. Souvent on enseignait une formation technique avancée.

Le système colonial est dénigré. La colonisation, cependant, a souvent recélé des aspects positifs qu'on n'ose pas reconnaître encore. Les traumatismes entretenus par ceux qui ne veulent y voir que des buts malsains ne se sont pas dissipés. Un idéal l'animait, hors l'aspect purement lucratif. Les multinationales actuelles essaimées dans maints pays sont-elles différentes des exploitations coloniales anciennes ? Des techniques de pointe et une régie efficace sont leurs atouts.

L'Église avec ses missionnaires, l'armée avec ses troupes, les travaux publics avec leurs ingénieurs, les hôpitaux avec leurs docteurs donnaient le ton pacifique et assuraient la sécurité et l'hygiène. Le souci de développement économique et culturel était relayé dans la population civile par des administrateurs conscients de leur rôle et du sérieux de leur tâche. Ils tentaient au mieux de diffuser la civilisation moderne. Pour prendre un exemple tiré de nos plantations, les travailleurs s'y considéraient comme favorisés et peu enviaient le sort des *nha-qué* indépendants. Leurs maisons, souvent plus saines et plus confortables, jouissaient quelquefois de l'adduction d'eau. Dispensaires, chemins, digues, électricité, crédit rehaussaient le niveau de vie de la communauté. Tantôt, le personnel était salarié, tantôt il cultivait son lopin à sa guise et versait un fermage, et le village entier payait une redevance annuelle fixée en nature. On était loin de *La Case de l'oncle Tom*. Dans les installations industrielles, les salariés jouissaient des lois sociales en vigueur en Indochine et, quelquefois même, de celles de la métropole.

S'il y a colonialisme, il est compréhensible que l'anticolonialisme se révèle vivace. Entretenu surtout par des idéalistes, des intellectuels, des métropolitains sédentaires, des voyageurs critiques, il a inspiré cette victoire pour l'humanité que fut l'abolition de l'esclavage au XIXe siècle. Sous la Troisième République, Jules Ferry fut, malgré lui et les tendances métropolitaines, le fondateur de l'Empire colonial français. Imprégné d'idéaux humanitaires et sociaux, il se prêta à la colonisation. Son prétexte pouvait être humanitaire : arrêter les guérillas, meurtres et razzias que se livraient entre elles les populations locales ; les pacifier, s'en faire des clients. Assumer l'hégémonie politique d'une nation blanche venait ensuite. Surtout, on cherchait à établir un ordre efficace pour diffuser les progrès scientifiques, sociaux et politiques en vigueur en Europe. La France a occupé le Tonkin et l'Annam sur la demande de l'Empereur d'Annam dont les États étaient continuellement pillés et ruinés par des bandes de bandits sanguinaires. La France avec ses canons a commencé à rétablir l'ordre, puis à s'implanter administrativement pour créer une infrastructure ordonnée. Le colonialisme choque si l'on ne veut pas reconnaître les progrès humanitaires et économiques qu'il a apportés d'abord aux populations locales. Ensuite viennent le profit, le prestige, l'irrationalité, les abus et le cortège de critiques. Toute colonie a davantage coûté que rapporté à la nation colonisatrice.

L'escalade et la concurrence furent effrénées au XIXe siècle entre Anglais, Français et d'autres nations européennes pour la possession d'un empire colonial. L'Espagne et le Portugal avaient connu ces ambitions longtemps auparavant. En Asie, au début du XXe siècle, planait le spectre de l'expansion japonaise. Le point culminant de cet expansionnisme fut les guerres que l'Empire du Soleil Levant déclara à la Russie et à la Chine, puis son alliance avec l'Axe en 1940. La prise par les Nippons de tout le Sud-Est asiatique manifesta leur volonté de se rendre maîtres de l'Empire colonial européen en Asie, non pour le libérer, mais pour s'y substituer. La guerre mondiale de 1939 en donnait l'occasion et le prétexte. Pensons à celle qui l'avait précédée en Mandchourie et en Chine.

Le colonialisme était de toute façon destiné à disparaître. Il ne peut résister à un nationalisme fort et au droit des peuples. Mais rendre les colons responsables des drames est une injustice. L'administration coloniale a peut-être oublié de tenir compte dans sa politique de l'évolution des rapports de force entre administrateurs et administrés. On subissait les événements, on s'adaptait tant bien que mal aux idées, mais on les a rarement prévus ou anticipés dans leur développement extrême. On n'a jamais osé aller trop loin. En Indochine, la France, après 1945, a essayé de sortir d'une situation inconfortable, néfaste et contraire à ses idéaux, en cherchant un partenaire valable à qui confier les droits qu'elle s'était arrogés auprès des royaumes indochinois. La décolonisation y a été sanglante du fait de l'idéologie communiste. Ce que les Français combattirent, ce fut davantage le communisme que le nationalisme.

Il est indubitable que de nombreuses iniquités s'y perpétrèrent. Entre autres, celle de ne pas confier de hautes responsabilités administratives à l'élite intellectuelle locale qui avait égalité de diplômes avec les métropolitains.

Ces considérations historiques et les incidences du colonialisme n'agitaient guère mon esprit quand je débarquai du paquebot la *Marseillaise* à Saigon. Mon père décida d'y demeurer plusieurs semaines pour ses affaires. Quant à moi, venant de passer vingt-cinq jours de vacances à bord, le cours de mes études avait été relâché et je ne pouvais continuer à vivre cette « dolce vita ». Aussi ne passai-je qu'une semaine avec lui à l'hôtel Continental de Saigon, palace devenu quasi mythique dans l'histoire des fastes coloniaux. Il était le rendez-vous obligé de ceux qui désiraient s'imprégner de couleur locale, en se mêlant aux journalistes, espions, officiers, colons. On y vivait avec panache. Puis, prenant seul l'avion pour Hanoi, je fus accueilli par le gérant et l'intendant de la maison. Guidé par eux, je m'installai et fis des incursions incertaines dans mon jeune passé. Je retrouvai un foyer que mes yeux d'enfant avaient démesurément agrandi. Spacieux certes, mais moins vaste que dans ma mémoire.

La maison fonctionnait à plein : cuisiniers, boys, jardiniers, chauffeurs, palefreniers. L'une des recommandations de mon père, avant de m'y envoyer pour plusieurs semaines, avait été : « Veille à ce que les *beps* ne fassent pas trop danser l'anse du panier. » Faire danser l'anse du panier était une expression pour décrire les profits cachés que les cuisiniers, de connivence avec les fournisseurs, mettaient dans leurs poches en faisant un marché fictif pour leur maître. Mon premier mois écoulé, l'intendant me dit respectueusement que mes goûts culinaires avaient été excessifs pour un adolescent seul. « Réduisez votre train de jeune homme, les dépenses dépassent de beaucoup les frais de cuisine de votre père. » N'ayant fait aucune extravagance gastronomique, je me rappelai « l'anse du panier ». Je convoquai le *bep* et lui dis sévèrement : « *Bep*, ne fais pas danser l'anse du panier, hein ? sous prétexte que je suis nouveau ici. » La semaine suivante, quand il me présenta, pour approbation, les comptes de cuisine un peu diminués, quelle ne fut pas ma surprise de trouver, à la fin du livre, des feuillets détachés — oubliés ? — emplis recto et verso de lignes calligraphiées avec application, en cursives, en anglaises, en majuscules, portant : « Surtout, faire danser l'anse du panier »...

Cet exercice pénible de calligraphie était-il une moquerie déguisée, une leçon de gestion domestique à mon égard, ou encore une déclaration officielle que le privilège d'un *bep* comportait aussi la danse de l'anse du panier, qu'un jeune débarqué devait tolérer ?

J'étais fier que mon père me considérât assez adulte pour être livré à moi-même dans un Hanoi troublé. Mon « boy-chambre » aussi semblait avoir confiance en ma maturité car, quelque temps après mon installation, il me dit, apitoyé et malicieux, un soir :

« Toi jeune. Toi seul tous les soirs. Moi connaître jolies *congayes* publiques (filles, en vietnamien). Toi pas vouloir une ce soir ? Elles aller souvent chez Colonel, oncle à toi. Moi demander une venir pour toi. »

Je fus quelque peu interloqué. Prenant mon hésitation pour de la gêne, il continua : « Elle, très contente amuser avec toi, homme jeune ! Moi payer elle. Personne savoir. »

Rassuré que mon oncle soit loin en France, je tus mes scrupules et me demandai si je devais continuer une tradition bien établie et officiellement pratiquée par le militaire de la famille.

Mon oncle, en effet, soucieux de « promouvoir la qualité de sa vie » quand il venait en métropole, emmenait dans sa suite son *bep*, son valet et une ou deux gracieuses *congayes*.

« Combien ? demandai-je curieux à mon boy-chambre.

— Cent piastres. »

Mais il ajouta, main toujours tendue :

« Toi payer aussi moi pour trouver *congaye*.

— Combien ?

— Cent piastres encore.

— Beaucoup trop cher ! » fut ma réponse amusée.

Sa mine était déconfite. Il réfléchit. S'esquive en souriant : « Attends. »

Cinq minutes plus tard, il réapparaît avec le livre de comptes de cuisine ouvert. Il pointe dans la liste du marché, où il avait déjà inscrit aux dépenses de la nourriture du lendemain : « Cinq soles de Viet-Tri », et autres victuailles pour cinq personnes.

La sole de Viet-Tri est une délicatesse recherchée et chère.

« Si toi vouloir *congaye*, toi signer là. Moi déjà d'accord avec *bep*. »

Voilà comment des soles fictives serviraient à payer éventuellement mes fredaines et comment mon père, sans s'en douter, ferait danser l'anse du panier, mais à mon profit. Je découvris ainsi comment un homme esseulé pouvait s'accommoder à Hanoi !

Cette manière de parler à l'infinitif était usuelle entre Européens et Asiatiques. Ce n'est pas une forme de paternalisme colonial ; au contraire une adaptation, une copie européenne de la phrase locale. Elle est une traduction littérale des langues sinologiques, où articles, adjectifs pronominaux, conjugaisons, génitifs n'existent pas.

Un soir de grand dîner, le maître d'hôtel principal doit s'absenter. « Premier maître » demande à « Second maître » d'assurer le service de la soirée. Second maître est nouveau dans cette fonction. Pour annoncer le repas, on lui a recommandé de lancer à voix de stentor à ma mère : « Madame la comtesse est servie. » Au moment de passer à la salle à manger, Second maître s'avance timide, gêné. Il rougit, transpire, tripote ses mains moites avec effroi, se lance : « Madame la con... madame la cont... est... y a... » enfin plonge avec une claironnante fierté : « Madame la Connasse, y en a moyen bouffer. »

Un jour, le *bep* en chef, encore plus satisfait si on l'appelait « Premier coq », sollicite un congé de cinq jours pour aller enterrer son père. Il demande une avance sur gages, pour payer les fêtes des funérailles qui sont l'occasion de somptueuses dépenses en Extrême-Orient. A son retour, sa mine est abattue. Mon père exprime ses condoléances et l'encourage à oublier vite sa tristesse.

« Moi très triste. Père à moi mort deux jours entiers. Moi faire grande fête ; grand repas. Mais père à moi se réveiller après deux jours. Lui, bonne santé maintenant. Coûté beaucoup d'argent. »

Quelques mois plus tard, le *bep* revient annoncer le décès de son père. Il redemande une avance. A son retour, la mine de Premier coq est déconfite. Mon père le réconforte, mais le *bep* confie :

« Père à moi mort pendant trois jours. Lui, tout froid. Quand partir pour cimetière, lui cogner cercueil, crier fort. Lui bien vivant, content. Moi avoir fait grande fête, bon repas, beaucoup d'encens, à moi coûté beaucoup de piastres. »

Un mois passe. Le père est à nouveau déclaré mort. Nouvelle avance de gages. Deux jours plus tard Premier coq reprend ses fourneaux. Sa mine est guillerette, joyeuse même. Mon père s'enquiert : « Alors, ton père pas mort non plus ? » Premier coq sourit, pacifié : « Si, si, lui bien mort cette fois. Moi arriver maison. Lui mort pendant six heures ! Alors moi prendre lui, mettre dans cercueil, clouer très vite, enterrer tout de suite. »

Donc, je m'attachais à redécouvrir ce pays quitté dix ans plus tôt. A seize ans, tout intéresse car le monde s'ouvre même si on se ferme à lui. Ma nature curieuse m'entraînait dans des promenades qui me familiarisaient avec la ville, les pagodes, les quartiers indigènes, les digues du fleuve, l'antique pont Doumer en fer... Surtout je potassais pour réussir mon premier bac. Aux vacances scolaires, je suivais, en ramasseur de gibier, mon père à la chasse aux bécassines et aux canards dans les marais d'Annam et du Tonkin. La chasse au gros gibier était impossible pour raison de sécurité. Mon père allait parfois chasser au Laos qui était calme et tenu hors de la guerre. Mes parents, Jason et moi partîmes à la découverte des beautés naturelles du Viêt-nam et du Cambodge. Le long des côtes montagneuses et sauvages de l'Annam, entre Tourane (Da Nang) et Nha Trang, nous nous baignions dans des baies magnifiques aux sables blancs. Nous admirions les vestiges architecturaux, temples, tombeaux, stupas, de la civilisation Cham Pa qui a précédé la vietnamienne. A Hué, capitale officielle de l'Empire d'Annam, se dressait la cité impériale bâtie sur les plans et les thèmes ésotériques de la Cité Interdite de Pékin. Nous fûmes témoins des derniers rites religieux pratiqués par l'Empereur et une dynastie condamnée, encore en fonction. Les palais décrépits étaient menacés par la jungle. La cité impériale avec ses temples, ses palais, ses tombeaux était parsemée d'escaliers, de statues et de cratères de bronze à fonction religieuse. Ses terrasses et ses bastions en faisaient une citadelle fortifiée. Dans cette cité délaissée, la poésie installée sous les banians et les flamboyants conjuguait sérénité avec solennité.

Descendre en sampan la rivière des Parfums qui coule à Hué entre montagnes violettes et temples ocres, accompagné du chant des loriots et des effluves des frangipaniers, évoquait un enchantement. A Dalat, sur les plateaux, ville calme et reposante, on venait fuir la chaleur et la guérilla des deltas. De là, on rayonnait par des pistes chaotiques vers les plantations de thé ou les profondes jungles de Ban Me Thuot, où mon père chassait avant la guerre. Se mêler aux tribus montagnardes primitives *muong*, *méo*, *thaï*, était un spectacle pittoresque. Nous entreprîmes une visite fascinante au Cambodge et aux temples d'Angkor. La route de Saigon à Phnom Penh, encombrée et défoncée, était parfois infestée de francs-tireurs et de mines. Armés de carabines et de pistolets contre les mauvaises rencontres d'un commando terroriste, nous couvrîmes en flânant les trois cents kilomètres séparant les deux villes. Mon père arrêtait de temps en temps la voiture sur le bas-côté de la route, sortait son fusil et abattait un canard ou une dinde sauvage, qu'il donnait le soir à nos hôtes d'étape. Nous visitâmes Thaï-Ninh, ville importante près de la frontière, qui était le centre du caodaïsme, religion comptant plusieurs millions de fidèles au Viêt-nam. A l'époque, cette secte ainsi que d'autres importantes tels les Bin-Xuyen, exerçait une réelle influence politique, morale et même militaire. Elle changeait souvent de camp, prenant des butins ou recevant des subsides, soutenant aussi bien les Français que les nationalistes ou les communistes. Le grand temple du caodaïsme rassemblait avec éclectisme des statues de Victor Hugo, Pasteur, Jésus, Bouddha, Confucius. Cette secte amalgamait des personnages historiques promus papes ou saints d'une religion syncrétique mêlant catholicisme, bouddhisme et confucianisme.

A Phnom Penh, mes yeux furent éblouis par les évolutions serpentines des danseuses du ballet privé du Roi. La troupe se produisait tous les soirs dans un pavillon du Palais, que le Roi ou sa famille soient présents ou non. Tenu hors de la guerre, le Cambodge était relativement calme. Siem Réap à cent kilomètres au nord, bourgade d'accès aux temples, ne comprenait qu'un seul grand hôtel du début du siècle où l'on vivait au rythme des archéologues de l'École française d'Extrême-Orient. Du matin au soir, nous déambulions dans les ruines d'Angkor Vat et Angkor Thom. Souvent de jeunes archéologues nous expliquaient la civilisation khmère et ses fastes. Parmi les frises d'Apsaras, les allées de Najas et les Bouddhas étranglés de lianes, nous écoutions les litanies des bonzes vêtus de couleur safran. Nous évitions au crépuscule les chauves-souris qui s'échappaient en couinant des salles humides des temples abandonnés. Quelle odeur nauséabonde ! Jason et moi, nous nous baignions dans les bassins sacrés envahis de lotus et de jacinthes ou prenions, nus, des douches sur les terrasses sacrées quand l'orage éclatait. Nous avions les temples, les ruines, le « Bayon » et la jungle qui les recouvrait, pour nous seuls.

Au Tonkin, il était dangereux de se déplacer hors des villes ou des axes routiers : Hanoi-Haiphong, deux cents kilomètres environ, était le principal. On l'ouvrait chaque matin avec les troupes du génie militaire. En ville, mon père redoutait que je déambule seul dans les rues. Je sortais en principe avec un domestique. Des attentats journaliers se perpétraient dans les rues commerçantes. Plusieurs fois, des grenades ont éclaté à quelques mètres de moi lancées dans un café ou un magasin. Un cycliste, un cyclo-pousse ou un promeneur à l'air indolent jetait la grenade et poursuivait sa route. Restaient des blessés et des morts. Dans les quartiers indigènes grouillants, on mentionnait des disparitions mais non des assassinats car l'Asiatique joue rarement du couteau. Les grandes avenues de la ville coloniale étaient plus sûres. Je les parcourais sur une petite moto, un vélo, ou en cyclopousse. Je montais souvent à cheval (à l'hippodrome qui s'appelait encore Henri-de-Monpezat), et j'étais assidu du Cercle sportif où tennis et natation étaient mes sports favoris.

Le lycée Albert-Sarraut était une vaste construction des années vingt, aérée et moderne. Il était mixte et les élèves, en majorité vietnamiens, étaient dirigés par un proviseur français tandis que beaucoup de professeurs étaient eux-mêmes vietnamiens. Le niveau était excellent. Le Vietnamien est travailleur, studieux, intelligent et rapide. Les lycéens des deux communautés s'entendaient bien. Il régnait une grande homogénéité et une franche camaraderie. La colonisation latine a toujours essayé de rapprocher les populations entre elles et de les intégrer en cultivant des valeurs supposées identiques. L'ambition de la France de faire partager sa culture l'amenait à vanter les mérites de Victor Hugo autant que de la baguette de pain, du pastis ou de la Gauloise. Ayant lié de solides amitiés avec des Vietnamiens, certains continuent à m'écrire aujourd'hui. Sous la dictature communiste, ils auraient exposé leur vie s'ils avaient cherché un contact direct avec moi. Mais, devenu Prince de Danemark, j'ai aidé certains à être réunis avec leur famille déjà émigrée, grâce aux canaux de la Croix-Rouge ou d'autres institutions internationales. Mes parents, de France, ont aussi soutenu une action parallèle à la mienne. Durant les trois dernières décennies, ils ont réussi à faire rapatrier en France, pour les rapprocher de leurs familles, des Vietnamiens suspects et poursuivis.

Alors que je parlais mieux vietnamien que français quand je vins en France en 1939, maintenant je le baragouinais. Afin de réussir mes bacs, je me consacrai à mes études et non à perfectionner mon vietnamien.

Si les militaires avaient la nostalgie de la mère patrie, moi qui savais mon séjour de courte durée tentai d'extraire les sucs de ce pays. L'Indochine, devenue pays dangereux où la vie insouciante semblait avoir disparu, paraissait en état de choc. Dans les cités, l'activité était soumise à la rigueur comme dans une garnison. Pour moi qui sentais inconsciemment s'évanouir la magie de l'ancien temps, chaque instant était intense.

Je crus un moment que ma vie se déroulerait là-bas et pensai pouvoir succéder à mon père à la direction de nos affaires. Je compris vite que ma vie ne serait pas construite sur le même schéma que la sienne. Qui eût pu imaginer en 1950-1952 une fin si tragique à Dien Bien Phu et l'exode des Français ? Dans mon esprit se formait la certitude de mener à l'avenir une existence différente mais libre dans un État vietnamien associé à la République française. En effet, les trois pays de l'Indochine cessèrent d'être Protectorats en 1945, pour devenir États associés. La France désirait établir une communauté internationale d'États francophones anciennement « colonisés », qui fut appelée Union française. En 1952, ce statut paraissait possible à conserver. Les autorités françaises incitaient les civils à rester afin d'éviter de paraître quitter un navire en détresse. Mon père crut qu'il finirait ses jours au Viêt-nam. Dernier civil à quitter Hanoi, il versa une larme quand un officier plia, pour l'ultime fois, le drapeau tricolore à la citadelle de Hanoi. Jusqu'au bout, il avait espéré.

Lorsque nos parents étaient en Indochine, nous, en France, avions peur pour eux sans nous représenter les réels dangers d'une situation embrouillée. Les propos d'autrui, les nouvelles de la presse étaient alarmants. En France, la compassion de tous nous entourait : « Pécaïre ! Pauvrottes ! des parents au Viêt-nam, et cette guerre meurtrière là-bas... » Ils nous voyaient déjà orphelins.

Maintenant que j'étais immergé dans l'atmosphère militaire du Tonkin de 1950, il ne me venait pas à l'esprit de me faire du souci pour eux : nous frôlions tous la mort quotidienne sans nous soucier de la fatalité, ou de ses conséquences.

Dans ma classe du lycée, de rares élèves dont les

parents aidaient les rebelles furent questionnés et surveillés par les « Renseignements ». Qui aurait osé leur en tenir rigueur ? Ils n'étaient pas coupables, mais un jour, peut-être, je serais la cible de ce camarade, assis sur le même banc, au cas où il serait incité à devenir terroriste et à m'assassiner.

Quand les militaires l'autorisaient et que les conditions le permettaient, mon père partait inspecter une plantation. Lui au volant, mon frère et moi tout excités à ses côtés, nous partions dès potron-minet dans une Jeep, armés de fusils militaires et de pistolets, deux grenades planquées sous le siège. Nous nous intégrions au premier convoi militaire quotidien. Des démineurs ouvraient la route à cette vingtaine de véhicules militaires ou civils qui osaient s'aventurer si tôt. Parfois, devant nous, une Jeep ou un camion explosait sur une mine. Dangers sournois de la guérilla ! Sauter sur une mine à tout moment, tomber dans une embuscade, être abattu par un franc-tireur caché dans les bananiers ou les bambous sur le bord de la route, sont les risques inévitables que l'on écarte afin de mener une vie normale. Quelquefois un des derniers véhicules sautait. Là, nous remerciions la chance avec un grand « C » que les mèches aient fonctionné à retardement et que la mine, ayant résisté au poids des nombreux véhicules précédents, ait explosé après notre passage.

Un soir, nous restâmes coucher sur une de nos plantations, le convoi de retour vers Hanoi devant s'ébranler plus tard dans la semaine. La nuit venue, nous nous installâmes sur le toit d'un fortin en compagnie du lieutenant et du sergent du poste militaire fortifié installé sur nos terres. Nous nous trouvions à Thuyen-Quang, région semi-montagneuse, où les attaques des guérillas étaient plus meurtrières que dans le delta. Les Viêt-minh essayaient de gagner un terrain difficile à contrôler, chèrement conquis et âprement défendu par les troupes françaises. Leur but, faire tache d'huile, les poussait à contrôler des villages successifs et à noyauter petit à petit un canton, un morceau de province. La guérilla évite les batailles rangées et le plein jour. Elle attaque par-ci par-là, déstabilise, se dérobe aux combats traditionnels, démoralise un adversaire sédentaire qui ne connaît jamais l'identité ou les caches de l'ennemi, ni le lieu et le moment de l'attaque. Son principe est la mobilité. La guérilla doit être reine de la nuit ; le jour est concédé à l'occupant. Le poste établi dans nos rizières, à l'écart du village, était défendu par une vingtaine de militaires suppléés par quelques hommes de mon père. En raison de l'insécurité, nous n'osions plus habiter la maison du régisseur. Nous nous apprêtions à dormir dans le fortin barricadé comme chaque nuit, qui était entouré de champs de mines, intercalés par des rangs de barbelés concentriques. Le commandant en chef à Hanoi et le chef de bataillon dans la localité avaient autorisé mon père à établir une mini-milice privée, dans les plantations encore en activité. Quelques *nha-qué* sûrs, armés de fusils procurés par mon père et cadenassés et contrôlés par le sergent, pouvaient être appelés en suppléants pour soutenir les actions de la troupe. Ce soir-là, par mesure de sécurité, mon père avait convoqué au fortin trois gardes privés ainsi que le chef annamite du village flanqué de deux adjoints.

Il me semblait curieux que mon père forçât les villageois à partager nos paillasses. J'appris qu'ils seraient des otages potentiels pour éviter que le Viêt-minh n'attaque en notre présence.

Comme si les Viets se soucient que des *nha-qué* soient avec nous s'ils ont envie de nous descendre ! pensai-je.

Mon père expliqua que les Viets extorquaient à ce village sous notre contrôle une dîme mensuelle de tant de quintaux de riz, de poulets, de bananes, et d'autres denrées, essentielles à leur survie. Si le village ne la leur fournissait pas, les Viets exécuteraient en public trois ou quatre garçons de la communauté. S'il continuait à ne pas s'y plier, ils en tueraient le double. S'il persistait, les Viets incendieraient ou passeraient par les armes le village. L'action des Viets, occulte mais réelle, n'avait pas encore une emprise assez assurée pour s'effectuer en plein jour. Mon père connaissait leurs agissements, mais ne pouvait rien contre. En s'y opposant il enverrait le village entier à la mort. Le chef de village et ses adjoints étaient donc obligés de se prêter à un double jeu. Amis le jour, ennemis la nuit. Équilibre des forces : le jour aux Français, la nuit aux Viets.

Mais alors, pourquoi convoquer le chef si on le savait traître ?

Il paraissait évident que lui n'était pas traître par choix ; la situation l'obligeait à le devenir. Il y allait de sa peau, et de la sécurité du village entier dont il était le responsable. Le village n'avait qu'un souci : continuer à cultiver les rizières en paix et survivre. En prenant le chef avec nous, les Viets n'oseraient pas attaquer, au risque de se démasquer et de perdre la face et leur crédit. Zigouiller le chef dont ils avaient tant besoin les rendrait odieux et gênerait leur rançonnage occulte...

Était-ce vraiment là l'équilibre des forces ?

Donc, vers dix heures du soir, assis sur des matelas étalés au sommet de la terrasse couronnant le fortin, engourdis par la nuit tropicale, piqués par les moustiques, nous devisions de la conjoncture. Le chef de village évoquait aussi de vieilles légendes annamites. Nous buvions un pastis dilué, à moins que ce ne fût du « cognac-sampagne » — c'est ainsi que le chef de village désignait la fine à l'eau ou le cognac à l'eau de Seltz apporté par nous — remplacé depuis par le whisky-soda. La nuit chaude et moite était ponctuée par le chant des grillons et des grenouilles ; scintillante d'étoiles mais sans lune. Tout à coup, cris des sentinelles à leur poste, crépitement de mitrailleuses, explosions de grenades, tirs de fusils réguliers, feu d'artifice de mitraille. Tous à plat ventre, protégés derrière les créneaux, les fentes ou les étroites fenêtres, nous saisissons les armes à portée et ripostons de notre mieux, militaires, père, Henri, Jason, chef du village et adjoints réunis. Dans le noir, notre seule cible était la bouche à feu adverse. Vingt minutes plus tard, le calme revint. Au petit jour, on trouva le corps de quatre Viêt-minh abattus dans les barbelés. Ce fut mon baptême du feu. J'enviai Jason. Il n'avait que douze ans !

Apparemment, l'attaque avait été prévue de longue date. Les Viets ne se doutaient pas que quelques Monpezat et des édiles du village couchaient à la belle étoile ce soir-là dans le poste des rizières. Ils avaient perdu leur crédit et la face, mais ça changeait quoi ?

Le cours de la vie alterne entre tristesse et joie. Le déjeuner du lendemain provoqua un incident comique qui dérida après le tragique de la nuit. Un sergent de la compagnie, costaud Antillais de belle couleur nocturne, sortit subitement du groupe de soldats attendant sa ration de « rata » dans la gamelle. Tirant le lieutenant par le bras, il invectiva mon père avec le charmant accent « ma'tiniquais », qui ne prononce pas le « r » et qui séduisit le Tout-Paris du Directoire quand la future impératrice Joséphine le mit à la mode. Il gesticulait et tonitruait de colère : « Du 'I. Du 'I. Toujou' du 'I. Hié' du 'I. Aujourd'hui du 'I. Demain du 'I. Dis-lui, à lui (le lieutenant), fini le 'I ! C'est pas une nou'itu'e pou' Eu'opéen ! »

Si mon père fournissait gratuitement le riz à la cantine, avait-il pensé qu'un « Eu'opéen » ne pouvait se contenter de riz quotidien en guise de pain, comme un

Asiatique ? Ce 'I deux fois par jour, c'en était trop pour le sympathique sergent. Maintenant, qu'on serve du riz deux fois de suite, et nous l'apprécions beaucoup, il suffit que l'un d'entre nous murmure seulement : « du 'I, toujours du 'I », on est sûr que la table s'esclaffe !

L'Empereur apparaissait dans des fonctions officielles et mes parents rencontraient parfois l'Impératrice issue d'une ancienne famille catholique de Cochinchine. L'Empereur Bao Dai était redevenu le chef de l'État en 1949 sur les injonctions de la France, alors qu'il avait abdiqué en 1945 lors de la formation du premier gouvernement Viêt-minh dirigé par Ho Chi Minh. Né en 1913, il était monté sur le trône en 1925, succédant à son père, l'Empereur Cai Dinh. Homme jeune dans la force de l'âge, il jouissait de la part de la République du respect et de la considération dus à ses fonctions. Sa position et les circonstances ne l'avaient pas préparé à démêler les arcanes de la politique confuse et des changements radicaux qui avaient secoué son pays pendant et après la Deuxième Guerre mondiale. Son tempérament et son éducation, d'autre part, ne l'incitaient guère à tenir le rôle d'un lutteur patriotique, d'un médiateur rusé ou d'un entraîneur de foules. Avec l'Impératrice et leurs nombreux enfants, il tenait une cour restreinte dans sa résidence officielle de la cité impériale de Hué. L'Impératrice douairière, sa mère, les autres membres de la famille impériale, et une administration réduite, y séjournaient aussi de façon sporadique. L'Empereur voyageait souvent en France et se montrait à Saigon plus qu'à Hanoi, capitale administrative du protectorat français.

La France avait établi avec l'Annam des relations amicales, tant culturelles que commerciales, dès le XVIIe siècle. A la fin du XVIIIe, ces relations devinrent proches et profondes grâce à une amitié personnelle entre le Roi Louis XVI et l'Empereur Gia Long. La France, ensuite, aida les empereurs d'Annam à maintenir l'ordre dans leurs États ravagés par des guérillas intestines. La présence effective française devint officielle dans les années 1850 pour ce qui concernait les affaires militaires et administratives dans le sud du pays, la province de Cochinchine. Celle-ci, donnée par l'Empereur Gia Long à Louis XVI, eut par la suite le statut de colonie jusqu'en 1867. Puis des campagnes navales et militaires de pacification entraînèrent les Français dans le nord, au Tonkin. En 1887, fut créée l'Indochine française, nom donné à la réunion des deux protectorats établis par la France sur le royaume du Cambodge en 1863, et l'Empire d'Annam en 1887. Le protectorat du royaume de Laos vint s'adjoindre en 1893. L'Empire d'Annam, pays long d'environ 1 500 kilomètres, allant de la frontière chinoise au cap de Ca Mau, comprenait trois provinces, le Tonkin au nord, l'Annam au centre, la Cochinchine au sud. Hanoi, au Tonkin, devint la capitale de l'Indochine française, réunion des trois royaumes. Saigon, en Cochinchine, était la métropole commerciale tant par sa population nombreuse que par ses activités économiques. Les empereurs d'Annam, les rois du Cambodge et du Laos continuèrent, sous le protectorat français, à régner sur leurs États respectifs avec leur administration indigène propre. Ils résidèrent dans leur capitale, Hué pour l'Empereur d'Annam, Phnom Penh pour le Roi du Cambodge et Luang Prabang pour le Roi du Laos. Quelques révoltes locales et violentes dans l'Empire d'Annam se dressèrent contre les Français entre les deux guerres. Puis l'Indochine fut occupée par les Japonais en 1940 jusqu'à leur capitulation en 1945.

En 1946 la France fut entraînée dans la guerre dite d'Indochine. Devant les aspirations nationalistes, la

France reconnut l'indépendance totale et sans restriction des trois royaumes. Ils obtinrent le statut d'États associés au sein de l'Union française. Ce qui rendit la guerre d'Indochine meurtrière, longue et compliquée fut qu'il s'y trouva trois forces combattantes. En premier, la France puissance de tutelle qui souhaitait, comme elle l'a tenté à plusieurs reprises, se retirer politiquement, tout en gardant saufs des liens privilégiés dans les domaines économiques et culturels. Ensuite le Viêt-nam, nom pris en 1945 par l'ancien empire d'Annam, pays indépendant dont la population nationaliste aspirait à repartir sur de nouvelles bases politiques et administratives dans une coopération élargie avec l'ancien protecteur. Mais le Viêt-nam était politiquement divisé. La majorité de la population ne souhaitait plus l'empereur Bao Dai comme chef de l'État. Elle inclinait vers une démocratie moderne sous forme de régime républicain. Enfin le Viêt-minh, ligue politique affiliée au Parti communiste international, régime révolutionnaire, rebelle aux Français et à l'État vietnamien. Au nom d'un nationalisme farouche, il luttait pour l'éradication de la France et surtout pour l'établissement d'une république soviétique marxiste au Viêt-nam.

La France essaya de s'entendre en 1946 avec le chef de cette dissidence, Ho Chi Minh, et lui confia le premier gouvernement vietnamien d'après-guerre. Il devint vite impossible de composer avec une idéologie aussi extrémiste, et un processus de lutte armée s'engagea insidieusement de part et d'autre. La France soutint le pays légal et réel, le Viêt-nam, en envoyant des corps expéditionnaires renforcés par les forces militaires locales vietnamiennes dont elle payait aussi l'entraînement et l'armement. Jusqu'en 1949, les Viêt-minh concentrés au Tonkin, menèrent une guérilla sporadique et obtinrent des succès de prestige. Après la chute de la Chine dans le camp communiste, le Viêt-minh reçut d'elle et de ses alliés russes une aide militaire et financière efficace. La spirale de guerre de harcèlement s'enfla et prit une envergure que la France, alliée du Viêt-nam, chercha vainement à arrêter.

Des trois protagonistes, la France, après huit ans d'une guerre coûteuse et meurtrière, déclara forfait lorsqu'elle perdit la bataille de Dien Bien Phu (1954). Elle avait trouvé cette conclusion désastreuse croyant obtenir une victoire décisive en concentrant ses forces dans une cuvette montagneuse du Tonkin. La France, dans cette guerre, avait voulu s'opposer à la propagation du communisme mondial et lutter contre les partisans marxistes locaux. Elle avait entrepris de maintenir un Viêt-nam libre en soutenant le régime officiel monarchique tout en envisageant de répondre positivement aux aspirations républicaines de l'intelligentsia politique. Les Vietnamiens, divisés sur la forme de leur futur régime, luttaient aux côtés de l'ancien protecteur pour leur liberté. Ce faisant, ils participaient à une guerre civile contre leurs frères égarés dans la rébellion communiste. Quant au Viêt-minh, il avait décidé d'une guerre totale, définitive et implacable contre tous. Qu'ils soient Français ou Vietnamiens, tous étaient des obstacles à son but unique : le triomphe des idées communistes. En 1954, après la défaite de Dien Bien Phu, le pays fut divisé en deux.

Les États-Unis, qui n'étaient pas favorables à la présence française en Extrême-Orient, tinrent, une décennie plus tard, le même rôle ingrat en s'engageant dans un conflit similaire tripartite. Insensiblement, ils furent amenés à une lutte de plus en plus féroce et meurtrière, dans le but d'arrêter la propagation d'une idéologie totalitaire et de protéger la liberté du peuple vietnamien du Sud qui refusait d'être soumis au régime Viêt-minh de Hanoi. Avec des moyens bien supérieurs et plus sophistiqués, la plus grande puissance militaire du monde fut défaite après une guerre d'une dizaine d'années. Une guerre, menée sur les mêmes terrains, dans les mêmes conditions, et pour les mêmes causes que la France vingt ans auparavant. Les communistes restèrent les vainqueurs parce que leur idéologie était plus forte et plus tenace. La chute de Saigon et le retrait américain, en 1975, paraissent plus humiliants devant l'histoire. Les conséquences en furent plus tragiques, en tout cas.

En 1950, la position de l'Empereur sur un tel échiquier ne pouvait qu'être difficile. La prudence, la diplomatie, l'attentisme ne sont plus les qualités essentielles pour régler des situations aussi tendues. Ces situations requièrent un engagement inconditionnel, une volonté politique, un idéal inébranlable de celui qui est le chef de l'État. On a accusé l'Empereur de vouloir jouer au plus fin et de tergiverser entre plusieurs choix déplorables. Il ne put pas ou ne sut pas manifester une attitude ferme et claire. Même s'il n'avait qu'une seule ambition louable, le salut et le bien-être de son peuple, il lui fut impossible d'obtenir le soutien populaire et de s'établir comme sauveur de la patrie ou gloire nationale. La majorité républicaine de son pays lui fit perdre son trône peu après la partition du Viêt-nam le long du fameux dix-septième parallèle à la suite des accords de Genève de 1954. Le Sud-Viêt-nam se déclara République en 1955. L'Empereur Bao Dai se retira en France où il vit toujours.

Le Roi du Cambodge réussit à tenir les rênes de son pays. Le Roi Sihanouk, tantôt Prince, tantôt Premier ministre, assura par intervalles et avec maintes péripéties politiques la direction de l'État. Il revint au Cambodge après l'intermède sanglant des Khmers rouges qui décima le tiers de la population cambodgienne dans des conditions atroces et a repris en 1993 le titre de Roi.

Le Roi du Laos connut une fin pitoyable. Après 1975, lorsque le gouvernement laotien fut contrôlé par des communistes inspirés du Viêt-nam et du Cambodge, il fut envoyé dans un camp de rééducation, c'est-à-dire de concentration. Sa fin, quelques années plus tard, est demeurée mystérieuse, et les conditions de sa mort, ainsi que celles des membres de la famille royale, tenues secrètes.

A l'automne 1950, arriva en Indochine le général de Lattre de Tassigny, nommé général en chef. Le moral des Français d'Indochine était au plus bas. Une grande lassitude s'était emparée d'eux parce que le pays plongeait chaque jour davantage dans la guérilla. Le général de Lattre, futur maréchal, auréolé du prestige de sa guerre européenne, a redonné espoir. On pensait qu'un officier supérieur déterminé, ayant participé à la libération de la France, un chef volontaire, pouvait très bien gagner la guerre indochinoise. Il a remporté de beaux succès sur le terrain tonkinois.

Un malentendu faillit détruire les relations qui s'étaient instaurées entre lui et mon père. De Lattre, à Hanoi, avait accusé, au cours d'une conférence de presse avec ses officiers, les colons français d'être partiellement responsables de la situation en Indochine. Il alla même jusqu'à laisser entendre qu'ils étaient de connivence avec le Viêt-minh pour préserver leurs intérêts privés. C'était accuser des civils français d'être des traîtres. Les propos firent le tour d'Hanoi. Les explications de mon père lors de l'attaque de notre poste avaient montré le double jeu auquel les populations paysannes étaient soumises malgré elles. Mais suggérer, comme le faisait de Lattre, que les colons soudoyaient les Viets pour être tranquilles, était une injure et de la désinformation. Mon père fut mécontent et, afin que le général se rétracte, il alla l'éclairer. De Lattre admit de réviser son jugement publiquement, et le différend s'apaisa.

La présence massive des militaires avait dilué les distractions de la vie civile. Les fêtes de fin d'année, Noël et le Jour de l'An revêtaient pour tous une importance émotive mais surtout pour les militaires éloignés de leur famille. Leurs permissions fréquentes les mélangeaient intimement à la vie réduite de Hanoi qui les accueillait à bras ouverts. Officiers, troupes, civils, correspondants de presse, diplomates étrangers, se retrouvaient avec nostalgie et cependant entrain pour fêter Noël et la Saint-Sylvestre en commun dans les cabarets et les boîtes de nuit. On me mit modestement à contribution pour la distraction du corps expéditionnaire. Le pianiste d'un des meilleurs cabarets de la ville tomba malade la veille de Noël 1950. Le général Salan suggéra à mon père que je tienne le piano. L'humeur des troupes serait affaiblie, à moins que j'accepte au pied levé d'accompagner les chanteuses de ce cabaret. Je ferais œuvre charitable et remonterais ainsi le moral à tous. Pendant une semaine, chaque soir de neuf heures à minuit, je fus pianiste de bar... Jouant le répertoire à la mode, j'accompagnais chanteuses et chanteurs, dans des rengaines d'Edith Piaf, Charles Trénet, Cora Vaucaire, Juliette Gréco, Suzy Solidor. Je faisais danser sous l'œil narquois de mes parents. Lors de soirées organisées pour les militaires par la Croix-Rouge, où ma mère prenait aussi une part active, des amateurs et moi avons joué sur la scène du Grand Théâtre de Hanoi, dans des comédies de Musset, des scènes du *Docteur Knock* de Jules Romains, ou *De l'importance d'être Constant* d'Oscar Wilde. J'avais dix-sept ans, j'étais gauche, empli de trac et pas du tout fier de moi.

Immergé dans un milieu civilo-militaire aussi patriotique, il était compréhensible que je me sente tiraillé par un double attachement : l'amour pour la mère patrie, regardée avec des yeux émerveillés, d'autant plus fidèles que la France était loin, et l'attrait pour le Viêt-nam qui, je le présumais, finirait par me rejeter... On ne pouvait s'empêcher d'être dérouté par une politique française indécise, difficile certes, mais floue. Les métropolitains tout comme les politiciens portaient une attention contradictoire au problème vietnamien et à cette guerre impopulaire. Certaines voix exhortaient à rester en affirmant que la guerre pourrait être gagnée. Que les colons commencent à partir et tout le monde allait s'en aller. D'autres clamaient que ce conflit était injuste et qu'il fallait quitter ce guêpier. Des journaux de la métropole imprimaient que la France se ruinait pour maintenir des poignées de civils dans un régime illégitime et indéfendable. Combien de colons se remplissaient les poches aux dépens des Vietnamiens ! Combien de jeunes Français mouraient pour eux ! La réalité n'était pas celle où je vivais. L'expatriation de ma famille n'avait pas pour but d'exploiter abominablement les populations locales. Les entreprises de ma famille étaient rentables parce qu'elles se conformaient aux pratiques des industriels qui ont investi des capitaux à l'étranger. Quelle différence avec des patrons d'industrie, fabricants de cigarettes ou de boissons gazeuses, répandus dans le monde ? Notre enrichissement personnel profitait à l'économie locale et contribuait au développement économique du pays. Nous ne nous prenions pas pour des touristes. Le Viêt-nam était une seconde patrie. Les sentiments affectifs de trois générations nous y attachaient. Je trouvais injuste et dénigrant qu'on pût nous décrire comme : « affreux colon faisant fortune sur le dos des autres ». D'autre part, je croisais tous les jours de nombreux Vietnamiens fidèles à la France. Devait-on les trahir ?

Combien me contristaient ces jugements décevants et déplacés !

Reçu à mes deux bacs, je revins en France en 1952 avec l'intention d'étudier à l'Université de Paris. Un vieux paquebot rénové nous fit faire un voyage de retour enchanteur aux escales tout aussi pittoresques. La situation au Viêt-nam, loin d'être encore désespérée, ne permettait pas d'imaginer un repli définitif et total des Français, encore moins un désastre militaire. Notre espoir était de conserver nos biens et de les gérer tels des étrangers résidant outre-mer, et non comme « colons » d'un territoire administré.

C'est avec une grande nostalgie que je dis au revoir à la poétique ville de Hanoi, aux possessions familiales, à mes camarades, aux paysages que j'avais aimés et où j'avais aimé. Je conservais l'espoir d'y revenir, mais dans combien d'années ?... Le Tonkin ne m'a pas encore revu.

A Paris me parvenaient les récits attristants de la guerre et ses actes héroïques. Le conflit médiatisé amenait la presse, la radio, la télévision, les revues étrangères à couvrir en détail les combats et ses héros. Bien des officiers nommés, je me souvenais de les avoir rencontrés : l'intrépide Geneviève de Galard, infirmière et ambulancière, le colonel van Uxem, les généraux Salan, Challe, de Castries. Je souffrais d'entendre les exploits sanglants du corps expéditionnaire anonyme qui fut douloureusement sacrifié à Dien Bien Phu. D'un point de vue logistique cette longue bataille fut le résultat d'un choix désastreux. La stratégie du haut commandement français a laissé perplexe. Comment pouvait-on espérer, en se repliant dans une cuvette sans possibilité de retraite, mettre l'ennemi à genoux ! Seul dégagement : une piste d'aviation à tout moment attaquée et bombardée puis rendue inutilisable. On n'a guère vanté à leur juste valeur les qualités militaires du général Giap et la volonté indéfectible des troupes Viêt-minh à gagner. Malgré des pertes colossales, de fraîches troupes sanguinaires se joignaient chaque jour. Elles s'infiltraient près des réduits français par des boyaux souterrains creusés à la main. Elles transportaient armes et canons en pièces détachées à dos d'hommes sur des centaines de kilomètres par montagnes et jungles. Elles s'enterraient des heures dans des rizières, respiraient à travers une tige de bambou. Elles harcelaient sans cesse avec fougue. On peut reconnaître à l'adversaire une pugnacité et un courage sans défaut.

La bataille de Dien Bien Phu fut ressentie comme une grande défaite et mit un point final aux hostilités. Les accords de Genève scellèrent le destin des Français, du Viêt-nam, de beaucoup de Vietnamiens anticommunistes et surtout des catholiques tonkinois. Ceux-ci, évêques et bannières en tête, fuirent en un douloureux exode vers le Viêt-nam du Sud au-delà du dix-septième parallèle. Pendant trois décennies des millions d'autres allaient vivre un cauchemar inhumain qui n'était qu'un enfer créé par des humains.

Mon père, demeuré à Hanoi jusqu'à la dernière heure, n'oubliera jamais ce moment déchirant de sa vie : il scellait la fin des Monpezat en Indochine.

Civils comme militaires durent en trois semaines quitter définitivement le Tonkin. Trois semaines, comme c'est court pour déménager trois quarts de siècle de présence ! L'idéologie communiste interdisant vente ou possession d'outils de production, nos installations industrielles et agricoles furent confisquées. Les départs forcés se firent par des paquebots de ligne réquisitionnés et par des cargos surchargés. Aux civils se joignait le corps expéditionnaire rapatrié en hâte. Rares encore étaient les avions. On autorisa une tonne de fret par personne. Comme c'est léger, deux tonnes, pour un couple emportant les possessions de deux générations !

Mes parents s'installèrent à Saigon en attendant que le flux de l'exode du Tonkin s'apaise. Ils revinrent plus tard en France par avion. Nous allâmes en chœur les accueillir au Bourget, huit enfants en rang d'oignons, accompagnés de grand-parents et de cousins. Les départs comme les arrivées de longs voyages offraient encore prétexte à réunions festives. Du Dakota descendent mes parents, suivis de deux filles vietnamiennes, nièces de la fidèle Thi-Tu, qui en venant servir au Cayrou trouvaient un exil sûr en France. Depuis elles ont fondé des familles eurasiennes et des chaînes de restaurants en Aquitaine. Les bras surchargés de tous portaient des myriades de sacs et de colis, même une cage emplie de perroquets et un couple de singes ouistitis, cadeaux de retour de nos parents à leur progéniture. Ces ouistitis ont distrait longtemps les voisins de campagne lotois en prenant la poudre d'escampette aux alentours et finirent par se pendre — accident ? — aux agrès de leur cage. Ils brisèrent plusieurs services de verres de cristal qu'ils lançaient sur les murs et sur les chiens après avoir découvert comment s'ouvrait un placard. Ils semèrent à maintes reprises la panique dans l'étable et dans l'écurie lorsqu'ils se délectèrent à plumer vivantes une cane ou une clouque qui y couvaient leurs œufs au chaud. Le méfait achevé, ils bombardaient chevaux ou vaches avec les œufs désertés.

L'arrivée nostalgique de nos parents connut son moment de cocasserie. Mon père descendit l'escalier de l'appareil portant avec déférence l'urne contenant le cœur embaumé de son père. Dans la confusion des embrassades, il la confia sans sourciller à son beau-père avec un bref : « Tenez, prenez ça ! » Voilà le général Keller serrant dans ses bras le cœur de son rival, mon grand-père, dont il avait pris la femme ! Cette urne attendit patiemment vingt ans sur un rayon empoussiéré de la bibliothèque du Cayrou avant d'être cérémonieusement remise à la ville de Pau selon l'intention de mon grand-père.

Ce retour définitif aurait pu désespérer mes parents et diminuer leur joie de vivre. Les hauts et les bas de la vie étant parties du destin, ils firent une croix glorieuse sur un passé riche, exotique et pittoresque. Ils réagirent avec bonne humeur et s'installèrent dans la vie simple des réfugiés à la campagne. Leurs revenus diminués, leur maison confortable et le calme provincial se substituaient au luxe d'antan. Ces revers du sort furent acceptés sans jérémiades ni critiques. Ils révélèrent un nouvel esprit pionnier dans une vie plus sédentaire. Désormais entourés des trois générations d'une famille féconde, ils s'installèrent avec sérénité dans la campagne tranquille du Lot.

Ils reprirent le rythme de vie menée pendant les années quarante. Mon père consacra du temps à son vignoble, s'attachant à redonner son lustre ancien au vin de Cahors. Cette « renaissance », entreprise en commun avec beaucoup de vignerons, fut couronnée la décennie suivante par l'obtention de l'Appellation Contrôlée.

Voyageant constamment entre la province et Paris, ses interventions à l'Association des Français d'outre-mer permirent d'obtenir les indemnisations auxquelles le gouvernement français s'était engagé envers les expatriés. De longues négociations et des tractations interminables auprès de différents ministres et bureaucrates eurent pour résultat l'acceptation des dossiers, leurs évaluations et des indemnités.

Les anciens d'Indochine qui ont formé un monde singulier et original furent ensorcelés par ces pays. Les peuples comme les personnes trouvent entre eux des affinités. Le Vietnamien en a beaucoup avec le Français. Nombre de civils et de militaires, dès la conquête de l'Indochine jusqu'à la fin de la présence française, ont épousé une Vietnamienne et fait souche ici ou là-bas. En général, les familles franco-vietnamiennes révèlent une entente sereine et poussent des racines profondément vivaces dans les deux cultures. L'Indochine est restée pour les Français une terre féerique que l'on adoptait sans restriction et que l'on quittait avec regrets. Mon grand-père, par exemple, s'était tellement fondu au Tonkin que, de 1913 à sa mort en 1929, il n'est plus revenu en France. Cette relation privilégiée entre la France et les peuples formant l'Indochine a fait éclore des contacts affectifs et culturels spéciaux.

Américains et Vietnamiens n'ont pas tissé de liens comparables. Le corps expéditionnaire américain n'a guère réussi à créer de véritables rapports d'estime ou d'affection entre ses militaires et les filles du pays. En revanche, les peuples français et vietnamiens, si différents, ont montré tant d'inclination l'un vers l'autre que, la conjoncture fût-elle demeurée pacifique, l'entente et la coopération eussent été encore plus florissantes. La décolonisation aurait été facile si elle n'avait été la proie de l'extrémisme des communistes qui ont métamorphosé tant de mentalités. Le conflit indochinois exacerbé par les totalitarismes a entraîné des morts dramatiques, des tortures morales et physiques, des séparations brutales, des exodes, bref, une guerre longue et tragique et la ruine d'un pays.

Mes yeux d'adolescent sont restés pour toujours imprégnés des reflets de la civilisation vietnamienne raffinée et chatoyante. J'avais fait pendant dix ans la prière de regagner le Tonkin. Avait-elle désormais une raison d'être ?

Les rêves ne doivent pas être pris pour la réalité. Si le destin m'appelait à revenir un jour sous les cieux tonkinois, ma nostalgie ne serait-elle pas déçue ? La réalité collerait-elle aux féeries de mon enfance ? Je venais de côtoyer, adolescent, les dures réalités de la guerre et de la haine, d'être confronté aux élans du sacrifice et du devoir. La mort s'était montrée aussi quotidienne que la joie, l'héroïsme aussi courant que l'insouciance. Mes horizons s'étaient élargis. Le monde m'avait ouvert des fenêtres pittoresques ou laides, aimables ou méchantes.

Les voyages lointains au milieu de notre siècle n'étaient pas la simple formalité qu'ils sont devenus. Les transports lents, coûteux, exclusifs inspiraient à peu de gens le goût des voyages. Mais ceux qui l'appréciaient acceptaient avec naturel les chocs culturels épicés d'imprévus et de surprises. L'âme des voyageurs prenait le temps de s'adapter au dépaysement. L'esprit y glanait une moisson variée. Des contacts singuliers avec des civilisations exotiques et des mœurs étranges conduisaient l'esprit à la tolérance. On ne mesurait pas la joie de vivre locale à l'aune rétrécie du bien-être matériel ou du revenu. On acceptait les différences de mœurs sans les évaluer avec nos mesures. De mes lectures, de mes escales sur la route des Indes, de mes conversations avec mes camarades vietnamiens, je comprenais qu'il existe d'autres miradors pour observer et pour juger le monde que ceux dont on est coutumier chez soi. Il y a des mœurs, des musiques, des saveurs exotiques qu'il ne faut pas laisser perdre, sous le prétexte qu'elles surprennent, qu'elles heurtent ou qu'elles sont inconnues. Il y a des douceurs dans les rapports avec les choses qui ne doivent pas être écartées parce qu'elles sont singulières. Nos civilisations occidentales nous convainquent trop souvent que la vie s'appuie sur des rapports de force alternés de ruptures.

En Extrême-Orient, je crois avoir compris que le temps est une ligne mouvante où le passé s'intègre au présent pour préparer le futur. Que l'important n'est pas le choc des rapports ou des ruptures, mais l'harmonie qu'on établit autour de soi et qui amène la paix à l'âme. La sagesse millénaire diffusée par les religions asiatiques n'est qu'une voie indicative, une philosophie d'équilibre tissée avec les dieux, la nature, la cité, les hommes, la famille, et surtout avec ses propres pulsions et ses sentiments. Une philosophie de juste milieu, de justesse dans ses actes, de droiture. Je ressentis alors, dans l'âme vietnamienne, une musicalité tendre et sereine, qui, dans les rapports intimes entre deux personnes, permettait d'oublier la tyrannie des droits, qu'ils fussent ceux de la famille, des sexes, du travail, de la politique ou de la religion.

Chapitre 5

Terreau parisien

Paris. Décembre. Le couple royal séjourne à titre privé dans la capitale française. Je retrouve le Prince dans un grand hôtel de l'avenue Montaigne, près des Champs-Elysées.

« Faisons un petit tour ! »

Le Prince aime Paris. Nous remontons l'avenue Montaigne, nous voilà rue François-Ier. Henrik de Danemark se guide à merveille. On le sent ici chez lui. Je lui montre le restaurant de verre construit sur le toit du Théâtre des Champs-Elysées, et dont l'architecture moderne a suscité bien des controverses.

« Je pourrais y emmener la Reine pour dîner », dit Henrik qui passe d'un trottoir à l'autre avec l'agilité d'un être libre.

Au pont de l'Alma, je fais remarquer au loin, dans la perspective de la Seine, les flèches de la basilique Sainte-Clotilde. Le prince me parle alors de César Franck son célèbre organiste, et de la rue Las-Cases où il allait autrefois.

Un rayon de soleil fait briller, comme un calice renversé, le dôme des Invalides : « Quelle splendeur ! J'aime l'admirer des jardins du musée Rodin. Je les préfère depuis qu'ils ont été redessinés. »

Tout en marchant d'un pas rapide, le Prince me parle de

Saint-Germain-des-Prés où tant de souvenirs le lient, de l'année 1952, celle de son retour à Paris. Je lui rappelle qu'en 1954 Simone de Beauvoir obtint le prix Goncourt pour Les Mandarins. *Sourire du Prince, qui a traduit en danois avec la Reine un livre de Beauvoir. Henrik enchaîne sur la littérature française, distribuant satisfecit ou blâme à tel ou tel de nos auteurs. Le jugement royal tombe dru comme le couperet d'une guillotine. Mais le Prince, qui ne déteste pas qu'on le contredise, revient parfois sur un jugement qu'on croyait définitif. Il émet un doute qui a valeur de grâce... Reste que je suis surpris par sa connaissance de notre actualité littéraire. Peu lui échappe ! Notre promenade se prolonge dans la culture française, quand, tout à coup, deux photographes surgissent de derrière une voiture. Le Prince les salue en danois, et leur conversation que je ne comprends pas s'achève par de grands éclats de rire...*

« Je leur ai dit que nous étions, la Reine et moi, en voyage privé et qu'ils ne nous photographient pas », me dit le Prince.

Au fond, sans ces objectifs indiscrets, j'aurais presque oublié que je me promenais avec le Prince Consort de Danemark, tant cet « étranger » dans Paris semblait mieux que moi connaître « ma » capitale...

★

En octobre 1952, je me suis installé à la cité universitaire de Paris, boulevard Jourdan, au pavillon de l'Indochine, maintenant du Viêt-nam, réservé aux étudiants vietnamiens, cambodgiens et laotiens, et à ceux comme moi venant de là-bas. Je disposais d'une chambre simple et moderne dans le parc ombragé. Je l'ai quittée en 1956 après un séjour de quatre ans.

Agé de dix-huit ans, je n'étais guère révolté sinon contre mon père avec qui je m'opposais souvent. Il n'était pas toujours facile. Je l'étais, sans doute, encore moins avec lui. La jeunesse étant rarement conservatrice et se croyant investie de la mission de changer le monde, de redresser les injustices, j'étais contestataire avec modération. Indifférent aux causes extrêmes, je répugnais à participer aux manifestations politiques estudiantines et aux défilés auxquels nous appelaient les divers syndicats étudiants.

A ma première année d'Université, je passai davantage de temps à découvrir et m'intégrer à Paris qu'à potasser. Nouveau Rastignac, mais timide et scrupuleux, j'aurais pu m'écrier : « A nous deux Paris ! »... Je découvrais, dégingandé et émerveillé, les plaisirs d'une existence entièrement libre dans la « ville lumière » miroitante de tentations. Cette tâche ardue occupa beaucoup de mes jours et de mes nuits. Tant de trésors à explorer, tant de beautés pour l'œil et l'esprit ! Les années suivantes offrirent un mélange de dilettantisme et d'étude. Postulant dans deux facultés, et à l'École des langues orientales, j'ambitionnais d'obtenir une licence en droit ainsi qu'une licence ès lettres, en plus des diplômes de langues. Certaines années, j'étais reçu à l'examen d'une discipline ou collé à l'autre. Tout finit par se rééquilibrer quand, en fin d'études, après avoir abandonné le droit qui m'ennuyait, j'obtins les diplômes de « langues O » et une licence ès lettres.

Paris, une des villes qui permet le plus riche épanouissement à un esprit curieux et ouvert, produit un formidable bouillon de culture. Elle est le creuset où tout se mélange et se transforme avec étincelle et raffinement. Il suffit de s'immiscer et de prendre part. Ma vie se déroulait surtout au Quartier latin, la rive gauche ! La rive droite, avec ses quartiers d'affaires, me paraissait un tantinet exotique et lointaine. Je partais à la découverte des lieux cachés, comme un flâneur à la Gérard de Nerval ou à la Maxime Du Camp. Petites rues, vieilles bâtisses, passages mystérieux, anciens hôtels du Marais, palais du faubourg Saint-Germain, ateliers de Montmartre, de Montsouris, ruelles des Buttes-Chaumont, du faubourg Saint-Antoine... J'aimais les endroits méconnus et imprégnés d'histoire de l'ancienne Lutèce. La Montagne-Sainte-Geneviève avec la rue Mouffetard, l'Estrapade, l'enceinte médiévale de Philippe Auguste cachée dans des immeubles délabrés derrière le Panthéon... Je voyais avec nostalgie disparaître de beaux hôtels du faubourg Saint-Germain entre cour et jardin, pour faire place à d'ennuyeux immeubles de rapport. Je flânais sur les quais de la Seine et aux étals des bouquinistes. Je m'aventurais de l'autre côté de la Seine pour déambuler dans les galeries alors semi-désertes du musée du Louvre, du Palais-Royal ou de la place des Vosges. Plusieurs jours se passèrent à rêver dans les murs et les jardins de l'hôtel Greffuhle, alias de Guermantes, et son voisin, rue d'Astorg, abandonnés à tous les vents avant leur démolition. Sous les lambris et les frondaisons je cherchais le parfum de la duchesse Oriane et les émois de Marcel Proust. Je perdais mon temps à la recherche d'autres « temps perdus ». Les années cinquante, celles du post-après-guerre, avaient déclenché une joie de vivre tonitruante et agitée. La jeunesse éclatait dans une nouvelle forme de romantisme, qu'elle avait empruntée aux existentialistes. Dans les caves de Saint-Germain-des-Prés, un nouveau jazz venait d'exploser et les chanteurs bop remplaçaient les zazous à chemise ouverte et triples semelles.

Un de nos voisins du Lot était propriétaire du Tabou, la célèbre boîte de nuit ou battait le cœur du quartier. Rendez-vous de Boris Vian et des existentialistes, y régnait Juliette Gréco, égérie incontestée. On me versait toujours un verre gratuit dans cet établissement. Les chansons de Juliette Gréco, les rythmes de Sydney Bechet, Claude Bolling, Claude Luther ou Django Reinhart me délectaient tard dans la nuit. Au caveau du Vieux-Colombier, à la Rose-Rouge, à la Huchette... se faisaient les réputations d'artiste, et se découvraient des talents nouveaux. Les fastes de ma vie nocturne dépendaient des mensualités de mes parents. Pour augmenter mes allocations et me permettre ces extras coûteux, il fallait jouer de débrouillardise et trouver des suppléments lucratifs. Avoir la chance d'être engagé comme figurant à l'Opéra et à l'Opéra-Comique permettait de gagner par soirée l'équivalent d'un bon dîner pour deux. Il suffisait de faire la queue à cinq heures de l'après-midi. On pouvait espérer être embauché pour un soir dans des opéras où des foules compactes sont requises sur la scène... On recevait un costume et des rudiments d'explications pour bouger au rythme des autres figurants. Voilà qu'on se retrouvait sur les bords du Nil avec Aïda ou sur les quais d'embarquement avec Manon en route vers la Louisiane. Ma culture musicale y a beaucoup gagné. En dehors de ces rôles muets, je donnais des leçons particulières de latin, de grec, ou des répétitions générales à de jeunes écoliers paresseux.

Chez ma grand-mère paternelle et autres parents, je trouvais table ouverte et la chaleur d'une affection familiale. Chez des anciens d'Indochine un déjeuner hebdomadaire me réunissait à leurs enfants. Chez des diplomates ou écrivains, la chère était délicieuse mais occasionnelle comme chez la Princesse Bibesco dans l'île Saint-Louis, ou chez les Paul Morand dans leur hôtel du Champ-de-Mars. La Princesse Bibesco, comme Hélène Morand, parlait de Proust en disant Marcel, car ces deux dames avaient dû lui décrire en détail leurs toilettes et leurs bals de jeunesse quand il écrivait son œuvre. Je mesure la chance d'avoir fréquenté des élégantes qui ont inspiré des épisodes de *La Recherche*... Ces intermèdes gastronomiques mettaient en relief les pique-niques improvisés dans les chambres de camarades sous les toits et amélioraient avantageusement l'ordinaire des restos universitaires.

L'École des langues orientales où j'étais inscrit était établie dans un ancien hôtel particulier situé au coin des rues de Lille et des Saints-Pères. En remontant vers la Sorbonne ou la faculté de droit pour d'autres cours, je préférais m'installer dans la salle déserte du café des Deux-Magots, plutôt qu'à la bibliothèque surchargée, studieuse ou caquetante suivant les jours. Le café des Deux-Magots n'avait pas le matin la réputation d'antre littéraire et mondain que l'après-midi lui conférait. Il y régnait un calme provincial et désuet. J'y trouvais la tranquillité nécessaire pour traduire mes versions ou thèmes chinois sous le sourire narquois des magots convertis aux lettres françaises. Le café voisin, celui de Flore, était plus brillamment fréquenté. L'étudiant frais débarqué que j'étais imaginait s'immiscer dans la philosophie existentialiste, parce qu'il buvait un mauvais café à la table contiguë de Jean-Paul Sartre et de Simone de Beauvoir. Il pensait pratiquer des vertus intellectuelles, parce qu'il échangeait quelques bribes de conversation avec des écrivains renommés, lors des « mercredis » de Gallimard. J'y étais amené par un couple original et farfelu, non pas mari et femme, mais mère et fils de mon âge. Oisifs et causeurs brillants mais parfois raseurs, munis de bonnes rentes et d'entregent, ils s'infiltraient d'autorité dans les cénacles littéraires du quartier sous trois prétextes qui, pour la mère, étaient imparables. Elle était fille de Serge Gunzbourg, le directeur glorieux et célèbre de l'Opéra de Monte-Carlo pendant l'entre-deux-guerres ; veuve d'un secrétaire d'État de la Troisième République ; et mère présumée, laissait-elle entendre, d'un fruit conçu par Paul Valéry, figure souveraine de la NRF. Ils m'entraînaient aussi bien à des premières de pièces de théâtre controversées, où des tomates se jetaient encore sur la scène, qu'à des vernissages de peintres abstraits maintenant célèbres. Ils me firent même jouer le rôle de chauffeur de maître dans leur antique Rolls Royce pour les convoyer dans leur château, sous scellés, de Cormatin en Bourgogne ou à des enterrements mondains à la campagne, service qu'ils me rendaient en me réveillant après minuit munis d'une douzaine d'œufs pour faire une brouillade avec les truffes qu'ils me savaient avoir reçues du Lot.

Cultivés et aventureux, ce couple a élargi mes horizons sur l'art, la musique et la littérature comme lorsqu'ils m'amenaient par l'entrée de la rue Sébastien-Bottin, réservée aux écrivains, chez Gaston Gallimard, qui tenait salon ouvert avec buffet plantureux chaque mercredi soir. Les poulains de l'écurie étaient jaugés entre une cuisse de poulet et une tartelette de fraise par les aimables barbons chevronnés et lecteurs de la maison d'édition. Entre Gallimard bien sûr, Jouhandeau, Paulhan, Mauriac, Thierry Maulnier, Raymond Queneau, louvoyaient Roger Nimier, Pieyre de Mandiargues, Marcel Aymé, Camus quelquefois et des kyrielles de jeunes gloires futures ou actuelles.

L'étudiant se réjouissait, autant, de côtoyer un monde cultivé en voie d'extinction, quand il était invité à des réunions élégantes comme les soirées musicales chez la duchesse Pozzo di Borgo ou littéraires chez le comte Robert de Billy, qui partageait le même hôtel, rue de l'Université. Il savourait l'élégance douteuse de boire une tasse de thé chez les fameuses « amazones » Nathalie Barney et Violette Tréfusis, dans le temple de l'amour qui parait leur jardin de la rue Jacob. Le quartier Saint-Germain-des-Prés, dans les années cinquante, paressait encore dans une ambiance feutrée de résidence aristocratique où l'esprit effleurait les tentures brochées mais fanées, quand il ne soufflait pas avec gouaille sur les moleskines usées des cabarets à chansons.

J'avais choisi d'étudier le vietnamien et le chinois en pensant que ces deux langues seraient utiles pour mon avenir en Indochine et pour entrer dans « la carrière », grâce au concours d'Orient des Affaires étrangères. Le chinois m'intéressait car il est la langue mère du vietnamien, à l'image du latin pour le français. Parlé par plus d'un milliard d'êtres humains, le chinois permet de pénétrer les autres civilisations. J'aimais écrire les idéogrammes, même au pinceau ; la calligraphie fut toujours en Orient un plaisir de lettré. L'école, ancien hôtel particulier de Sylvestre de Sacy, avait été remaniée et les nombreux salons transformés en tanières réservées aux spécimens d'intellectuels originaux (on disait aussi « langues zoo ») qui s'aventuraient dans ces arcanes linguistiques.

Le bruit courait que les optimistes étudiaient le russe, les pessimistes le chinois. La première année, une centaine d'inscrits en chinois dépassait la capacité normale de trente places environ. Les « russes » étaient le double, donc doublement optimistes. Le manque de place créait un marché de séduction. On s'entendait les premières semaines avec les filles, les plus jolies bien sûr, pour échanger des notes, qu'elles refusaient de prendre assises sur vos genoux. La classe s'amenuisait vers Noël et des places devenaient libres. Il en était de même dans les amphithéâtres de droit et à la Sorbonne, mais là les inscrits en première année dépassaient souvent le millier et l'intimité avait disparu.

Depuis ma tendre enfance être ambassadeur avait été mon souhait comme d'autres enfants voudraient conduire des locomotives ou se glisser dans l'uniforme des pompiers. Ma mère assure que, garçonnet, à la question rituelle : « Qu'aimerais-tu faire plus tard ? », invariablement je répondais : « Être ambassadeur ! » Rêves de voyages exotiques, de rencontres brillantes ?... Avais-je été inspiré par des gravures représen-

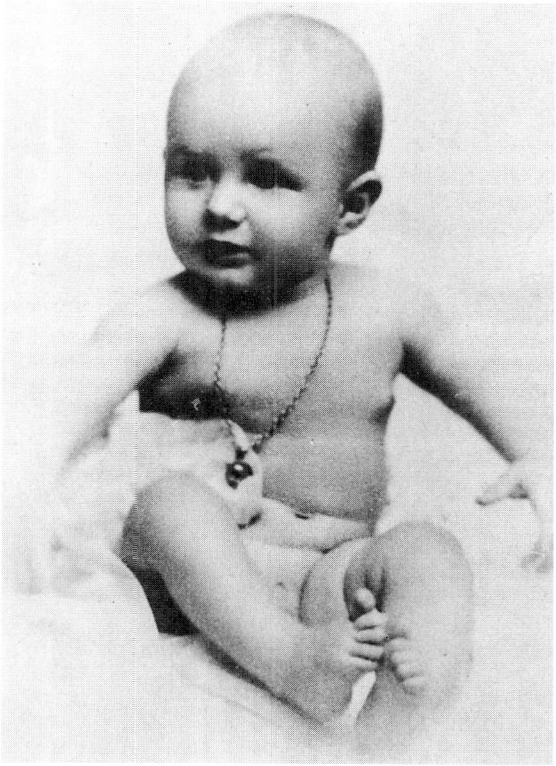

Hanoi 1934. Premier portrait
Pas une ride, pas un cheveu.

1935. Hanoi : Les deux aînés, Françoise et Henri, et leur sœur Anne-Marie, avec les trois nurses Thi-Hai, Thi-Ba, Thi-Tu...

...qui nous gâtaient sans remords.

Le Cayrou, Albas, foyer d'enfance et lieu de réunion familiale.

Le maréchal des logis en permission dans une oasis saharienne.

Comme nous serons heureux ! Fiançailles officielles, octobre 1966.

1967. « Restez fier de la France », me dit le général de Gaulle.

Dans la calèche, un couple heureux répond aux vivats et se prépare à une vie de bonheur et de responsabilités.

Des beaux-parents fiers.

La « valse des mariés » pour nos noces d'argent, 1992, était aussi émouvante que celle du mariage.

Le printemps s'annonce
à Fredensborg.

1994. Cortège sortant du palais d'Amalienborg pour une promenade en landau dans la ville à l'occasion de mon soixantenaire, et qui évoque les souvenirs de la première promenade avec mon épouse, un jour de juin 1967.

1982. Nous faisons découvrir à nos fils les beautés du Groenland.

A la barre sur un bateau d'amis. Nous avons gagné !

Le château de Caïx, côté vignes.

Jean-Paul II fut le premier Pape à se rendre au Danemark, en 1989.

Noces d'argent 1992. Autour de nous, à gauche, la Reine Ingrid, à droite, mes parents. Derrière nous, nos enfants et quelques membres des familles apparentées.

tant les fastes du Congrès de Vienne, pendues dans un escalier du Cayrou ? Plus probablement, par quelques messieurs affables et distingués que recevaient mes parents. L'idée qu'un tel personnage représentât la France auprès de chefs d'État étrangers sous des cocotiers ou dans des salons dorés ; qu'il signât des traités ; déclenchât des guerres ; parlât au nom du président de la République me plaisait.

Ayant quitté la cité universitaire, je m'installai dans le haut du boulevard Saint-Michel, près du jardin du Luxembourg et des allées de l'Observatoire, dans un immeuble appartenant à un membre de ma famille. Je louai l'ancien logement du cocher sur des écuries engoncées dans une cour sombre comme un puits. Au lieu de canassons, de froids chevaux-vapeur dormaient au-dessous de moi. L'endroit glacial était peu chauffé, car un étudiant fait des économies de tout bois. Désormais, habitant au Quartier latin, je relisai mes cours sous le soleil printanier du Luxembourg ou dans la tranquille compagnie des groupes mythologiques sculptés qui peuplent l'Observatoire. Mes talents de cuisinier, jusqu'alors limités aux œufs au plat et au saucisson, se sont améliorés. Je commençai à utiliser la recette ruineuse de la brouillade de ma mère qui avait séduit Curnonsky, ce qui me valait la visite à des heures indues de beaucoup d'amis et d'amies.

Pendant les vacances d'été nous nous retrouvions tous, frères, sœurs, cousins, voisins dans le Lot et formions des bandes joyeuses auxquelles s'adjoignaient des camarades d'université. Notre vitalité n'était pas en défaut pour organiser pique-niques dans les causses, rallyes de voitures, baignades dans la rivière, pêche aux écrevisses dans les ruisseaux et fêtes folles et improvisées jusqu'aux premières heures du matin. Selon l'humeur, nous établissions de nuit notre quartier général dans les ruines d'un château fort haut perché près du village de Grezels. Là, revêtus de draps blancs, dans les vastes caves encombrées de gravats, nous grillions des poulets et des saucisses, et les bouteilles de Cahors s'amoncelaient dans les oubliettes. Bien vite les villageois agités se plaignirent d'entendre des bruits suspects et d'observer des lueurs inquiétantes dans les ruines de leur château. Cueillis un soir à minuit par la gendarmerie, nous ne fûmes pas interdits de rassemblement à l'avenir mais ces réunions perdirent de leur piquant.

Notre espièglerie s'exprimait sous diverses formes. Un matin, le village de Prayssac, en se réveillant, trouva la blanche Vénus de marbre, récent cadeau du maire, vêtue d'une décoration suggestive : lèvres et tétins en rouge, triangle noir au bon endroit...

Consternation et indignation chez les Prayssacois ! On essaya par tout moyen d'effacer les traces du méfait. Hélas, la peinture de composition inconnue ne pouvait s'enlever. Personne ne pensa au vernis à ongles et à l'acétone. Le triangle de tissu, arraché, laissa des poils crépus qu'il fallut enlever péniblement avec une pince à épiler. Pour la joie des badauds, les gredins prévoyants avaient soigneusement collé le velours à l'envers. Cette vandalisation de l'œuvre d'art ne pouvait être le geste que d'un opposant politique au maire.

On envoya des chiens sur les traces du malfaiteur. Ils reniflèrent sans hésitation jusque chez l'extrémiste de droite comme de gauche. Devant la gravité des développements presque politiques, nous étions prêts à nous dénoncer en chœur. Au bout de trois jours de tension, l'indignation s'apaisa et le maire cessa les recherches. Nos parents, à qui nous avions avoué, en furent quittes pour la peur et, comme les villageois, s'amusèrent de la farce. Je n'ai révélé notre méfait au maire de Prayssac, le ministre Maurice Faure, plus tard maire de Cahors et sénateur, qu'après mon mariage, en exprimant ma contrition.

L'été 1957 fut le dernier d'une série parée d'espièglerie et d'insouciance sans retenue. Cette année-là, mon frère Jason mourut des suites d'une opération. Malgré nos quatre ans de différence, je formais avec lui une paire très liée. Il m'accordait son admiration, je lui donnais mon soutien. Il était pour moi un médiateur dévoué quand se heurtaient le tempérament bouillant de mon père et mon entêtement révolté. Nous faisions des projets en commun, et des bêtises de connivence. Je me trouvai subitement triste et seul. La tragédie allait se répéter deux ans plus tard quand ma sœur Thérèse, âgée de dix-neuf ans, mourut dans un accident de la route. Elle aussi était un membre actif de notre joyeux cercle de jeunes. Intimement soudée avec Jason, lorsqu'il ne fut plus là, elle reporta sur moi, le grand aîné qui l'avait toujours soutenue, la confiance et le support qu'elle avait perdus. Toute son enfance souffre-douleur de ce frère qu'elle admirait avec passion, elle avait récemment conquis une assurance élégante et se développait en une ravissante jeune fille à l'âme sensible et artistique. C'est vers moi qu'elle se tourna pour recevoir conseils et jalons en me pardonnant nos répétitions épiques de latin : « Rosa, la rose »... et nos séances de piano à quatre mains.

La mort de ces compagnons intimes fut un choc sentimental. Les aînés formaient un clan solide, cimenté par une complicité difficile à décrire. Le vide imposé par le destin dénouait les paires ou les groupes formés des grands, des moyens, des petits. La différence d'âge, ressentie fortement dans l'enfance, me donna l'impression que la fratrie se scindait en deux. Désormais demeurait seul « le grand », suivi de quatre petits : Étienne, Jean-Baptiste, Catherine et Maurille. Mes parents ressentirent une blessure encore plus profonde qui ne s'est pas cicatrisée mais qu'ils ont surmontée avec une grande force d'âme. Ils l'ont cachée au fond de leur cœur et la vie au Cayrou reprit son élan, soutenue par le quatuor des jeunes et la nouvelle génération née de Françoise.

Chapitre 6

Repiquage en Orient

Janvier. Je reviens au Danemark. Le Prince réside dans la capitale. Je traverse Copenhague si tranquille où les piétons attendent le signal vert pour traverser... Les vélos sont légion. Les enfants, assis dans de confortables petits sièges vissés aux porte-bagages derrière les parents, ne semblent pas craindre la présence des voitures... Que Paris est loin !

Arrivée sur la place d'Amalienborg, la voiture s'engouffre sous une porte cochère et s'immobilise aussitôt. Quelques touristes regardent... Un suisse en livrée écarlate, coiffé d'un haut-de-forme, la poitrine constellée de médailles, ouvre la portière et un valet me conduit par un escalier monumental au premier étage. Je patiente dans un grand salon aux dorures impressionnantes. Même le silence est imposant ! De nombreux valets s'agitent autour de moi et chuchotent dans une langue que je ne comprends pas. L'un d'entre eux m'invite à le suivre. Une double porte s'ouvre. Le Prince m'attend.

Quelques mots de bienvenue. Le voyage, le temps qu'il faisait à Paris... Le Prince me questionne, ne semblant guère prêter attention à mes réponses. Il ne tient pas en place, tout occupé à saisir un papier, un cendrier, une cigarette...

De son cartable noir frappé de son chiffre d'or couronné, le Prince Consort de Danemark retire un épais manuscrit.

Je reconnais son écriture haute, stylisée, parfois brusque, et dont le rythme rapide semble ralenti par la couleur bleue de l'encre.

« Vous allez découvrir que j'ai été professeur de français, animateur de radios... », me dit le Prince, visiblement heureux de surprendre...

Je me saisis du paquet, je m'assois. Dehors une pluie fine et régulière peigne l'horizon. Je lis...

⋆

En 1957, une bourse du ministère des Affaires étrangères me permit de parfaire ma connaissance du chinois en passant un an à l'Université de Hongkong.

Dans cette université sino-anglaise, on pouvait étudier le mandarin sans se compromettre : la Chine communiste n'était pas reconnue par la France. Taiwan hypothéquait l'avenir ! A l'Université de Hongkong, j'ai suivi les cours de chinois et de civilisation sans ressentir les affres de devoir obtenir un diplôme. Ce territoire de poche, reliquat des colonies anglaises et port franc, absorbait des milliers de réfugiés chinois chaque jour. Ils fuyaient à leur risques et périls sur des sampans, des jonques, ou de nuit traversaient la courte frontière. La ville était surpeuplée de familles démunies fuyant la dictature, avec l'espoir de faire fortune dans l'île. Beaucoup vivaient dans des caniveaux, sous des tentes ou des banians, s'installaient dans des tunnels ou des égouts qui descendaient des montagnes, temporaires abris. Cette place est devenue maintenant une des villes les plus riches du monde. Le génie mercantile, mais aussi la lutte pour la liberté ont aiguisé les forces.

Partageant quelque temps la vie d'une famille chinoise récemment émigrée de Pékin, ne parlant ni anglais, ni français, je fus obligé de communiquer en mandarin. Ce couple, vieux et sans enfants, fonctionnaire de l'ancien régime, vivait dans des habitudes surannées pour moi ennuyeuses. L'épouse marchait avec les pieds bandés, ce qui fut interdit à la fin de l'Empire chinois. Cette pratique empêchait le pied de grandir au-delà de douze ou treize centimètres pour des raisons esthétiques certes, mais peut-être pour empêcher la femme d'être indépendante et de se laisser séduire par le lèche-vitrines. La maîtresse de maison se déplaçait lentement et péniblement soutenue par des servantes. Ma vitalité fut vite déprimée par cette ambiance sinistre. Même s'il était intéressant pour moi de côtoyer un cercle de lettrés voué à disparaître, je déguerpis. Un appartement moderne partagé avec trois jeunes Chinois réfugiés, où j'étais l'élément occidental, fit l'affaire. Ils n'étudiaient pas mais s'ingéniaient à trouver des emplois pour gagner une vie décente. Nous nous retrouvions le soir autour de bons mets chinois suivis d'une partie de mah-jong animée. Finis mes cours universitaires, je trouvai à arrondir la bourse du ministère par de menus travaux. Le Consulat général de France m'offrit la possibilité de remplir des tâches administratives en remplaçant du personnel en congé. Puis des cours de langue à l'Alliance française me fournirent un appoint. A mes étudiants en majorité asiatiques, j'enseignais le français en anglais ou en chinois et mes élèves en saisissaient plus facilement les nuances. Au bout de trois mois, ma classe passa de vingt élèves à quarante ; en fin d'année, ils étaient presque cent. Mes vingt-quatre ans favorisaient un contact détendu et sympathique.

Hongkong n'était pas la mégapole d'aujourd'hui. Peuplée d'un million d'habitants, la ville s'enflait quotidiennement d'apports nouveaux. Elle offrait des contrastes saisissants. D'un côté la rigueur coloniale anglaise, parfois surannée pour un Latin, de l'autre le bruit et l'agitation coutumières de la Chine méridionale. L'extraordinaire vitalité des immigrés blancs et jaunes était utilisée par des marchands et des industriels. Vieux ou jeunes cherchaient à oublier les rigueurs du régime de Mao pour se construire vite un avenir capitaliste et fructueux. Une rade, l'une des plus belles du monde, dotée d'une ligne d'horizon superbe ponctuée par une architecture orgueilleuse et inventive, s'entourait de montagnes courant comme l'échine d'un dragon. Je parcourais en jonque ou en bateau à moteur des baies encore semi-désertes. Macao, enclave portugaise, réputée pour être l'enfer du jeu, se trouvait à dix heures par mer de la fourmilière de Hongkong. On y faisait un bond surprenant dans la latinité comme dans les siècles passés. On y retrouvait l'ambiance du siècle de Camoens, qui y fut exilé, et de saint François-Xavier qui y eut ses quartiers d'évangélisation. Rafraîchissante oasis où régnait la cigale indifférente face à la fourmi affairiste de l'île anglaise. On oubliait les charivaris mercantiles et les courses effrénées vers le profit qui empêchaient Hongkong de dormir. A Macao les frangipaniers semblaient plus odoriférants, les plats plus aillés, les « fados » plus tristes au bord de plages plus tranquilles, les fiacres plus sonores sur des pavés plus poussiéreux...

Revenu à Hongkong plus tard, mes connaissances anglaises et chinoises s'étaient expatriées à nouveau. De nouveaux immeubles s'élèvent constamment et la nature sur les îles en est réduite à la portion congrue. En échangeant mes impressions avec les plus récentes de mon fils cadet qui vient d'y passer un an à l'âge que j'avais alors, et d'y trouver son épouse Alexandra, nous admirons la rage de vivre et le pragmatisme des Hongkongais. L'appétit vorace pour les biens matériels et l'affairisme déchaîné demeurent des caractéristiques d'un monde craintif pour son futur. Heureusement, la hantise de la proche fin du mandat britannique n'a pas nui à la prodigieuse floraison de restaurants chinois et européens, unique au monde par leur nombre, leur variété et leur excellence. Hongkong a séduit à jamais l'esprit et l'estomac tant du père que du fils.

En été 1958, je quittai Hongkong pour Saigon afin de jouir encore des feux de l'Asie et de l'insouciance de mon âge pour excursionner davantage dans le monde oriental. Saigon, ancienne concurrente de Hanoi, conservait son élégance et son entêtant parfum franco-vietnamien. Beaucoup de Français réfugiés, des catholiques vietnamiens, des intellectuels anticommunistes, tentaient d'y refaire leur vie, eux aussi.

Le Vietnamien du Sud, le Cochinchinois, est vif et primesautier. Son sens inné du commerce le rend inventif et souvent roublard. Spirituel, il est plus moqueur que le Tonkinois. Ce dernier, plus sérieux et intellectuel, maintient vives les traditions culturelles et la volonté politique et administrative. L'environnement m'était familier et la ville florissante conservait sa réputation de « Paris de l'Asie ».

Le Viêt-cong, anciennement Viêt-minh, entretenait une guérilla nouvelle et s'infiltrait plus profondément au mépris des accords de Genève signés cinq ans auparavant. Saigon se retrouvait sur le chemin de la guerre insidieuse, proie vouée aux ambitions hégémoniques du Nord. Des grenades explosaient, comme en 1952, dans les cafés, les cinémas, les magasins. Des embuscades fréquentes sur les routes secouaient la population. Cholon, la ville chinoise contiguë peuplée d'un bon demi-million d'habitants, subissait le vent de l'insécurité et fermait ses échoppes, ses boîtes de nuit et ses tripots, tôt dans la nuit. Le danger rôdait au coin des rues. Malgré l'insouciance apparente, l'âme de cette métropole gaie demeurait inquiète. Le reliquat d'un compte en banque de mon père m'aida quelques semaines mais, ensuite, il me fallut trouver des travaux rémunérateurs. Heureusement des officiers, des directeurs de banque, des conseillers politiques américains désiraient apprendre le français. J'étais disponible ! Les États-Unis commençaient tranquillement à s'infiltrer au Viêt-nam pour le protéger et supplanter l'influence française. Ils mesuraient, enfin, la menace communiste qui pesait sur le pays, semblable à celle qu'ils avaient combattue en Corée. Ils croyaient réussir là où les Français avaient échoué. Leurs finances, leurs ambitions, leur nombre leur octroyaient une influence secrète sur la gestion politique.

Le directeur de Radio-Saigon me proposa de remplacer un programmateur de musique pendant ses congés annuels. Je devins ainsi responsable d'une émission de jazz. J'incorporai à ce programme des nouveautés d'avant-garde, des disques de petites formations devenues depuis des classiques du genre. Le jazz a subtilement évolué dans les années cinquante. Il s'est dégagé des rythmes africains émigrés au Mississippi, il a tissé des broderies et des cadences en contrepoint, guère éloignées des inventions et de la rigueur de Bach. On entendit beaucoup de disques de Jerry Mulligan et de Stan Getz cette année-là.

Ma disponibilité me propulsa dans une émission quotidienne de musique classique. Conservateur au début, je diffusai des classiques populaires, Chopin, Bach, Mozart, Rachmaninoff... Graduellement, mes programmes comportèrent des compositeurs tels Ravel, Poulenc, Prokofiev, Milhaud. En automne 1958, les ondes de Radio-Saigon surprirent les auditeurs vietnamiens autant que les français et les américains par leur modernité agressive. Ces incursions dans le contemporain, accompagnées de commentaires brefs et sérieux, dépassèrent la tolérance populaire quand je poussai jusqu'à Stravinski, Katchatourian et Chostakovitch. Le directeur trouva mon choix trop ardu ; il heurtait trop d'oreilles... même à petite dose ! Les auditeurs préféraient la musique « connue ». J'abandonnai Messiaen à son catalogue d'oiseaux, pour revenir à la pastorale de Beethoven... Les Anciens étaient victorieux ; les Modernes avaient tenu vingt heures sur les ondes !...

Des amis locaux m'entraînèrent à découvrir le Viêtnam du Sud, le Cambodge et le Laos. Incursions dans les jungles des hauts plateaux de la cordillère annamitique au-delà de Dalat, à deux cents kilomètres au nord de Saigon ; balades dans le delta du Mékong ; baignades au cap Saint-Jacques et sur les côtes pittoresques de l'Annam à Nha Trang, Qui Nhon, Phu Quoc où l'on fait le meilleur nuoc-mam, une saumure de poisson fermentée. L'insécurité planait sans être menaçante. Sur les plantations d'hévéas du delta ou de thé en altitude, on gardait sous l'oreiller un revolver chargé. Mais dans les villages de pêcheurs ou dans les huttes des montagnards, l'hospitalité était toujours souriante et accueillante. Les minorités ethniques si pittoresques se distinguaient par leurs costumes de fête aux broderies chatoyantes. Cette population locale aux mœurs et aux parlers différents n'était pas concernée par les activités communistes.

Après six mois d'enchantement je quittai avec déchirement deux beaux yeux noirs embués et les douceurs cochinchinoises sans soupçonner les terribles épreuves qui attendaient le pays. Comment imaginer que je ne savourerais plus le piquant et les langueurs de Saigon !

A mon retour en France, une des prévisions du chaman chinois se réalisa, sans que j'y prête attention, avec la mort de ma sœur Thérèse en juillet 1959.

En attendant de partir pour le service militaire en octobre, j'occupai une partie de l'été à être guide pour une agence de voyages. Montrer Paris à des touristes anglais ou américains, groupes que l'agence me réservait, me parut instructif et amusant. Mais convoyer en car, avec l'amie qui m'avait entraîné dans ces galères à roues, une cinquantaine de touristes pour un tour des provinces de deux semaines, ce n'est pas une sinécure ! Il faut se révéler homme-orchestre et organisateur efficace : répartir des chambres d'hôtel, surmonter et expliquer des imprévus, commenter, faire rire, remonter le moral, courir à un hôpital pour une urgence... La fonction est exigeante, située entre celle du berger et du muséologue. Avec bonne humeur, sourire et initiative, il faut montrer des aptitudes multiples : médiateur entre un couple fâché, conseiller en achat de parfums, cascadeur sur des ruines branlantes, consolateur des veuves sans courrier, promoteur de ventes de produits locaux. J'ai sillonné la France en tout sens, découvert des richesses insoupçonnées du pays. J'ai partagé avec des étrangers les enthousiasmes culturels que j'étais chargé de leur exposer doctement et, d'autres fois, eux m'apprenaient avec des détails savoureux des pans de l'histoire française.

Chapitre 7

Terre à bled

Pour le Prince de Danemark, la décennie qui s'ouvrait concrétiserait la destinée d'un gentilhomme béarnais. Avant d'entrer dans l'histoire, Henri de Monpezat poursuivit avec flegme une route commencée en Extrême-Orient et continuée en France et sur les routes du monde parsemées de guerres et de guérillas.

Si la guerre d'Indochine s'était inscrite dans un contexte de guerre froide entre les puissances d'est et d'ouest qu'elle mettait en jeu, et dont elle était devenue avec la guerre du Viêt-nam un enjeu fondamental, la guerre d'Algérie avait surpris par son absence de référence idéologique. Un conflit « ethnographique » pur, au début tout au moins, qui n'avait guère trouvé de relais dans une opinion française en majorité acquise à la cause de l'Algérie française, en ce sens que, pour la droite et une partie de la gauche, l'Algérie c'était la France. Le découpage administratif de l'Algérie en trois départements français, l'ancienneté de la conquête, en 1830, et le million et demi d'habitants européens dont la majorité était née là bas avaient alors donné sa légitimité à la nature du régime. Les politiciens avaient mal calculé en omettant de comptabiliser un facteur humain déterminant, représenté par plus de huit millions d'Arabes, Kabyles et Berbères musulmans.

Maladroitement, en 1947, le gouvernement français

n'avait pas saisi l'opportunité de prévenir une crise. Il avait doté l'Algérie du droit de vote pour tous, mais, pour éviter un étranglement de la population européenne, avait créé deux collèges distincts sur lesquels s'étaient exercées des pressions telles que les nationalistes n'avaient jamais pu y trouver de place. Privés d'un espace réservé au dialogue, les nationalistes arabes avaient peu à peu trouvé d'autres manières de se faire entendre, plus radicales et meurtrières. La rue était devenue le théâtre d'une tragédie sanglante. Comme en Indochine, le pavé algérien avait offert le triste spectacle de nombreux attentats. Le piège de la violence s'était refermé sur des milliers de soldats du contingent, appelés en renfort. En vain.

Après bien des volte-face, le gouvernement français avait organisé un référendum, le 8 janvier 1962 sur la question algérienne. La réponse fut sans ambiguïté : 79,26 % des Français approuvèrent l'autodétermination et, le 8 avril de l'année suivante, plus de 90,70 % des votants approuvèrent les accords d'Évian, au terme desquels l'Algérie devint un État indépendant.

★

A l'automne de 1959, une feuille de route me convoque pour le service militaire. Fin de mes années de liberté ! Alors que la conscription normale était de dix-huit mois, mon contingent fut appelé pour trente mois à cause des événements d'Algérie. Je me sentais apte à affronter de nouveaux défis. Mais les aimables interventions des nombreuses relations militaires de ma famille, en voulant trop bien faire, ont fini par brouiller les cartes de telle manière qu'au lieu de m'obtenir une affectation dans ma province, je fus envoyé dans un régiment réputé disciplinaire, le 6e Dragons. Curieusement il s'appelait les « Dragons de la Reine ». Clin d'œil du destin ?

J'arrivai à Besançon en novembre par un froid très vif. Habitué aux douceurs de l'Extrême-Orient et du Midi, je crus être envoyé en Sibérie. Ma classe était formée d'appelés âgés de dix-huit ans ; moi j'avais vingt-cinq ans grâce aux sursis obtenus pour mes études. Différence déroutante ! N'ayant pu suivre de préparation militaire à cause de mes voyages, je souhaitai postuler pour l'École d'Officiers de Réserve. Après deux mois d'entraînement difficile, je tombai gravement malade et fus hospitalisé plusieurs semaines à Dijon. Ensuite, il était trop tard pour être incorporé dans les EOR. Mes ennuis de santé, des brimades hors de mon âge, le choc culturel et physique, font que je ne garde guère de souvenirs enthousiastes de la conscription. L'instruction militaire sévère cherchait à briser la personnalité de la recrue, la transformer en automate et la préparer avec rigueur à la guérilla. Ne manquaient même pas les irritants et traditionnels : « Crois-tu que tu seras officier parce que tu t'es donné la peine de naître ? », ou bien : « de Laborde de Monpezat... de Corvée de Chiottes... de Mainmatin de Bonne heure ! »

A l'issue de ma maladie, le bureau d'orientation militaire, au vu des diplômes et des langues étrangères que je parlais, me transféra à Paris dans les services de renseignements. Mon bureau était une vaste antichambre aux Invalides et, au lieu de la caserne, j'avais mes pénates chez moi à Bourg-la-Reine... Mon travail militaire était administratif. En dépouillant les nombreux dossiers internationaux je mettais mes capacités à la disposition des recherches du Deuxième Bureau. Après six mois, je fus envoyé en Algérie.

Un paquebot surchargé transformé pour le transport de troupes nous embarqua à Marseille, direction : Philippeville. De là des camions nous déversèrent à Constantine par un matin d'hiver enneigé. Constantine, l'ancienne Cirta des Romains, pittoresque ville de 300 000 habitants, était juchée sur un éperon rocheux, dominant de cent mètres des plateaux venteux. La casbah arabe, la ville juive et la ville européenne se groupaient sur cette vaste plate-forme, coupée de gorges profondes surveillées par les murs épais de la citadelle ancienne. Celle-ci couronnait l'oppidum et rendait la place quasiment imprenable. Dans une imposante caserne second Empire, nous fûmes entassés dans des dortoirs immenses. Un billet de permission pour passer la porte close à la nuit tombante était nécessaire.

Au cours de l'année 1961, je fus envoyé quelque temps dans le bled, pour participer à des opérations de pacification dans les Aurès, centre retranché de la rébellion, car je désirais devenir sergent et en obtenir les qualifications. Le bataillon d'infanterie qui m'intégra était cantonné à El Kantara, village de montagne aux portes du désert, au sud de Batna. El Kantara verrouillait la route vers l'oasis de Biskra et les puits de pétrole du Sahara, là où le plateau des Aurès descend dans la dépression saharienne. Les paysages rocheux sont austères, magnifiques, secs et dénudés. La vie semblait jaillir d'un chapitre de la Bible : monde immuable, troublé seulement par le braiment des ânes, les clochettes des troupeaux de chèvres broutant des lauriers roses, les pépiements d'oiseaux se battant pour des figues de barbarie. Notre cantonnement établi à l'écart du douar (hameau) se composait d'un baraquement et de tentes dressées près d'un puits chiche en eau et d'un oued desséché.

Là, vint, un soir, me trouver un fennec. Ce renard des sables à la robe dorée exhibe une frimousse aiguisée et des oreilles démesurées. C'est lui qui m'apprivoisa. Familier du camp avant mon arrivée, nous échangeâmes des restes de boîtes de conserve, donnés de la main à la patte. Ces attentions créèrent des liens spéciaux entre nous. Il vint dormir sous mon lit de camp et attendait le soir mon retour. J'ai eu la confirmation, au cours des années, que des affinités surprenantes me lient à la gent des renards. Entre autres indices, lors d'une chasse récente où, posté aux aguets, camouflé et muet à l'orée d'une clairière, un bruit feutré me fait tressaillir. Ma femme cesse de dessiner. Je m'apprête à tirer croyant à un marcassin furtif. Un renard doré sort du fourré. Nos regards se jaugent longuement. Alors trottinant d'un air nonchalant, il saute le ruisseau, s'engage dans la clairière. Je baisse mon fusil. Il freine sa marche, tourne la tête me lance un long sourire complice et repart, indolent. Mon épouse croit même qu'il agita la queue. Bien sûr, j'aime la chasse mais, les renards, je refuse de les tirer.

Lorsque je dus regagner Constantine, j'ai confié, avec regret, mon affectueux goupil à un camarade qui poursuivit son service à El Kantara.

Hélas, dans les djebels, la guerre était omniprésente. A l'aube, au crépuscule nous crapahutions tous les jours... Au cours des opérations de nuit, les coups de feu étaient inlocalisables car l'écho effaçait leur direction. On se déployait en petites unités de six à sept soldats. L'agression, toujours à l'improviste, venait des « fellagas » embusqués, cachés loin sous les lauriers des oueds ou dans les roches de défilés étroits. On ripostait au hasard. On poursuivait au hasard. Notre entraînement adoptait les règles de surprise de l'ennemi et une tactique similaire. L'embuscade, le ratissage. La guérilla... Un jour, un camarade est blessé, un autre, votre balle tue...

Meurt-on pour rien, pour une tâche à laquelle peut-être on ne croit même pas ? Pour un idéal élevé, pour une cause noble ? La mort à la guerre est toujours une malchance, une injustice, car elle frappe au hasard. On meurt sans savoir. Ceux qui restent savent qu'on défend un droit, qu'on doit le faire accepter. Qu'on est mort par devoir, par honneur. Mais soi-même ? On n'est plus là pour le dire... Pour les survivants, demeurent des images atroces, à jamais gravées dans la mémoire : un douar dans les montagnes, cinq ou six maisons de pierre sèche, encerclées de murettes et de cactus. Les moutons bêlent, égarés à la recherche de leur maître. Les poules caquettent nerveusement en grattant la poussière. L'âne brait. On se faufile avec précaution entre les murettes ; on pousse une porte entrebâillée sans mettre son corps en cible. Et on découvre dans la première masure un ou deux cadavres dans leur burnous ensanglanté. On poursuit le cheminement macabre : un enfant, un vieux, égorgés d'une oreille à l'autre. Pourquoi ? Parce qu'ils étaient soupçonnés d'être profrançais ou simplement indifférents à une lutte qui ne les concernait pas ? D'autres fois on arrive dans une ferme isolée de paysans pieds-noirs, là depuis des générations. La maison fume encore, ou est trop silencieuse pour être rassurante. Sur le sol gisent mère et enfant dans leur sang, le père avec les organes génitaux tranchés et placés dans sa bouche. Sinistre rituel inspiré d'une tradition millénaire. Images terribles...

Un soldat évite de se poser des questions métaphysiques et ne pense pas qu'il va mourir. La couardise est rare ; la désertion peu courante. C'est l'autre que le destin frappera. Hier comme aujourd'hui, la peur de mourir ne m'effleure pas. Mourir demain, ce soir, dans une heure, m'est égal. Chaque nuit est une mort douce. Mais là-bas, j'imaginais le désespoir de ma mère s'il m'arrivait un accident. Manière détournée de s'apitoyer sur soi-même...

Un soldat, encore plus un appelé, ne cherche pas à se venger d'un ennemi qu'il n'a pas rencontré. Il exécute les ordres pour lesquels il est requis. En Algérie les causes de la guerre étaient différentes de celles de l'Indochine. Le général de Gaulle, après son retour au pouvoir, avait proclamé à l'adresse des pieds-noirs en 1959 : « La France... de Dunkerque à Tamanrasset » et « Je vous ai compris ! » En arrivant en Algérie, m'habitait l'esprit d'un soldat venu défendre une part du territoire national composé de départements français depuis cent trente ans, non l'idée de colonisation. L'Algérie avait été érigée en départements français après sa prise à l'Empire Ottoman, en 1830. N'ayant été ni une nation ni un État avant l'arrivée des Français, elle le devenait maintenant, comme une chrysalide sort de son cocon. Les appelés du contingent se demandaient le pourquoi de leur présence là-bas. Cette guerre les concernait peu, encore moins y trouvaient-ils des motifs valables. En 1960, la conjoncture n'offrait qu'une issue : la France ne pouvait plus régner sur l'Algérie, la chrysalide étant devenue papillon, sinon guêpe ! L'indépendance semblait s'imposer naturellement par la force des choses, des idées, et des idéaux de la République française. L'opinion publique et internationale était opposée au maintien français. Sur place, on devinait que la possession de l'Algérie et sa conservation par la seule volonté militaire, lorsque le poids des populations pied-noir et algérienne était aussi déséquilibré, devenaient un leurre. Les deux communautés, même amicalement liées, étaient devenues disproportionnées au cours des ans. L'intégration n'était ni possible ni souhaitable comme beaucoup l'avaient cru longtemps. Eût-elle été acceptée par les Algériens, la France aurait-elle été en mesure d'accorder les avantages sociaux et financiers de la métropole à vingt-cinq millions d'âmes supplémentaires ?

La guerre était devenue un engrenage où on était amené à tuer pour imposer une paix que l'on ne savait encore définir. La cohabitation entre les deux communautés était à assurer et à faire accepter. Le général de Gaulle a révisé ses vues et les a imposées grâce à ses qualités d'homme d'État, en changeant abruptement sa politique et ses idéaux. Il est sorti de son ambiguïté précédente et a tranché dans le vif pour en finir au mieux et vite. Sans doute fut-il déchiré de renier ses convictions, mais il dut les adapter aux réalités incontournables. De la déception que son réalisme a provoquée est née l'OAS. Dans ce climat passionnel, les motivations de l'OAS sont compréhensibles. La désespérance, la déception poussée à son comble ne laissaient place qu'au baroud d'honneur. La minorité pied-noir se voyait trompée. On ne lui laissait qu'un choix peu rutilant : « la valise ou le cercueil ». Une partie de l'opinion métropolitaine se voyait, elle aussi, trahie. Maints de mes amis n'étaient pas défavorables à l'OAS ; quelques-uns furent même des militants actifs. Je comprenais le pour et le contre. Ce dilemme douloureux troublait mon cœur. Mais les solutions extrêmes et irréalistes ne sont pas de mon goût. L'issue était inéluctable, la refuser était utopique.

Le 21 avril 1961, en faisant le putsch d'Alger, les généraux Challe, Salan, Jouhaud et Zeller se soulèvent contre le général de Gaulle et le gouvernement.

La tension était grande, aussi, à Constantine. Le « quarteron » des généraux appelait au coup d'État, à renverser le gouvernement de Paris, ou au moins à séparer l'Algérie de la métropole en y instaurant un pouvoir militaire indépendant. La citadelle était bouclée et tous étaient interdits de sortie. Du haut de notre nid d'aigle, nous suivions notre encerclement par les régiments révoltés. La tension montait entre quelques officiers et des appelés. Les transistors fonctionnaient sans discontinuer. L'incertitude dura trois jours.

La révolte des généraux en Algérie était condamnée à l'insuccès parce qu'elle resta confinée à quelques officiers et soldats de métier passionnés... La majorité des troupes, composée de conscrits comme moi, n'avait aucune intention de combattre longtemps pour défendre une Algérie lointaine et irréelle. Cette guerre ne concernait pas les appelés. Les idéaux démocratiques et libertaires de la République s'imposaient. En Algérie le putsch, rébellion des légions, des troupes surentraînées et d'unités d'élite fit long feu. La population locale pied-noir et certains partisans arabes dont les fameux harkis l'appuyaient. Mais le gros de la troupe, envoyée de France, était contre. Soutenue par la tradition démocratique et le tollé métropolitain, elle a contribué à faire échouer la révolte. Il est malsain que les militaires se mêlent de politique...

Ma famille nous a enseigné à respecter les institutions de l'État. Nous avons appris qu'une armée bien entraînée et disciplinée est le fleuron d'un État fort. Il y a nombre de militaires chez nous, celui qui m'a tenu lieu de grand-père, général, un oncle, colonel de Légion étrangère et d'autres... En Algérie, l'armée de métier, aussi valeureuse qu'elle avait été en Indochine, a accompli des exploits glorieux et s'est comportée noblement. La majorité des officiers là-bas avait participé à la guerre des Rizières. Leurs noms familiers perpétraient les traditions d'idéal et de devoir. Nombreux faits d'armes furent éclatants. Mais l'armée déçue a été sevrée de victoires et de reconnaissance populaire.

On a dit que, au cours de cette guerre, la torture avait été pratiquée.Des Français, des Arabes, des militaires et des civils sont morts après avoir subi des supplices. Elle a été utilisée des deux côtés. Des rapports et des dépêches m'ont révélé ces infâmes pratiques. Je n'en ai jamais été directement témoin. Je n'aurais pu le tolérer. Jamais ne pourra être excusée la torture, même si certaines situations extrêmes font perdre la tête... Quand, arrivant dans un village, on découvre le cadavre de femmes enceintes le ventre ouvert et le fœtus extirpé, que c'est une connaissance ou l'un de vos proches, le choc psychologique vous terrasse et toute réaction peut être envisageable. Des renseignements extorqués à un coupable permettraient-ils d'éviter à d'autres femmes, d'autres parents, d'autres villages, de telles atrocités ?... Les peuples du monde entier ont, hélas, à toute époque, recouru à la torture, l'Occident y compris, dans le but de prévenir des sévices sur des vies menacées. Ailleurs, elle est encore demeurée la primitive vengeance d'âmes cruelles. L'horreur ne doit pas répondre à l'horreur et il faut éradiquer sans transiger la torture. Mais évitera-t-on jamais des réactions incontrôlables dues à la panique ou la folie ?

Dans les villes algériennes les militaires ne couraient guère de danger, mais on évitait d'être seul en uniforme. Une fin d'après-midi d'automne, la mort décida de me frôler de près. Un lieutenant, un camarade et moi, quittons la citadelle pour une promenade dans la casbah. Lacis de rues étroites et sombres, des immeubles vétustes et malsains laissent filtrer un jour glauque. La circulation automobile est impraticable. Au crépuscule, s'enfle le grouillement des piétons qui déambulent entre chats, poulets, chiens. Soudain, nous assourdit la déflagration d'un coup de feu. Le lieutenant trébuche, s'affale devant nous, une balle dans la nuque. Le sang s'épanche de son cou dans la ruelle. Le va-et-vient des passants se poursuit comme si rien ne s'était passé. Personne ne semble avoir remarqué.

Le lieutenant sauva sa vie et reprit ses fonctions après une permission de convalescence. La balle, ressortie autour de la pomme d'Adam, n'avait pas sectionné d'organes vitaux. J'imagine que nous sauvâmes notre vie pour deux raisons : l'une, le sang-froid du terroriste qui, en ne tirant pas une seconde balle, put se fondre dans la foule sans être remarqué ; l'autre, la satisfaction d'avoir abattu un officier de carrière, qui lui fit dédaigner de descendre un appelé du contingent, réputé irresponsable et pacifiste.

Des amis de mes parents établis dans le Constantinois permirent au maréchal des logis, mon nouveau grade, d'agrémenter ses permissions en parcourant cet ancien département algérien, province attachante et belle. Les plateaux, les plaines, les côtes offrent des panoramas grandioses. L'Histoire y a laissé de durables empreintes du temps où elle était le riche royaume de Numidie, subséquemment province romaine. Ils m'emmenèrent sur des domaines agricoles, des plages proches de Bougie (Bejaia), Philippeville (Skikda), Bône (Annaba), l'ancienne Hippone, évêché de saint Augustin.

Le cimetière de Bône
il est tellement joli
que l'envie de mourir
il te donne.

exprimait avec bonheur le dicton pied-noir.

D'autres permissions me menèrent à Alger, la blanche capitale effervescente, et à des localités côtières idylliques, nichées dans des criques sauvages. Partout l'art de vivre était cultivé avec bonhomie. Dans les ruines romaines de Tipasa, léchées par les vagues de la mer, ou celles de Timgad, desséchées sur un plateau désertique, l'histoire ancienne s'étalait dans ces décors hérissés de colonnes, d'arches et de bustes de marbre brûlés par le soleil.

En compagnie de ceux qui s'apprêtaient à quitter avec déchirement ces lieux de leur enfance, je parcourus les pistes ensablées du Sahara jusqu'aux puits de pétrole d'Hassi Messaoud qui envoyaient dans la nuit leurs panaches lumineux. Mais la paix régnant sous les palmiers dattiers des fraîches oasis de Ghardaïa, Ouargla et Toggourt se répandait avec enchantement sous le firmament cristallin.

Je revins en France en 1962 où les passions politiques divisaient encore les deux côtés de la Méditerranée. On s'apprêtait à signer les accords d'Evian qui consacrèrent l'indépendance de l'Algérie (juillet 1962). Un exode d'environ deux millions de Français était en cours.

Comme ils étaient expatriés du Tonkin, on supposa mes parents antigaullistes pendant la guerre d'Algérie. On attribuait des idées réactionnaires à mon père. Cependant il n'a jamais incliné vers le sectarisme. Ma mère, malgré ses élans contestataires, ne s'est pas non plus laissée aller à l'extrême, sinon en paroles. On les a crus antirépublicains et monarchistes pendant longtemps. Déjà, à l'issue de la deuxième guerre, lors des élections communales au village d'Albas, mon père avait reçu une étiquette humoristique : « Le comte de Monpezat, vous lui donneriez cent mille francs-or, que vous ne le feriez pas crier "Vive la République". » Des amis de leur cercle étaient, c'est certain, favorables à l'OAS, ce qui était suffisant pour les faire soupçonner d'être du même parti.

On ne me tenait pas non plus à l'abri de telles suspicions au vu de mes nombreux amis parisiens qui se mêlaient aux agissements de cette révolte. Anciens d'outre-mer, pieds-noirs ou antigaullistes, leurs idées politiques n'auraient en rien pu briser nos liens amicaux.

Un soir de 1962, mes parents reçoivent à dîner des officiels du département, parmi eux le préfet du Lot. Les convives installés dans les fauteuils du salon face à un feu de cheminée, ma mère aperçoit soudain un paquet défait traînant sur un meuble. En maîtresse de maison soucieuse de l'ordre, elle le jette en hâte dans le foyer sans regarder le contenu. S'ensuit une énorme explosion. Tous sont couverts de cendres et de braises. Le préfet fut persuadé qu'une telle explosion recélait des activités suspectes. On avait voulu se débarrasser d'un paquet compromettant ! En fait, le sachet contenait des explosifs pour arracher des souches d'arbre, obtenus légalement, et que mon père avait laissés traîner. Rien d'étonnant que les Monpezat fussent quelque temps soupçonnés d'être des sympathisants cachés de l'OAS !

Ma famille est loyale envers les institutions républicaines. Pour eux, comptent surtout la France et la loyauté envers la patrie ; pour moi aussi, qui à cette époque me préparais à entrer dans la carrière diplomatique et à devenir fonctionnaire de la République. Les étiquettes politiques m'importent peu. Le désir de servir l'État et de participer à son administration pour le bien de tous m'attirait. L'idée de la France, de son rôle dans le monde, de sa culture et de ses arts faisait ma fierté. Mettre mes facultés au service de ma patrie correspondait à mes ambitions. Je m'apprêtais, après l'avoir servie sous l'uniforme militaire, à la servir à l'étranger et à défendre l'image qu'elle représentait sur la scène internationale.

Depuis que je suis Danois, la poursuite des mêmes buts au service d'une nouvelle patrie tend mon esprit et bande mes forces. Mon énergie ne sera jamais en défaut. Mon affection pour mon pays natal n'en a pas disparu pour autant.

Chapitre 8

Dans un nouveau jardin

Comme beaucoup, je pensais que l'extraordinaire s'était emparé de l'existence d'Henri de Monpezat à compter du jour où celui-ci avait rencontré la Princesse héritière de Danemark. A la lecture de ces pages, je m'aperçois qu'un destin étonnant avait pris, dès son jeune âge, rendez-vous avec lui. Tour à tour envoûté par le récit des années d'Indochine, impressionné par les coups de feu en Algérie d'une jeunesse armée du seul désir de vivre, j'ai compris dans quelle argile la destinée avait façonné son Prince. Je quitte avec regret Henri de Laborde de Monpezat et notre histoire de France, dans laquelle sa narration m'a entraîné. D'autres saveurs attendent désormais son Altesse Royale, le Prince Henrik de Danemark, nouveau venu dans le Gotha européen. Tout est désormais changé pour lui. Et la transformation s'est opérée brutalement par un simple « oui » adressé à la femme qu'il aime et avec qui il va partager sa vie.

★

En juillet 1967, de retour de notre lune de miel, nous nous installâmes à Amalienborg, au palais Christian IX, l'un des quatre bâtiments splendides bâtis au milieu du XVIIIe siècle, par quatre familles de l'aristocratie. Ils forment une place octogonale proche du port. Le palais royal de Christiansborg brûla en 1793. Pendant sa reconstruction, le roi Christian VII trouva un refuge provisoire dans l'un de ces palais privés d'Amalienborg. S'y trouvant à l'aise, il acheta les trois autres et ne résida plus à Christiansborg. Amalienborg rivalise en Europe avec la place du Commerce à Lisbonne, la place Vendôme à Paris et tous ces témoins du magnifique urbanisme de l'ère des Lumières. Les monarques danois y résident désormais. Le prince héritier conserve sa résidence qui devient celle du monarque lorsqu'il accède au trône. Ainsi tournent les rois autour de la place, comme dans le carrousel d'un manège...

Notre palais, poussiéreux et décrépit, avait été occupé par le roi Christian IX, décédé en 1906. Ensuite, l'impératrice douairière de Russie — sa fille — y trouva refuge après la révolution russe et y mourut en 1926.

Une de nos premières tâches de jeunes mariés fut de surveiller les travaux de restauration, d'établir des salles de bains, des commodités modernes, en respectant gypses et stucs rococos qui couvrent les plafonds et certains murs. Tous deux intéressés par la décoration, une œuvre passionnante s'offrait au jeune ménage pour embellir à son goût son nouveau foyer.

Devenu personne officielle, s'atténua la liberté de mes mouvements et de mes actions. Exposé à l'œil critique du public, plana la crainte de voir mes actes mal interprétés et commentés. Un style de vie insouciante et improvisée en pâtit. Néanmoins l'ambassade de France à Londres avait été une excellente école pour observer la parfaite organisation d'une grande maison. Les fonctions publiques de représentation et de panache, l'exemple de l'ambassadeur et de Mme de Courcel, avaient inspiré et rodé mes impulsions.

Mes frères et sœurs avaient développé mon sens des responsabilités, sans détruire l'insouciance et le goût de l'improvisation qui rendent la vie légère. Maintenant, des grilles dorées laissaient filtrer une liberté timide et emmitouflée, et l'incognito restait au vestiaire. Heureusement, la tension née du regard permanent des autres disparaissait dans l'intimité du foyer, permettant à l'âme de trouver son épanouissement.

N'être pas né dans le sérail m'a peut-être permis des raisonnements réalistes, des manières de voir proches de la réalité populaire. La pratique du quotidien des gens simples m'a été utile pour porter des jugements plus variés. Les fréquentations de ma vie précédente ont peut-être entraîné chez moi une souplesse dans les contacts. Une brise latine, exotique, surprenante pour certains, se leva soudain à ma venue... En s'identifiant exclusivement à leur pays, les familles royales risquent de se persuader que, hors de leur cercle ou de leurs frontières, les valeurs sont moindres. De siècle en siècle, elles se sont unies avec des étrangers en espérant d'eux une intégration rapide aux us et coutumes nationaux. Un apport étranger est utile et sain. Une paire d'yeux habitués à d'autres paysages, un esprit rodé à une vision autre doublent les capacités de jugement et d'évaluation d'un couple.

Dans *Le Métier de Reine*, mon épouse écrit : « ... nous étions tous deux éperdument amoureux et sûrs de notre mariage, mais nous savions qu'il faudrait payer »...

Elle suggérait par là que, comme un politicien nouvellement élu, j'aurais à subir l'état d'aigreur qui suit l'état de grâce. Au bout de quelques mois, je devins critiquable et critiqué. Mon danois était inconsistant ; je préférais le vin à la bière ; les chaussettes de fil aux socquettes tricotées ; la Citroën à la Volvo ; le tennis au foot... même les Gauloises, ici cigarettes des intellectuels contestataires, que je fumais au lieu des Virginias, ne m'apportaient pas d'indulgence. J'étais différent. J'en paraissais content et ne pas en avoir honte. C'était deux fautes !

Mais ma plus grande erreur consistait à ne pas changer assez vite mes habitudes, décrétées dérangeantes et imprévues. Tout acte, on le jugeait gauche ou malséant. Rien n'obtenait grâce.

Dire *tak* à tout bout de champ fut facile. Charmante habitude danoise, manière viking de s'assurer la paix, *Tak*, c'est merci et ici le tak est tic. Assurer à ses hôtes : « *Tak* » pour votre bon repas », même s'il est exécrable, est incontournable. On arrive même à : « Merci de vos aimables remerciements à mes remerciements. » Ça correspond à trois courbettes japonaises.

Distribuer des poignées de main tous azimuts faisait partie de mon rôle officiel. Mais en privé, la présentation préalable, civilité agréable et commode sous d'autres climats, est rarement pratiquée ici. Tous se connaissent, sont supposés se connaître, ou se connaîtront. Présenter est superflu, souvent mal vu, presque une insulte. Avec simplicité, vous êtes lâché dans l'arène du salon. Main systématiquement tendue aux réceptions, je ne savais si je serrais celle d'un ministre ou d'un garde du corps. Ma prudence de bon ton pour un contact abrupt avec l'inconnu paraissait une royale arrogance. Ma mémoire des physionomies tâtonnait dans ce brouillard mondain et je lançais au hasard : « Êtes-vous très occupé ces jours-ci ? » espérant savoir les occupations, le nom, le rôle des invités. Des yeux vexés et réprobateurs me lançaient : « Comment ! Il n'a pas encore appris qui j'étais ! » Adieu, spontanéité ! A la surprise de la Cour, j'exigeai qu'on m'instruise à l'avance des *curriculum vitae* de tous.

Une partie de la presse et de l'opinion donnait l'impression qu'elles ne voulaient voir en moi qu'un être inconsistant, une ombre flottante traînant derrière la Princesse comme un clown manqué. Ma belle-famille s'inquiétait de cette tournure. Tout en sentant leur sympathie, je lisais leur surprise à ce déchaînement de dédain qui les laissait sans ressource de réconfort pour moi. Les uniformes, les décorations, les excès de vitesse, les extravagances coûteuses, on me prêtait pour eux un goût immodéré. On avait trouvé un nouvel homme, étranger projeté dans le cercle royal. Il procurait l'occasion rêvée d'actionner à plein les soupapes qui libèrent la verve incontrôlable d'une presse à sensation. Quelle cible idéale étais-je pour des danses du scalp !

Comme c'était décourageant ! Essayant de mon mieux de répondre à l'attente des gens, je ne me laissai pas abattre et tentai d'amender quelques attitudes. Confronté à cette mauvaise fortune, ma rancœur était inexistante, mais mon épouse était affectée. L'irrationalité, surtout l'injustice des critiques, l'atteignait dans son amour. Moi, n'oubliant pas la roche Tarpéienne proche du Capitole, je trouvais normales ces réactions. L'enthousiasme avec lequel on m'avait accueilli devait se reposer de ses excès. L'image de moi était erronée parce que trop belle. Au lieu du cygne supposé couvé, un vilain petit caneton sortait du nid, comme dans le conte d'Andersen. Espérait-on que j'abdique ma personnalité, que je devienne aigri, ou devais-je attendre que l'orage passe ? Ce fut un orage saisonnier !

Le soleil, vite reapparu, m'a fondu dans le moule danois que l'on souhaitait. Accepté à part entière, les élans de sympathie spontanée m'ont réchauffé comme des bouffées de chaleur qui s'échappent d'un foyer ami. Leur vérité ne trompait pas.

Né prudent, j'ai appris à l'être encore plus. Réservé, peut-être le suis-je davantage et j'espère sans raideur. Il m'en coûte de devoir maîtriser mes impulsions mais c'est l'approche de la sagesse. La modestie comme la tempérance devraient être des vertus royales. Disons que je m'y applique. Être au faîte de la pyramide sociale n'implique pas le droit de se croire au-dessus des lois. Le laisser croire est détestable. Être débonnaire est une qualité royale idéale. Mais peut-on être débonnaire, sans être bedonnant ? Les ventrus laissent dans l'histoire un souvenir populaire. Certes, je surveille la taille de mon ventre, mais plutôt pour l'amincir !

La découverte en profondeur de mon nouveau pays commença pour moi au lendemain de notre mariage. Mon épouse et moi nous attachâmes à établir des contacts avec des milieux divers, différents de ceux pratiqués par elle depuis son enfance. Des voyages en province, aux Féroé, au Groenland, territoires sous la Couronne, furent passionnants mais souvent épuisants.

Tout visiteur chez nous est séduit par la gentillesse et la gaieté du peuple danois. Ne nous appelle-t-on pas les Méridionaux de la Scandinavie ? La facilité dans les relations humaines, l'absence de formalités dans les contacts, la bonne humeur, le civisme sont des caractéristiques évidentes. Comme tout un chacun je les appréciais. Mais je devais faire plus : les endosser.

On change de nationalité en un tour de main avec le papier officiel. Mais dans le cœur et l'esprit, la transformation ne se fait pas du jour au lendemain. La tournure d'esprit nationale s'acquiert par couches successives. Les sentiments amènent à participer à la conscience nationale, les habitudes à la rendre présente, le temps à vous projeter dans son sein. A mesure que mon intégration s'approfondissait par une communion avec mes compatriotes, je me sentais devenir Danois.

Notre latitude rend les cieux couverts, pluvieux. Il crachote souvent et le vent montre une constance tenace. L'absence de montagne laisse libre cours à son insistance dont il use sans restriction pour la joie des Danois qui se sentent revigorés. Comme le moindre rayon de soleil invite à offrir son corps à la chaleur, nos déjeuners en belle saison étaient perturbés par des feuilles de salade qui quittaient le saladier en voletant. A mes bougonnements, ma femme répondait imperturbable : « Tu trouves qu'il y a du vent ? Ce n'est que l'air qui bouge. »

Les hivers durent de longs mois ; le printemps explose en quelques semaines ; les étés se fanent en deux cycles de lune et l'automne débute avec septembre. La lumière cependant joue et scintille toujours entre mer et terre. L'été, elle se pare de nacre nocturne qui prolonge le jour de reflets mordorés jusque vers minuit. En évoquant le soleil d'Hanoi, ou du Midi, je me sentais mieux nanti au Danemark que Désirée Clary, Reine de Suède qui se lamentait : « En Suède, il n'y a que deux saisons : un hiver blanc et un hiver vert. » Elle venait de Marseille !

Mon beau-père nous avait offert le château de Marselisborg comme résidence estivale. Belle bâtisse blanche qui domine la mer posée dans un parc fleuri près de la ville de Aarhus en Jutland. Cette offre m'avait séduit immédiatement et je convainquis ma femme de nous y installer. Me plaisaient les proportions agréables et les inspirations art nouveau de cette maison, se fondant avec les horizons ondulants et boisés de la campagne jutlandaise. Proche des îles principales, cette partie septentrionale de l'Europe nous relie au continent. Une nouvelle maison à décorer selon notre goût ! Pour moi, point de départ pour découvrir une province du royaume, éloignée de la capitale et fière de l'être. Réputée entreprenante, elle apporte une ardente vigueur aux activités économiques de la nation. Ma femme n'était guère familière de ces lieux malgré ses études universitaires dans cette ville. Le cercle de nos connaissances s'agrandit à des Jutlandais amicalement intégrés par nos contacts fructueux.

L'instruction de pilote militaire me familiarisa vite avec la configuration géographique, ethnographique et industrielle du pays. Je le survolai avec mon avion et ouvris l'œil d'un oiseau. On me recommanda néanmoins d'attendre la naissance de notre premier fils avant de prendre les commandes en solo. Pas d'accident avant d'avoir assuré la continuité de la dynastie !

Nous fûmes comblés par la naissance d'un fils, un an après notre union, fin mai 1968, par une canicule inhabituelle et au jour le plus brûlant des émeutes estudiantines qui soulevaient la France. Ici, en revanche, ce fut une explosion, mais de joie ! Malgré la coïncidence, notre fils Frederik ne semble pas trop marqué par l'esprit contestataire.

La dynastie assurée par un mâle, les vingt-sept coups de canon qui saluèrent son arrivée furent suivis des embrassades des grand-parents émus au vu de leur fille aînée radieuse tenant un fils si brun et si vigoureux dans les bras. « Bien réussi », s'exclama mon beau-père avec une claque dans le dos. Ma mère, venue longtemps avant les couches, ne pouvait regagner la France bloquée par l'insurrection. Elle craignait pour son mari alors qu'il chantait à tous au téléphone : « Il est né, le royal enfant, sonnez hautbois, résonnez musettes..., chantons tous son avènement... »

Nos concitoyens pensaient que notre premier fils se nommerait Christian puisque, depuis plus de quatre cents ans, les prénoms des rois danois alternent entre Frederik et Christian. Pour succéder à Frederik IX, on paria sur un Christian. Mon beau-père fut touché de notre choix en se réjouissant d'un futur Frederik X. Les écoliers, eux, seront ravis que l'équivalence soit rétablie entre les Christian et les Frederik.

Les rois de Danemark, depuis le xe siècle, descendent, plus ou moins, en ligne directe de Gorm le Vieux. Christian Ier, au début du xve siècle, débuta la dynastie des Schleswig-Holstein-Oldenbourg qui se prolongea jusqu'en 1863. Le roi de l'époque, Frederik VII, décédant sans héritier, son plus proche parent dans une branche collatérale, le fils du duc de Glücksbourg, devint roi de Danemark sous le nom de Christian IX. On surnomma ce dernier le beau-père de l'Europe. En effet, de ses six enfants, l'aîné continua la ligne danoise, le cadet devint Roi des Hellènes, une fille devint tsarine de Russie, une autre, Reine d'Angleterre ; la troisième, duchesse de Cumberland en Allemagne et le benjamin, Valdemar, épousa une princesse d'Orléans. Presque toute l'Europe régnante se trouva alliée. A notre génération le futur souverain recevra peut-être la consécration de voir ajouter Monpezat au nom dynastique d'Oldenbourg-Glüksbourg.

Un an plus tard, notre second fils, Joachim, véritable Viking aux cheveux filasse et à l'énergie débordante, surprit le Danemark par le choix de son prénom.

Pour leur assurer une jeunesse indépendante et choyée semblable à celle de leur mère et à la mienne, en dehors de l'affection de leurs nurses et en dépit de nos occupations, nous avons tâché de leur consacrer autant de temps que possible. J'allais jouer dans leur appartement comme tout père aime le faire. A l'exemple de « Nouste Henric », mon homonyme, roi de Navarre et futur Henri IV de France que des caricatures représentent avec ses enfants caracolant sur son dos, je faisais dérailler les trains électriques et se caramboler des autos sous leurs protestations véhémentes. Les animaux du zoo, des promenades en vélo, des châteaux de sable nous réunissaient dans les rires. Mais leurs devoirs, leurs leçons de piano, d'équitation, de ski, n'étaient pas exempts de larmes !...

A nouveau je pus sortir du tiroir mes chers Raimponneau et Macro-cigale qui se morfondaient depuis que je ne les faisais plus voler. Leur séduction était intacte mais j'étais mis à rude épreuve car mes fils les désiraient encore plus sanguinaires et farfelus.

Nos deux fils, fraternellement liés, s'entendaient à merveille. Le cadet était toujours prêt à intercéder auprès de moi pour obtenir les permissions ou les adoucissements que son aîné redoutait de me demander. Je retrouvai chez lui l'esprit de mon cadet Jason et chez Frederik ma réserve enfantine, parallélisme touchant. Dénués de toute jalousie, ils se soutenaient mutuellement avec générosité. Quelle satisfaction pour les parents ! Combien d'héritiers au caractère ambitieux et jaloux ont gâché leurs vies par envie et aigreur ? Nos fils, conscients que leur position comportait davantage de devoirs que de droits, ne piaffaient pas en attente d'être gâtés.

Au long de leur enfance, leur personnalité étant différente, nous leur avons expliqué leurs rôles sur l'échiquier social, leurs responsabilités, l'idée qu'ils représentaient. En insistant sur les délimitations de compétence entre aîné et cadet, nous avons fait ressortir certains avantages du second, la liberté de manœuvre et l'aide qu'il apporterait à son aîné. L'autorité morale naturelle de l'aîné ne s'est guère imposée au cadet.

Une « interviou » de mon fils Joachim a révélé un trait : « Mon père, peu patient avec les enfants, savait être un extraordinaire pédagogue ; quand il nous accordait un moment, il était fascinant. » Souvent, autour de moi, on décrit mes contacts avec les enfants en ventant leur surprenante aisance, comme, sans vouloir les comparer, mes rapports avec les animaux ! Il est vrai que, les enfants et moi, nous nous rendons rarement insupportables mutuellement. Je me penche volontiers sur ces esprits en bourgeon qui s'ouvrent à la vie. Ils suscitent chez moi un intérêt plus fraternel que paternel. Mes frères et sœurs m'ont-ils entraîné à la pédagogie ? Mes fils ont regretté que je leur consacre si peu de temps, moi aussi. Cette remarque peut être prise comme un compliment, même si c'est un regret teinté d'affectueux reproche. Les jeux avec eux ne se rencontreront plus jamais dans la vie et j'accuse notre manière de vivre de nous avoir empêchés d'en faire davantage.

Aucun d'eux ne se plaint d'avoir eu un père autoritaire, mais j'ai été ferme sur les principes fondamentaux. Le père doit assumer pleinement son rôle de guide. Un enfant aime connaître les limites tracées pour lui. Il souhaite trouver des repères dans sa découverte de la vie, même s'il les écarte avec humeur sous prétexte de les découvrir mieux lui-même. J'admets qu'une certaine opposition soit saine de la part des jeunes. Mettre en question l'autorité révèle un sens critique. Mais le respect parental, le sens du devoir ne doivent pas être négligés. A un ordre un enfant doit obéir. Il ne faut pas transiger. Combien de familles voit-on se désintégrer par une mode qui incite à ne pas contrecarrer les divagations des enfants, à ne pas s'opposer à leurs caprices ou à leurs désirs ? La fermeté semble être déconsidérée de nos jours. Fermeté doit se conjuguer avec amour. Une main ferme et aimante, une « guidance » responsable, une aide dans le choix des valeurs sont un bagage dont on les leste pour la vie. Précieux cadeau qu'on leur offre pour leur bien ! Combien regrettent plus tard de n'avoir pas reçu de sages principes de leurs parents ! N'est-ce pas un devoir pieux de montrer qu'ils sont concernés par leur progéniture ? L'indifférence est impardonnable.

Jusqu'à l'âge de huit ans, nos enfants ont suivi des cours particuliers, organisés au palais. Leur classe comprenait cinq ou six enfants d'amis ou de fonctionnaires de la Cour. Ensuite, ils furent élèves d'une école privée de vieille tradition puis d'un lycée réputé. Entre-temps, une année de pensionnat à l'école des Roches, en Normandie, leur avait fait connaître la scolarité française et un milieu international. L'internat leur parut rude, mais leur bilinguisme en profita.

La langue française les rend à l'aise avec leur famille paternelle. En parlant systématiquement le français avec eux, je les astreignais à ne pas utiliser leur langue naturelle, le danois. Je jouais la comédie de l'incompréhension ; je prétendais n'avoir pas entendu ou compris. Alors le dialogue s'instaurait en français tandis qu'il demeurait en danois avec leur mère. Le bilinguisme, devenu un automatisme, se perpétue de cette façon.

« Un père parle français, une mère parle danois », répétaient-ils, convaincus.

Leur différence d'âge, minime, leur permit de poursuivre une scolarité en classes de même niveau mais parallèles, et chacun y gagna de développer, sans contrainte, sa personnalité.

Ils ont vite compris que les études sont un court chemin vers la liberté, l'indépendance et la réalisation de soi-même. Rarement les premiers de la classe, leurs études furent sérieuses. Aux quelques bulletins scolaires moins satisfaisants, je fronçais les sourcils...

Rien ne me plaît tant, chez autrui, que l'ouverture d'esprit, qualité qui invite à la tolérance. Elle permet de recevoir les influx de la rose des vents de la pensée ; de disséquer et d'évaluer d'autres valeurs, de repousser des bornes. Bien que peu répandue, j'ai tâché d'inculquer à mes enfants le sens de cette ouverture en même temps qu'une souple indépendance d'esprit.

Savoir se contenter du nécessaire, ne pas être fasciné par le superflu, éviter d'être esclave de ses habitudes, refuser l'automatisme, accepter l'imprévisible, se laisser charmer par l'imprévu sont des atouts dans nos fonctions souvent routinières. Bien sûr, tout enfant hait le changement. Pour lui, l'éternité s'étale sur ses six premières années ! Nos enfants, réfléchis et sérieux, ne manquent pourtant pas d'esprit cocasse et d'humour chaleureux. Avec aisance dans les discours officiels et assurance devant les caméras, ils savent se montrer audacieux en restant sensés. Officiers de réserve et parachutistes confirmés, ils s'enthousiasment même pour les sauts en chute libre.

L'aîné, diplômé ès sciences politiques et économiques de l'Université d'Aarhus, exprime une curiosité qualifiée pour la politique étrangère et les affaires de l'État. Avec le désir de se dépasser, physiquement et moralement, il s'entraîne dans les corps d'élite d'hommes-grenouilles. Le cadet, agronome installé avec sa jeune épouse dans un domaine agricole du Jutland qu'il dirige avec enthousiasme, participe aussi à de nombreuses fonctions officielles. Ils ne dédaignent pas les conseils parentaux, mais, sans être cachottiers, sont avares de confidences.

Tous deux remplacent la Reine quand elle s'absente du royaume, et assument les fonctions de Régent avec naturel, depuis leur dix-huit ans.

Quelques lignes directrices, un cadre de morale, un comportement souhaitable, nous leur avons enseigné tout cela. Ces instructions, que nous espérons solides, devraient les accompagner sur un chemin droit bordé de sagesse et d'engagement envers autrui.

Jalons et balises, plantés par nous pour éclairer leur voie, ne sauraient nuire à leur initiative et à leur épanouissement. A eux maintenant de se comporter en gentilshommes.

Chapitre 9

L'arène royale

L'occasion me fut donnée d'observer Henrik de Danemark lors d'une sortie officielle dans son pays.

Un soir, les souverains se rendirent du palais de Fredensborg, où ils résident dès les premiers jours du printemps, à un concert dans la banlieue de Copenhague. La Reine et le Prince prirent place dans une Daimler, ayant pour immatriculation une couronne et le chiffre 2. Une voiture de sécurité et la voiture dans laquelle je pris place avec la dame d'honneur et l'aide de camp formaient ce simple cortège. A l'entrée de Copenhague, deux motards de la police vinrent se placer à notre tête. Dès le premier feu rouge, à mon grand étonnement, nous nous arrêtâmes sagement, auprès d'un bus, dont les occupants se massèrent spontanément de notre côté. Pour moi qui viens de France, où le moindre secrétaire d'État a coutume de rouler tout gyrophare dehors sur les trottoirs de Paris, quelle ne fut pas ma surprise ! Voyant ma réaction, la dame d'honneur me dit : « Mais pourquoi faire autrement quand c'est si simple ? »... plaisante sagesse danoise !

Arrivés au lieu du concert, un grand gymnase réaménagé pour l'occasion, une petite fille présenta des fleurs à la Reine sous le regard visiblement attendri du Prince. Le public nombreux et contrasté — beaucoup de jeunes — se leva d'un bond quand le couple royal gagna, dans un silence respectueux, une loge aux couleurs du Danemark, improvisée parmi les gradins. A la fin de la représentation, les musiciens et les choristes largement applaudis, la salle se retourna en direction des souverains, et leur fit une telle ovation que je crus un instant qu'un orage venait d'éclater. Je mesurai alors le lien très affectueux qui unit le couple royal à ceux qu'ils appellent leurs « concitoyens ». Nous repartîmes aussi tranquillement que nous étions venus, respectant feux et priorités à droite, et, pour ma part, méditant sur une leçon de démocratie royale...

⋆

A la mort de Louis XV, en 1774, Louis XVI et Marie-Antoinette s'étaient écriés : « Nous sommes trop jeunes pour régner ! » Ils avaient seize et quatorze ans. A son avènement, mon épouse avait trente-deux ans et moi trente-huit ans, âge assez mûr pour écarter de telles craintes. L'héritière, préparée dès sa tendre enfance, participait avec son père aux affaires de l'État depuis longtemps. En janvier 1972, cinq ans après notre mariage, elle monta sur le trône. Comme une monarchie s'hérite sans césure, le pouvoir ne peut être vacant : « Le roi est mort, vive le roi. » Au Danemark, une simple cérémonie marque le changement de règne. Le monarque, désormais proclamé *urbi et orbi* devant la foule, n'est plus couronné depuis que la monarchie n'est plus absolue. Avec le dernier couronnement, celui de Christian VIII en 1840, l'absolutisme disparut. Au jour même ou au lendemain du décès du monarque, le Premier ministre présente le nouveau souverain à la foule. Du balcon du palais de Christiansborg, siège du pouvoir législatif, il annonce le changement de règne. Cette seule cérémonie par proclamation et approbation, coutume des monarchies antiques, intronise le souverain.

Si naturelle que soit la mort, elle désarçonne quand elle entraîne l'héritage des lourdes fonctions de chef d'État. Les responsabilités immédiates atténuent le chagrin enfoui dans l'enceinte des murs et du cœur... Notre vie prit un cours différent...

Comme ses prédécesseurs, le premier manifeste officiel de la nouvelle Reine fut de choisir la devise qui caractériserait les lignes directrices de son règne. « L'aide de Dieu, l'amour du peuple, la force du Danemark. »

Mon beau-père, Frederik IX, avait proclamé : « Avec Dieu pour le Danemark. »

Il avait succédé à son père, Christian X, en 1947, sous le nom de Frederik IX. Pendant la Deuxième Guerre mondiale, le Danemark avait été occupé par les troupes allemandes en avril 1940. Le Roi, demeuré sur son trône, avec la famille royale à ses côtés, résida à Copenhague. En signe de démonstration, Christian X s'astreignit, malgré son grand âge, à parcourir quotidiennement les rues de Copenhague à cheval sous les vivats patriotiques. Cette attitude fut considérée comme un défi à l'occupant.

On a prétendu que Christian X a porté l'étoile jaune de David. Cette légende est belle mais apocryphe. Les Allemands n'ont jamais imposé aux Juifs danois le port de l'étoile, contrairement à l'exigence édictée dans d'autres pays.

Frederik IX sut adapter la monarchie et sa fonction à son temps pour ne pas les scléroser ni les démoder, ou les rendre inadaptées. Pour être transmise sans heurts, la monarchie doit être justifiable, conforme aux idées nouvelles sans se plier aux idées à la mode. Cette évolution n'échappa pas à mon beau-père.

Ses concitoyens l'affectionnaient pour sa passion de la mer qui rappelait notre histoire maritime brillante. Son instruction militaire dans la Navale en avait fait un officier de marine compétent. Sa grande fierté ! Curieusement, mon beau-père n'avait aucun penchant pour la voile, contrairement à son père Christian X qui a laissé le souvenir d'un grand régateur, distraction que j'ai perpétuée par mon goût de la compétition. Il était musicien et chef d'orchestre apprécié. Il décéda cinq ans après mon arrivée, rendant nos contacts, affectueux et intimes, de courte durée.

Notre entente profonde s'épanouissait, notamment dans nos goûts communs pour la musique. Il dirigeait l'Orchestre royal avec une telle maîtrise, qu'au plaisir de l'écouter s'ajoutait celui de l'observer. Joie ressentie par les musiciens de l'orchestre enthousiastes à la seule idée de jouer sous sa baguette. Un de mes regrets fut que le temps ne me permît pas de lui faire partager mon inclination pour les compositeurs du XXe siècle, à l'exception de Richard Strauss qu'il appréciait beaucoup.

En revanche, une grande joie, du moins pour moi, fut d'être dirigé par lui au pupitre de l'Orchestre royal dans le troisième concerto de Beethoven.

Par-dessus tout, le souvenir de mon beau-père est inséparable de l'accueil chaleureux qu'il réserva toujours à son gendre. Je trouvai en lui une complicité, un support d'homme à homme, presque la place d'un fils. La certitude que sa fille bien-aimée était heureuse le tranquillisait pour l'avenir du royaume.

Ma belle-mère, la Reine Ingrid, née Princesse suédoise, l'épousa en 1935. Les Suédois eurent le privilège d'être, pendant des siècles, les ennemis héréditaires du Danemark. Devenue l'épouse du Prince héritier danois, la Princesse Ingrid connut, comme tout immigrant, des difficultés à être acceptée. Elle s'attacha à devenir plus danoise que le roi des Danois. Elle mit tout son cœur et sa volonté à adopter son pays et à en être adoptée rapidement. Son nationalisme farouche pendant l'occupation allemande la révéla antinazie avec intransigeance. Ses forces se concentrèrent ensuite à canaliser ses pulsions pour les rendre conformes à l'idéal danois. Meilleur exemple pour moi était difficile à trouver. Auprès d'elle, j'étais sûr d'avoir un appui discret. Sauf quand les animaux entrent en jeu. Ma belle-mère affecta d'ignorer l'introduction par moi de chiens dans les palais et me montra une désapprobation muette. Aucune facétie de mes chers compagnons quadrupèdes n'a pu la faire revenir sur sa décision. Cette aversion est partagée par sa fille Benedikte, à qui j'ai entendu dire pendant un dîner à sa sœur, mon épouse : « Il me semble que le chien de ton mari a osé venir se réchauffer sous mes jupes »... Pourtant son mari a des chiens qu'elle a décidé de tolérer !

Dans les causes qui l'ont toujours intéressée et qu'elle continue à défendre ou soutenir activement, la Reine Ingrid se montre infatigable malgré son âge. Pour nous une aide précieuse, elle partage nos devoirs et remplace parfois sa fille en exerçant la régence. Son plus grand plaisir, tenir le rôle de grand-mère affectionnée, l'amène à rassembler régulièrement autour d'elle ses petits-enfants danois, grecs et allemands. C'est toujours une grande fête pour eux de se retrouver chez elle. Ils se confient à elle, cherchent conseil ; elle les distrait et les gâte. Ils s'affectionnent mutuellement.

Mes beaux-parents eurent trois filles alors que le frère cadet du Roi eut aussi trois enfants dont deux fils. Un référendum modifia la Constitution en 1953 pour permettre à une femme d'accéder au trône, et la fille aînée de Frederik IX devint Princesse héritière. En 1972, elle devint Reine.

La Reine incarne la fonction suprême, chef de la religion luthérienne danoise, chef des armées, sans pour autant être responsable de la Défense nationale. Elle nomme le Premier ministre que les partis issus de la majorité parlementaire lui proposent, et les ministres membres du gouvernement. Elle préside le Conseil des ministres, et signe les lois. En cas de crise gouvernementale ou si les partis ne parviennent pas à s'accorder sur un Premier ministre potentiel, la Reine pourrait constitutionnellement le désigner elle-même. Elle nomme les ambassadeurs et reçoit les envoyés étrangers.

Une femme chef d'État a souvent la réputation de diriger un pays d'une main plus souple. Les vulgaires coups bas, les critiques virulentes semblent tabous. Est-on plus indulgent ? Peut-être, mais le débat peut être aussi aigre ou acide.

L'exercice du pouvoir exécutif dans tout pays nécessite des moyens proportionnés à l'idée que représente cette grande machine qu'est l'État.

La Reine reçoit donc un apanage important, la liste civile, pour faire tourner ces rouages. Les salaires des fonctionnaires de la Cour et du personnel en prennent la plus grande partie. Les palais que nous avons charge d'entretenir, les réceptions, l'appareil officiel, les voyages sont les postes budgétaires les plus importants. Les questions financières et administratives sont gérées par le Grand Maréchal, que nous choisissons nous-mêmes. La Reine choisit aussi son chef de cabinet chargé des matières politiques, voire constitutionnelles, et des relations avec le pouvoir législatif.

En 1849, une nouvelle constitution mit fin à la monarchie absolue. Les biens du roi, certains joyaux, l'argenterie, les collections de peintures, les châteaux, les forêts et une grande partie de l'ameublement, furent transférés à la nation avec usufruit pour le souverain. En contrepartie, la famille royale reçut une liste civile annuelle, se substituant au revenu tiré des propriétés cédées. De ce fait, la Couronne ne possède plus, en propre, que les biens acquis depuis 1849. Les palais où nous résidons, Amalienborg et Christiansborg à Copenhague, le palais d'été de Fredensborg appartiennent à l'État. Au sud du pays, à la frontière jutlandaise, Graasten, une vaste demeure blanche cernée d'étangs, est laissée à la Reine Ingrid comme résidence d'été. Le yacht royal, le *Dannebrog*, est une unité de la Marine royale, dont nous disposons pour les tournées provinciales et visites d'État. Marselisborg, en Jutland, où nous passons Noël, Pâques et un mois d'été, le château de Caïx en France, domaine viticole acquis en 1974, constituent des biens privés.

A l'abri des difficultés financières de la vie quotidienne, celles-ci ne nous sont pas étrangères pour autant : nous ne vivons pas dans une tour d'ivoire ou cachés par un paravent. Rarement dupes, les apparences ne nous détournent pas de la réalité. Les difficultés pécuniaires, les aléas du logement, les fins de mois problématiques, je les ai vécus dans ma jeunesse estudiantine. Une plomberie déficiente, une panne de voiture, une feuille d'impôts, je les ai connus ! Les réalités irritantes d'intendance, les tracas matériels de la vie, j'en suis protégé maintenant, mais je sais les ennuis qu'ils occasionnent à tant de citoyens !

Nous menons une vie de nomades, nomades de luxe assurément. De toute antiquité, les monarques changeaient constamment de résidence. En France, les châteaux royaux autour de Paris et dans le Val de Loire attestent la volonté politique des monarques français de montrer qu'ils n'étaient pas ancrés dans la capitale. Ils appartenaient à toutes les provinces.

Pour nous, ce nomadisme permet de prendre le pouls du pays et de garder un contact direct avec la nation entière. Nous évitons ainsi routine et sédentarisme. Notre vie officielle comme privée est rythmée par nos déplacements. L'hiver, nous résidons à Copenhague, au palais d'Amalienborg. Au cœur de la ville, nous profitons de tous ses attraits. Les soirs libres, la loge royale du théâtre est toujours prête et nous y venons simplement impromptu, pour des ballets, des opéras ou des pièces de théâtre. Aussitôt le printemps arrivé, nous nous installons à Fredensborg, « Versailles danois » à une demi-heure de route de Copenhague. C'est une vaste demeure, bâtie en 1722, aux salles de dimensions réduites et innombrables, décorées par des artistes et artisans renommés. Les souverains pouvaient y mener, loin de la Cour, une existence campagnarde avec un apparat réduit. Ils y venaient chasser. Forêts comme lacs lui font encore une parure attrayante. Deux ailes en octogone embrassent la cour d'honneur dominée par une étrange coupole carrée, qui couvre une salle majestueuse, cœur baroque du château. Elle m'évoque un chapiteau verdâtre par le cuivre irisé de sa toiture ou une tente de khan tatare plantée dans les verdoyantes vagues des forêts zélandaises.

Ici la famille se réunit avec le plus de plaisir ; de préférence, nous y recevons les chefs d'État étrangers en visite. A la fin du siècle dernier, Fredensborg, rendez-vous de l'Europe couronnée, réunissait autour du patriarche Christian IX, les dynastes régnants. Les vitres du château conservent, de ces illustres visiteurs, des souvenirs crissants. « Nicky », « Alix », « Minny » y sont gravés et nous rappellent les derniers membres de la famille impériale russe. « Alex », « Bertie », Edouard VII et Alexandra d'Angleterre ; « Willy », le roi Georges Ier de Grèce... On y lit aussi maintes sentences triviales, telle : « Il pleut, je suis venu dans la chambre d'Olga », écrit un 25 octobre ; « Nicky » son frère, le futur Tsar. « Cafard du dimanche !... » Sur les vitres des fenêtres des célébrités ont incisé au diamant leurs signatures, les transformant ainsi en un Livre d'or transparent. Nous perpétuons cette tradition en allouant aux chefs d'État un carreau par personne !

Les bustes des monarques danois ou apparentés folâtrent en toute quiétude dans le parc parmi les nymphes et les faunes. Un lac qui le borde permet canotage et pêche aux brochets. Les forêts avoisinantes, percées d'étoiles forestières, offrent des récoltes plantureuses de champignons, en automne, et invitent à d'idylliques promenades à cheval.

La chapelle attenante est un cadre choisi pour des concerts dont j'ai pris l'initiative il y a une vingtaine d'années, et qui sont devenus une tradition annuelle appréciée des mélomanes. S'y produisent de jeunes talents prometteurs, mais aussi des artistes célèbres.

L'orgue romantique qui la pare subit quelquefois mes assauts maladroits, de préférence la nuit, dans l'ombre tamisée, pour que mon plaisir égoïste égaye les gardes transis qui font leur ronde autour. De célèbres maestros de l'orgue, Jean Guillou, Carlo Curley... n'ont pas dédaigné le caresser aussi.

Fredensborg, « château de la paix », procure la paix à l'âme. C'est notre résidence préférée, qui combine les plaisirs de la campagne aux commodités de la ville où sont nos bureaux. Nous y passons les mois de printemps et d'automne, pendant lesquels nous donnons des chasses au faisan.

Nous y avons établi aussi un atelier d'artiste, comme à Amalienborg, où nous occupons quelques loisirs, ma femme à peindre, moi à modeler ou à ciseler des bronzes coulés d'après mes sculptures en glaise ou en cire.

L'emploi du temps de la Reine, méthodiquement planifié, ne semble pas lui peser. Moi, le manque d'improvisation me navre ! Elle trouve, grâce à ce méthodisme, des espaces de temps libre pour exercer ses dons pour les arts graphiques. Elle les exprime avec succès dans la peinture, le dessin, la décoration et même la broderie. Ses productions variées bénéficient à la nation car elle les expose ou les offre à des œuvres charitables. Des divertissements ou des ballets ont été mis en scène et décorés par elle.

Chez mon épouse, le sens du devoir est prioritaire. Sa fonction prime sur sa personne. Je ne saurais critiquer cette primauté. Souvent, elle érigerait même des barrières à ses désirs par crainte d'enfreindre des règles imaginaires. Son intuition suppléant sa sagesse, son jugement est sain sans être définitif. Sa loyauté envers les gens comme envers sa fonction est irréprochable.

A nos premières rencontres, je voyais en cette jeune fille un diamant brut que le temps polirait. Incertaine de ses capacités, elle craignait d'assumer sa charge sans un homme loyal à ses côtés. Mais rien n'est impossible à deux personnes liées par la même volonté. Elle, de son côté, n'a pas lésiné à alléger mon bât. Si je n'étais pas marié avec elle, je la couronnerais championne des épouses attentionnées et modèles. Je ne l'ai jamais vue capricieuse ; pour moi, c'est tranquillisant !

Evidemment, le désordre qui encombre son salon privé où bobines de fil, vieux journaux, papiers crêpés et toiles à peindre traînent sur le parquet, m'indispose parfois. En bien des cas, sa logique me semble différente de la mienne, ce qui agrémente les sujets importants que nous disséquons ensemble. Les points de vue de l'autre, même quand ils divergent, finissent toujours par être acceptés s'ils paraissent les plus sages. Agréer, même avec regret, une opinion contraire, ne nous rebute pas si c'est la meilleure décision. « Ce n'est pas d'être en désaccord avec toi qui me chiffonne, c'est que tu aies raison », me lance-t-elle souvent.

Nous partageons ensemble beaucoup de centres d'intérêt. Entre autres, l'attrait pour la lecture et les littératures étrangères, qui nous amena, en 1981, à traduire un ouvrage de Simone de Beauvoir. Notre choix est né de la curiosité de mon épouse, qui désirait se familiariser avec la littérature française contemporaine. Je lui ai prêté *Tous les hommes sont mortels*, écrit en 1945. Fresque historique sur le thème du Juif errant, où les péripéties font vivre le lecteur dans plusieurs siècles, car le héros est frappé de la malédiction d'être immortel. Après avoir relu l'ouvrage, elle essaya de transposer quelques phrases en danois et désira le traduire en entier avec moi.

Ce travail, entrepris comme un exercice plus sentimental que linguistique, débuta sans que nous pensions à sa publication. La traduction, en nous familiarisant avec les subtilités de la langue du conjoint, nous perfectionnait aussi dans nos langues maternelles respectives. Nous prenions grande joie à nous croire philologues. Nous y passâmes de longues soirées d'hiver et même des journées de rhume printanier, alités dans notre chambre, à Fredensborg comme à Caïx. La traduction a rencontré un certain succès, à notre grande satisfaction. Nous regrettons de n'avoir pu renouveler cette expérience enrichissante.

Bien sûr, quelques aires secrètes n'appartiennent qu'à nous. L'étalage n'est pas de notre goût. Sur le plan gouvernemental en tout cas, la Reine garde un domaine protégé où je ne pénètre pas à moins qu'elle n'en émette le souhait.

Un chef d'État féminin dispose peut-être d'un pragmatisme et d'une prudence plus développés, deux qualités inhérentes aux femmes, auxquelles on prête aussi sérénité et dignité. C'est pourquoi je ne rechigne pas à lui demander conseil et aval, si je suis incertain de propos qui doivent être rendus officiels. Parfois, elle a ajouté du miel à mes déclarations.

Dès le changement de règne, la religion a été pour elle un réconfort puissant et une source d'inspiration. Surpris par cette tournure, j'en ressentis vite la profondeur. « L'aide de Dieu... » faisait partie de la devise qu'elle avait choisie. En ce domaine il m'était malaisé de partager avec elle une foi dont je ne suis pas sûr.

Contrairement à beaucoup d'enfants, je n'ai pas connu de crise de religiosité. Communion solennelle, confirmation furent les glorieuses étapes de mon éducation religieuse, ponctuée des prières quotidiennes et des messes dominicales. Vers treize ans, je me révoltai et me dérobai aux unes comme aux autres. Mon père m'ordonna d'y participer quand j'habiterais à la maison.

Je trompai la vigilance parentale en allant seul à la messe de huit heures à Albas ou à Castelfranc, alors qu'on allait en famille aux grand-messes de onze heures. Mais je ne m'y montrais que cinq minutes. Je continuais à vélo dans les causses ou le long du Lot... Se doutant de mon paganisme, mon père me demandait au déjeuner de commenter l'Évangile du jour. Je me suis laissé piéger bien des fois ! Puis, prudent, je pris soin de lire Épîtres et Évangiles avant ma messe buissonnière. Je peux encore citer des passages des quatre évangélistes, mais mieux en français qu'en latin. Le problème fut résolu quand je devins pensionnaire et fus soustrait aux regards paternels. Je tins les orgues ou l'harmonium de la chapelle, et devins l'organiste de l'église du village de Prayssac pendant les vacances scolaires, fonction que mon frère Jean-Baptiste assure aujourd'hui avec talent. La musique, et non la prière, était mon offrande. Je raisonnais ma religion. Je la voulais attitude morale, sociale, et moyen de maîtriser mes pulsions et ma conduite, car c'est son propos philosophique et métaphysique qui m'intéresse. La morale pèse plus que la foi. Si la religion a été décrite comme « l'opium du peuple », je l'entends comme un baume réconfortant et calmant, même comme une injection tonique de vitamines.

De mes études orientales, demeure le sentiment que les bouddhismes vietnamiens et chinois révèlent une foi plus rigoureuse et moins sentimentale que celle exprimée dans les cultures bouddhiques voisines. Probablement est-ce dû à l'interférence confucianiste et taoïste.

Le panthéisme des anciennes religions ou de l'hindouisme me charme parce qu'il personnalise les forces que l'homme ne maîtrise pas en des divinités multiples : de l'amour, des moissons, de la pluie, de la discorde... C'est son côté poétique que j'apprécie, quand il attribue à des divinités la forme et la faillibilité des hommes en plus de leurs pouvoirs surnaturels.

L'homme a besoin de sacré comme de miraculeux. Bien que déconsidérés de nos jours, même par des théologiens, les miracles me semblent la manifestation naturelle d'une foi profonde et inébranlable. Certainement subjectifs et peut-être explicables par la science, ils restent miraculeux pour qui les voit ainsi, mais ils évitent les incroyants...

Le sacré est aussi une qualité subjective. Rites, tabous, idoles, dieux, décrétés sacrés pour les uns, sont dénués de sens pour ceux qui n'adhèrent pas à la croyance ambiante ou aux coutumes du groupe.

Le sacré me semble un concept nécessaire à l'esprit humain pour dresser et maintenir droite une échelle de valeurs. Pour moi, il est la sublimation du moral.

Bien que je ne m'y prête pas, la pratique de la contemplation m'impressionne par son exercice de réflexion et par la tension spirituelle qu'elle requiert. C'est son aspect intellectuel que j'admire.

Il en va de même pour la prière. Elle élève, avec la même force que la réflexion méditative. Toutes deux, elles nettoient et libèrent l'esprit.

La foi est certainement un don et une grâce. Apport

de sérénité, elle est un support et même un adjuvant pour la paix intérieure. Elle est passée à côté de moi.

Indifférent à la crainte d'un Dieu clément ou punitif, il m'appert sans raison de lui apporter ma soumission. Individu responsable de mes choix bien qu'incertain de leurs résultats, le ciel n'y prend pas part.

Pourquoi sommes-nous sur terre ? Que se passe-t-il après la mort ? Pourquoi l'homme ? Accident dans une chaîne de vie ? Heureux ceux qui ont la chance d'avoir la foi qui apporte des certitudes et l'avantage d'une consolation ! Aux questions que je me pose, aucune réponse n'est satisfaisante.

Si « Dieu n'est autre part que partout » comme l'écrivait Gide dans *Les Nourritures terrestres*, pour qui y est-il ? Tout esprit espère participer à une vie divine, mais je refuse l'orgueil de croire que Dieu veut de moi ou qu'il me suit d'un œil bienveillant et intéressé. Même si la construction de l'univers observable semble logique, elle dépasse mon entendement. Qui expliquera le pourquoi des galaxies ? Le sens de la voie lactée ? Répondre : « la volonté insondable de Dieu » ne me satisfait point.

Les théories de Lamarck, Darwin et autres évolutionnistes me semblent logiques. L'*homo sapiens sapiens* actuel, issu de la bête, passé par l'*homo erectus* puis *habilis*, puis... règne maintenant en toute majesté. Le crâne de Lucy trouvé au Kenya et la mâchoire d'hominidé du Tchad repoussent nos ancêtres à quatre millions d'années.

Pourquoi alors ne sommes-nous pas encore un produit fini ? Accordons que l'éternité d'un créateur lui rende insensible la fuite du temps : d'où et depuis quand viennent notre conscience religieuse et notre âme ?

Un créateur omnipotent peut-il accepter la disparition d'espèces marines et terrestres créées par lui, y compris une pléthore de dinosaures au tertiaire, et d'autres animaux à notre époque, sans perdre la justification de sa création ?

Étaient-elles à l'essai ?

Quid de l'espèce humaine non assurée d'habiter pour longtemps la terre ? Sommes-nous aussi à l'essai ?

Qu'ils croient ou non à la résurrection, qu'ils acceptent ou refusent Dieu, beaucoup invoquent l'intervention de la providence, la force du destin... Mais qui peut se targuer de les avoir influencés ou même d'en être les jouets ? Pour moi, le destin est une construction journalière, élevée par chacun suivant son choix de matériaux, décisions personnelles et progressives, prises parmi les options offertes. Comme je désire un bâtiment solide, je choisis des briques qui me semblent bonnes, j'écarte les mauvaises.

En raison du scepticisme et des mérites que j'accorde à toute religion, un cas de conscience s'est présenté à moi lors de mes fiançailles. Mon épouse serait appelée un jour à être « chef » de la religion nationale, le luthéranisme. Catholicisme et luthéranisme, branches du christianisme, ont certains rites similaires alors que les dogmes diffèrent. Dieu est le même. Le dilemme taraudait ma conscience : loyauté envers ma propre famille ou envers mon nouveau pays ; prépondérance à notre couple dont l'unité et la solidarité personnifieraient la nation.

On ne change pas de religion comme de chemise, suivant l'humeur ou le temps. Toutefois, je pris la décision de me convertir au luthéranisme. J'étudiai les dogmes, les canons et les expressions du luthéranisme avec le chapelain du Roi : une simple déclaration officielle me fit adhérer à cette religion. Je la fis avec une conscience sereine, en tenant compte que 97 % de la population danoise y appartenaient. *Cujus regio, ejus religio.*

De France surtout, vinrent de vives critiques émises par des commentateurs dont la ferveur religieuse ou l'assiduité aux offices étaient douteuses. On voulait raviver les logomachies et les discordes engendrées lors des guerres de religion qui ont ensanglanté l'Europe au XVIe siècle et ruiné les pays comme les âmes.

La Navarre, d'où est issue ma famille, fut déclarée royaume protestant au XVIe siècle par la Reine Jeanne III d'Albret. Quelle zizanie ne sema-t-elle pas en enclavant son royaume réformé entre les deux grands royaumes catholiques de la chrétienté, la France et l'Espagne !

Au plus violent de ces guerres religieuses, des Monpezat comme des Laborde passèrent du catholicisme au protestantisme et inversement. Les ancêtres de ma grand-mère paternelle étaient luthériens. Historiques antécédents et ascendants à décharge !

Il y a quelques années, ma sœur Catherine ressentit les appels de la vocation religieuse. Mon père s'en réjouit. Ma mère en devint malade et s'y opposa. Trois de ses enfants avaient déjà rejoint Dieu, un quatrième vivait à l'étranger, voilà qu'une cinquième voulait épouser Dieu et quitter vivante le monde ! Le luthérien conseilla à sa sœur d'affirmer sa vocation, persuada sa mère de laisser sa fille renoncer à la vie laïque et de ne pas perturber un appel divin pour de simples égoïsmes familiaux. En remerciement, « Sœur Catherine » gentiment me taquine : « Toi, l'hérétique, je te sauverai malgré toi. »

Des ruines romantiques ou des châteaux construits sur d'anciens monastères attestent que la vie monacale fleurit au Danemark jusqu'à la Réforme qui l'a supprimée.

Nous n'avons pas eu depuis ce temps de relations officielles avec le Vatican. Cependant après une visite d'État au président d'Italie en 1977, nous avons rendu visite au pape Paul VI comme le font les chefs d'État protestants.

L'établissement de relations diplomatiques entre le Danemark et le Saint-Siège était déjà au programme. Depuis la Réforme, les deux États ne se reconnaissaient pas. De nos entretiens avec Paul VI il ressortait une fermeté discrète, une profonde finesse d'esprit exprimée avec prudence. Le pape Jean-Paul II, grand voyageur, décida de se rendre dans les pays scandinaves en juin 1989. Nous l'avons reçu ici lorsque la reconnaissance des deux États fut une décision officielle. Nous eûmes de longs entretiens avec Jean-Paul II où les problèmes de nos sociétés contemporaines, de la religion à la génétique, furent évoqués. Sa gravité, la profondeur de sa pensée, son humour et une manière de cerner le tour d'une question en l'expliquant sous différents points de vue montraient l'envergure de sa réflexion. Peu de sujets d'actualité demeurent étrangers au Pape qui semble intéressé par tous. Viendra un jour où l'on reconnaîtra peut-être que son action et son rayonnement ont initié et accéléré la désintégration de régimes communistes athées. Le programme prévoyait un quart d'heure de conversation et nous devisâmes trois quarts d'heures !

N'étant pas un zélateur de mes idées, on ne me trouvera guère démonstratif à étaler mes doutes. Aussi, à nos enfants, avons-nous inculqué des principes religieux sans contrainte, dans une ligne stricte de confession luthérienne. Les problèmes métaphysiques ne les effleurent que légèrement, du moins n'en parlent-ils pas. Ils semblent moins religieux que leur mère avec laquelle je cause parfois de théologie. La tiédeur religieuse actuelle est une tendance générale et commune à l'Europe. Parallèlement, l'œcuménisme tend à atténuer les divergences entre les croyances religieuses.

Est-ce pour ces raisons que beaucoup se tournent vers des croyances de substitution ? Les sectes religieuses fleurissent en nombre ici comme en France.

Chapitre 10

Allées et parterres

Février. Paris. Le Prince fait escale dans la capitale. Son secrétariat m'a fait parvenir un fax me demandant si je pourrais me rendre à l'ambassade pour le voir. J'arrive avenue Marceau dans un immeuble moderne qui tranche singulièrement avec l'environnement de cette belle avenue haussmanienne, proche de l'Arc-de-Triomphe. Un ascenseur me conduit à la résidence de l'ambassadeur située au sommet de l'immeuble. De hautes baies s'ouvrent sur les jardins environnants et sur l'avenue. Le mélange de meubles anciens dans ce décor contemporain donne à l'ensemble une chaleur et une harmonie charmantes. Règne une certaine agitation car même si le Prince séjourne fréquemment en France, sa présence dans l'ambassade rompt le quotidien de l'ambassadeur qui a fait déployer sur la façade un grand drapeau danois — il couvre presque deux étages de l'immeuble — pour indiquer la présence du Prince Consort.

Henrik de Danemark arrive de Cahors par le train. J'imaginais que le Prince voyageait dans des avions privés, entouré de collaborateurs affairés comme le font nos responsables français.

Pour ne pas déranger inutilement, lorsque la représentativité du Danemark n'est pas impliquée, il renoue avec la simplicité d'une existence tranquille. Presque ordinaire. Comme des millions de voyageurs, il prend son train.

Le Prince aime aussi prendre son temps. On ne l'imagine pas courir, s'affoler, se presser. Les princes n'ont pas de retard à rattraper. Toujours souriant et courtois, il y a un peu de François-Joseph en lui, quand le puissant empereur d'Autriche et roi de Hongrie étonnait en s'effaçant dans un couloir de la Hofburg pour laisser passer une dame...

Les fonctions officielles ne donnent pas le droit d'être insupportable. C'est dans cet esprit qu'Henrik de Danemark sert son pays. Quand la Princesse héritière devint à la mort de son père la Reine de Danemark, Henrik dut inventer un rôle de Prince Consort qu'aucune constitution au monde n'a jamais défini.

Exister sans pour autant gêner la Reine, se tenir à ses côtés sans pour autant être réduit à « inaugurer les chrysanthèmes », fut le but à atteindre. Il donne de ce second rôle, près de vingt-cinq ans plus tard, une définition qui ne manque ni de drôlerie, ni d'avenir, ni de modernité.

*

L'appellation de Prince Consort, bien que consacrée par plusieurs exemples historiques et actuels, peut être définie comme une anomalie qui rend un ménage royal comparable à celui formé par une union morganatique. C'est une innovation moderne.

Au cours de l'histoire, nombre de femmes ont hérité sceptre et couronne de leur pays. Leur époux devenait naturellement un roi consort. Dans les royaumes de l'antiquité, en Asie Mineure, Égypte, Navarre, Naples, Écosse... même en Espagne au siècle dernier, la pratique était courante. Égalité des sexes et des situations ? En Europe, l'Angleterre la première a initié une pratique différente, suivie depuis. La Reine Anne, au XVIIIe siècle, n'avait pas créé roi son mari le Prince Georges. Il était Danois, c'est vrai ! Plus tard la Reine Victoria, soucieuse de son opinion publique, ne réussit pas à faire proclamer son mari, le prince allemand Albert de Saxe-Cobourg-Gotha, Roi Consort. Crainte de germanisation trop flagrante du trône anglais ?

Chez nous, la Reine Margrethe Ire a régné au XIVe siècle au nom de son fils mineur. Veuve, elle a réuni les trois royaumes nordiques : Suède, Norvège et Danemark. Entre elle et Margrethe II, vingt rois se succédèrent.

C'est donc à moi, premier cas dans l'histoire du Danemark, de délimiter un rôle nouveau de Prince Consort : je l'entends comme un soutien, un conseiller, un associé.

L'imagination populaire, influencée par l'inégalité *de facto* d'un tel couple, voit dans un prince consort une ombre souvent inconsistante. Une silhouette vouée à l'humilité ; une figure falote destinée à glisser discrètement trois pas derrière la reine. Comme une royauté féminine emprunte son modèle à une ruche, elle ne laisse qu'une seule place dans l'organisation hiérarchique et non deux comme dans une monarchie masculine. L'inconscient des peuples fait présumer que l'époux qui va vivre chez sa femme demeurera toujours un intrus. Le symbole de l'union matrimoniale est le rapt de l'épouse par le mari, qui l'installe chez lui dans un nouveau foyer.

Par tempérament, j'ai décidé de ne pas être simple spectateur de la vie... ou de celle de mon épouse. Si je ne donnais pas d'épaisseur au rôle de second rang dévolu par la pratique, je serais bien maigre ! En cultivant l'art de l'équilibriste qui oscille sur un fil il faut se garder d'empiéter sur les territoires aux limites non définies de son épouse. Ne pas chercher le vedettariat afin de ne pas gêner ou porter ombrage au patron. Se dépenser sans limite pour justifier son rôle d'adjoint. J'ai dit naguère qu'être Prince Consort exigeait une sensibilité de sismographe sous un cuir de rhinocéros ;

être coriace, mais ressentir le moindre tressaillement. S'attendre à être la cible préférée de tout chasseur de tête. L'intrus mâle est celui qu'on attaque allégrement. Le Prince Consort doit naviguer à travers tout écueil, déjouer les embûches semées avec malice, éviter les peaux de bananes. Il doit même se méfier des filets que des facétieux retirent de préférence pendant son saut ! Tout crédit va au chef, tout débit au second. Le mari d'une reine est un colonel à titre définitif aux ordres du général : sa femme. Au pire, l'imagerie sarcastique nous décrit comme un toutou trottinant derrière, quelquefois en laisse, faisant le beau pour un susucre, surtout silencieusement ; il est grondé à la moindre incartade. Au mieux, on nous voit comme un aide de camp irresponsable, alternant entre claquer les talons ou être envoyé aux arrêts de rigueur. « Sois sage et pas de bêtise »...

On doit apprendre à taire sa susceptibilité comme lorsqu'on est confronté à des maladresses où le manque de tact devient insolence. Tel le jour où l'ambassadeur d'un pays, auquel nous venions de rendre ensemble une visite officielle, me demande, suave, à notre retour :

« La Reine est-elle satisfaite de son voyage et de l'accueil réservé par mes compatriotes ?

— Demandez à l'aide de camp de service, ai-je rétorqué à l'Excellence, puisque vous semblez croire que moi, le mari, j'étais avec les bagages. » L'ambassadeur, sans avoir compris sa bévue, fut interloqué. Ou comme une hôtesse à qui j'adresse un bouquet avant son dîner et qui le fait admirer devant moi à ses invités avec des « Regardez comme les fleurs que la Reine m'a envoyées sont belles ! » Ou bien après avoir dégusté mon vin de Caïx : « La Reine produira-t-elle un aussi bon vin cette année ? »

Dans l'œil du public nous n'avons pas d'existence

propre, car nous ne sommes définis qu'à travers notre moitié : « Un Tel, mari de la Reine... » Reflet en ombre chinoise de mon épouse, je trouve passionnant de donner de la consistance à l'ombre. Quelle satisfaction de se rendre utile et efficace ! Quelle joie d'y réussir ! Quelle fierté si nos actions sont reconnues ! Quelle sérénité si le succès est considéré comme un résultat d'équipe et si une part de gratitude tombe dans chaque poche ! Surtout quel réconfort quand l'épouse s'ingénie à gommer les différences et emploie des trésors de tact à arrondir les angles — comme la mienne. Ce simple inventaire ne m'obsède pas et ne fera jamais de moi un prince aigri. Ces frustrations ne m'ont jamais blessé. On n'y peut rien changer. Ainsi est mon destin. C'est de bon cœur que je l'accepte.

Nombre d'hommes unis à une femme investie de hautes responsabilités ne sont pas empêchés d'en exercer de leur côté et de trouver une justification professionnelle en dehors de leur femme. Les princes consorts doivent abandonner leur carrière précédente.

Quel soulagement quand, en 1984, douze ans après le changement de règne, une existence officielle et comptabilisée me fut reconnue par l'administration, en m'accordant un apanage ! Jusque-là, mon dévouement à la cause du pays m'avait mobilisé. Mais on semblait ignorer mon désir d'exister, la joie de me rendre utile. A cinquante ans, le besoin de ne plus avoir à tendre la main à mon épouse pour acheter mes cigarettes me lancinait. Certes, rien ne me manquait, mais je ne gérais pas mon propre budget. Une telle irrationalité n'avait jamais été évoquée. Personne n'avait osé la soulever, sinon moi auprès de mon épouse. Profitant d'une « interviou » télévisée à l'occasion de mon anniversaire, je posai le problème, en faisant remarquer que tout couple danois dont mari et femme travaillent reçoit un double salaire. Seule exception, celui des souverains !

Le bien-fondé de ma revendication eut le mérite d'attirer l'attention du Premier ministre de l'époque, qui s'empressa de régler l'affaire avec l'accord spontané du Parlement. S'agissant d'une rémunération à l'échelon national, cette décision ne pouvait être prise en cachette. La mesure ne suscita d'ailleurs aucune critique dans la population et encore moins dans la presse, qui s'en fit un large écho.

Le Prince Philip de Grande-Bretagne, le Prince Claus des Pays-Bas et moi, trois Consorts au monde et voisins en Europe, atteignons un quota suffisant pour fonder un syndicat. Mais quelles seraient nos revendications et qui les écouterait ? Je ne me suis pas enfermé comme le ver à soie dans un douillet cocon. Aménagé à ma guise, je le tisse constamment et m'y trouve bien. Il renferme des douceurs, des émerveillements, des privilèges rares et précieux. Le moindre n'étant pas la profusion d'attentions prodiguées par ma femme. Je suis un homme heureux.

J'ai délimité mes sphères d'intérêt avec prudence afin qu'elles n'empiètent pas sur celles de mon épouse. On les lui attribue toutes, quelles qu'elles soient : les rôles masculins, les féminins, les fonctions de chef d'État et celles habituellement dévolues à son épouse. A la périphérie restent pour moi, entre autres, voyages dans les provinces et à l'étranger, conférences internationales, aides caritatives. Délégué de la Croix-Rouge avant le décès de Frederik IX, j'ai d'emblée participé aux actions humanitaires dans les pays frappés par les désastres. J'ai accompagné des délégations économiques danoises à l'étranger, initié des rencontres au niveau international, inauguré de grandes foires où notre présence était importante. Super-représentant de la nation danoise, ce rôle me passionne et ne me lasse pas. Pour la protection de la faune et de la flore menacée j'ai, en 1972, établi l'antenne du WWF au Danemark. Une autre croisade pour la préservation de l'héritage architectural européen a sollicité mon énergie. On m'a offert la présidence d'Europa Nostra, organisation européenne de protection du patrimoine.

Sur le plan privé, les requêtes et les sollicitations qu'on m'adresse sont relatives à mes goûts connus. D'origine française il est compréhensible que les relations culturelles franco-danoises trouvent chez moi une oreille complaisante. Expositions d'art, échanges musicaux, octroi de bourses, études universitaires. Ma position me procure de grandes disponibilités et libertés de mouvements. Voyageant plus librement que la souveraine, j'évite de mettre en branle l'appareil officiel. Nouer des contacts plus libres, inspirer une initiative, insuffler une idée sans solliciter la caution de l'Etat m'est plus aisé. Mon ambition : être constamment à la disposition de mon pays ; ma fierté : le servir au mieux de mes possibilités ; mon effort, vivre pour la nation.

Le trait national le plus admiré de maints visiteurs après un court séjour ici est notre sens civique, une qualité enracinée qui s'exprime par un respect profond envers l'État, son chef et ses institutions.

Cette disposition ne nous empêche pas de dégonfler systématiquement par une plaisanterie quiconque nous paraît trop imbu de sa personne. Nous n'irions cependant pas jusqu'à trouver spirituel, mais ô combien dénigrant, de traiter notre pays de figure géométrique. A la différence des Français, nous n'avons donc pas d'architectes, de sportifs ni d'écrivains « hexagonaux ». Entendra-t-on un jour les Espagnols traiter Vélasquez et Goya de peintres trapézoïdaux, et les Portugais qualifier Camoens de poète rectangulaire ?

Nos cinq millions et demi d'habitants forment une communauté homogène et un ensemble solide. Notre nation n'est pas constituée d'un conglomérat de tribus historiques (on peut dire peuples) comme d'autres pays européens. Pourtant des dialectes existent mais leur originalité est d'avoir une prononciation encore plus inarticulée que la langue mère. Symbole et aïeul du clan des Danois, notre drapeau a un nom propre, le Dannebrog, et nous le hissons à heure précise pour toute fête privée ou officielle. Il frémit d'aise devant ce témoignage d'affection et de la joie d'être toujours l'invité d'honneur. Nous lançons constamment des « cocoricos » en rouge et blanc qui sonnent aussi clair que les tricolores, et qu'on entend d'aussi loin. Nationalistes et solidaires par le cœur, nous nous plaisons à vanter notre nation et à clamer son excellence à tous les vents et sur tous les continents. Ces rumeurs étant supposées justifiées et véridiques, nous prouvons ainsi qu'un petit pays sait faire autant de bruit qu'un grand. N'est-ce pas un exploit ?

Nous acceptons avec plus de patience qu'un Gaulois chevelu les entraves à notre individualisme. Persuadés que c'est pour notre bien qu'on établit des règles, nous hésitons à les enfreindre puisqu'elles sont émises pour tous. Cela nous retient de râler.

L'indiscipline, sanctionnée par la réprobation populaire, est appuyée de commérages moraux, qui pourraient aller jusqu'à la joie sournoise de la délation. L'harmonieux fonctionnement de la *Res publica* est trop souhaité pour qu'il ne reçoive pas une attention méticuleuse. Envers lui, pas d'indiscipline. Ce qui incite les feux de la circulation à donner des leçons de conduite aux piétons : ils lambinent à changer de couleur, laissent poireauter des foules pensives aux croisements, et les retiennent de traverser même si aucun véhicule ou cycliste ne se pointe à l'horizon. Avouerai-je que ces feux ne m'inspirent guère une attention soutenue ?

Notre joie de vivre profondément fervente nous rend

gais et faciles de contact. Si notre art de vivre ne pousse pas jusqu'à l'hédonisme, c'est qu'un tel effort serait trop astreignant et deviendrait suspect. Nous en ressentirions une mauvaise conscience et ouvririons les vannes aux critiques. Nous favorisons donc la modération en tout.

Les vagues successives d'envahisseurs qui ont déferlé sur le reste de l'Europe ne se sont quasiment jamais installées chez nous. Elles nous ont rarement effleurés, même par ricochet, comme si nos attraits et nos délices n'avaient su les retenir ; décision bien sûr déplorable pour leur bien-être ! Nous accueillons l'étranger avec force démonstration d'amitié. S'il désire travailler, nous le dénommons travailleur-invité et non travailleur-immigré, ainsi il ne se croit pas indispensable.

D'ailleurs, si, au bout d'un laps de temps, notre intérêt pour lui disparait, nous prétextons de nos habitudes historiques et insulaires pour justifier la tiédeur de notre bienveillance à son égard. « L'invité est comme le poisson, il sent mauvais après trois jours », dit le dicton. Quand l'invité se pointe chez nous, on le serre sur son cœur. Trois jours plus tard, il sonne à nouveau à la porte. Ô surprise ! qu'embrasse-t-on ? un poisson, avec ou sans odeur. Si j'appliquais la même métaphore à l'égard d'un Français, j'observerais que ce dernier contemple d'abord l'invité comme il regarde un bassin de carpes. L'une sautille, l'autre est tachetée, celle-ci est vive, celle-là grosse. A trois jours de là, il se décide à en pêcher une dans son épuisette. Ô surprise, ses mains étreignent un ami, peut-être solide.

L'insolite dérange nos habitudes et dégonfle notre curiosité. Car nous sommes sceptiques et critiques. Nous n'aimons pas être déçus. Pour éviter des malentendus, tout Danois s'accroche à une mentalité de maîtresse d'école ou de directeur de conscience. Sa mission est d'enseigner à l'impétrant le meilleur comportement, la ligne d'action idéale. Les étrangers que ce prosélytisme irrite ne savent pas ce qu'ils perdent en ignorant nos conseils !

Là où le Français croit toujours tenir prête une solution idéale avec son « Y-a-qu'à... », le Danois suggère un modèle universel : « Au Danemark, nous... »

C'est un avantage car, grâce à cette autosatisfaction et cette confiance en nos capacités, nous nous retenons de grogner, même contre le climat. De plus elles nous rendent excellents exportateurs de nos produits et contributeurs d'une balance commerciale positive.

Notre sous-sol et notre sol peu prolixes nous ont entraînés à être économes. Nous regardons donc avec suspicion les ambitieux qui amassent une fortune, toujours méprisables. Nous les ignorons ou leur faisons l'honneur de les dénigrer à moins qu'ils ne fassent fortune à l'étranger et qu'ils l'y cachent. Le doute nous permet d'être ironiques avec ferveur, mais toujours avec cœur et de ne pas tomber dans le sarcasme. La crainte des lazzis nous retient de glisser dans l'originalité qui, au pire, si elle devenait excentricité, serait détestée.

C'est pourquoi la surenchère des Latins nous est incompréhensible : nous aimons les repères exacts et l'exagération méridionale nous déstabilise.

Français et Danois ont de tout temps entretenu des liens d'amitié solides : deux pays d'Europe qui ne se sont jamais déclaré la guerre ! Notre alliance avec Napoléon nous a coûté cher, entre autres la perte de notre flotte, coulée par les Anglais en 1807, puis celle de la Norvège attribuée à la Suède au Congrès de Vienne. Les contacts franco-danois fructueux aux siècles passés ont permis à la culture française de rayonner au Danemark comme dans toute l'Europe. On allait puiser son inspiration à Paris et le goût français était établi dans tous les domaines. Après la Deuxième Guerre mondiale, des artistes danois ont continué à s'installer à Paris. Mais le rayonnement culturel allant de pair avec la puissance économique, ce sont les États-Unis qui de nos jours étendent leur cape sur nos mœurs. Le Danemark, bien que imprégné de culture germano-anglaise, affirme avec vigueur sa propre culture dans une communauté scandinave. Nous invoquons constamment cette exception scandinave, en négligeant souvent de reconnaître l'exception latine lorsqu'elle s'oppose à nous ou au monde anglo-saxon. Le Danemark accepte difficilement que la France, appuyée culturellement sur ses trois sœurs latines des péninsules ibérique et italique, se révèle moins enthousiaste à subir l'influence américaine bien accueillie en Europe du Nord. Un Danois trouvera un Français imbu de sa culture et rebelle à l'anglosaxisation ambiante. Il le trouvera entêté à défendre sa latinité comme si elle était une tare. En contrepartie, le Français trouvera le Danois trop anglosaxisé et trop admiratif du monde anglo-saxon. Il revendiquera la nécessité des différences de cultures et prônera sa spécificité, trait que le Danois justement lui reproche. Se manifeste ici une méfiance ironique envers tout Latin qui déroute par son essence légère, et qui agace par des réactions dissimilaires aux nôtres. Les valeurs appréciées sous les chaleurs du Sud ne revêtent pas forcément la même intensité dans les brouillards nordiques. Ici on cherchera à se fondre dans une grisaille anonyme, là-bas on usera de son imagination pour être différent de son compatriote. Le Méridional imite pour justifier son admiration, le Nordique imite et dénigre son admiration. L'un snobe en regardant vers le haut, l'autre vers le bas.

Nos artistes et intellectuels ne répugnent pas à courir à l'étranger trouver une reconnaissance officielle. Hier comme aujourd'hui, des cieux plus vastes permettent d'étaler des ailes plus ouvertes, soutenues quelquefois par la renommée. La créativité déploie mieux ses impulsions lorsque les cercles et les chapelles ne se limitent pas à un territoire restreint. Que dire si l'envie, la jalousie, la mesquinerie s'en mêlent ! Jadis aller étudier à Rome ou à Paris permettait d'en revenir peut-être célèbre, ou d'espérer le devenir. Le sculpteur Thorvalsen vécut trente ans à Rome au début du siècle dernier, en faisant la fierté de ses compatriotes malgré son absence du Danemark. Quand il revint, il fut couvert de lauriers. Nul ne songea à gloser comme souvent maintenant : « mondialement connu... à Copenhague ! »

Notre *vox populi* incertaine de son goût et catégorique sur ce qu'elle aime tend à juguler les initiatives. Elle a inspiré notre célèbre « Table des lois », celle de Jante, nom d'un village fictif, et coupe les ailes à beaucoup. Écrite il y a un demi-siècle par un Danois dégoûté de la mesquinerie ambiante, son premier article stipule : « Ne crois pas que tu es quelqu'un. » Un autre : « Ne crois pas que tu seras jamais meilleur que les autres », ainsi de suite sur un ton désabusé et cinglant.

Mais les qualités et les défauts de notre mentalité de village n'iront jamais, à l'échelon national, jusqu'à l'extrême. Notre tempérament garde toujours le juste milieu jusque dans l'ironie et même dans l'envie. Cette mesure nous conduit à nous affirmer champions de la modestie, mais prière de ne pas croire un brin en notre réserve affichée !...

Ceux qui s'installent ici s'adaptent avec joie et sont acceptés de même après avoir réussi les épreuves de l'examen. Peu ont envie de nous quitter ensuite.

Une longue tradition libérale nous fait honnir toute discipline rigoureuse, qu'elle vienne de l'école ou de l'église. La vigueur de la liberté d'expression a permis à la démocratie de se manifester avec succès, et nous vaut d'être reconnus comme un modèle.

Une solide tradition protestante a toujours favorisé la recherche d'accord et d'harmonie entre dirigeants et dirigés. Ainsi avons-nous évité la tendance centralisatrice qui entraîne à diriger d'une main ferme sous le prétexte du rayonnement de l'État et du bien théorique des dirigés, qu'on se plie aux lois ou qu'on s'amuse à les contourner. C'est pourquoi nous donnons au monde l'impression de participer à la construction de l'Union européenne avec scepticisme, prudence et quelques réserves... Une totale adhésion serait plutôt acquise comme procurant un billet d'entrée pour nous propulser sur une plus grande scène internationale ; un tremplin permettant de plonger avec d'autres champions dans la piscine olympique. Un projet commun grandiose, idéaliste où tous les membres affirmeraient une identité européenne, concrétisée par une diplomatie, une défense, une monnaie commune, agréées par tous, paraît suspect. Comme nous postulons que les forces actuelles demeurent bipolaires, axées sur les deux grandes puissances traditionnelles, États-Unis et Russie bien diminuée, les autres États, y compris le Danemark, ne peuvent que graviter sur une même orbite. Il nous est difficile d'accepter que les différentes nations d'Europe puissent avoir une influence et une gravitation différentes.

Chapitre 11

Fables d'hôtes

De la Bible nous vient la description de la visite que la Reine de Saba rendit à Salomon. Elle inspire les fastes déployés aux déplacements d'un chef d'État. Initiée par la curiosité envers un collègue, cette coutume révèle en même temps le désir d'étaler sa puissance et sa magnificence. Tout voyage officiel, avec sa dose d'émotion, offre des moments d'anthologie aux historiens. Personne n'oublie le luxe étalé aux rencontres entre rois de France, d'Espagne ou d'Angleterre, dont le camp du Drap d'Or, en 1520, fut le parangon.

Les visites d'État subirent une éclipse durant les siècles d'absolutisme. Elles reprirent au siècle dernier lorsque l'utilisation de la vapeur facilita les déplacements par bateau et par chemin de fer.

Le déplacement des rois au XIXe siècle donnait l'occasion de fêtes somptueuses et de suites magnifiques et permettait de renouer les liens entre familles et entre nations.

Des ententes plus ou moins cordiales, des accords de bonne foi plus ou moins sincères s'élaboraient afin de souligner la puissance des uns ou la dépendance des autres. On ne dédaignait pas non plus sous-entendre, par une visite d'État, la valeur attachée à des pays moins puissants mais essentiels à l'équilibre de l'Europe. A la fin du dernier siècle s'établit une coutume : un nouveau souverain rend visite à ses collègues par ordre de séniorité et ceux-ci, plus tard, lui retournent son geste.

Lorsqu'en 1898 l'Empereur de Russie Nicolas II vient accomplir en France une visite d'État, on prend soin d'apporter de Saint-Pétersbourg une vache russe qui, parquée sous haute surveillance dans les jardins de l'ambassade parisienne, approvisionne en lait le couple impérial qui craignait l'empoisonnement des belles laitières de Normandie. Caprice d'un autre temps !

Nous gardons avec amusement le souvenir récent d'un président qui amena avec lui une cargaison de poulets cuits à son goût. Au bout de trois jours, leur odeur nauséabonde révéla son appréhension de la gastronomie danoise.

Le transport par avion des limousines blindées du président des États-Unis forge la légende de prestigieuses équipées semblables aux anciennes. Les cortèges officiels lancés dans les rues à vive allure, gyrophares aveuglants et sirènes hurlantes, rappellent en images accélérées les rutilants équipages d'antan. Aujourd'hui pourtant, les voyages officiels ont perdu un brin de leur magie au profit de leur utilité. La tradition de la visite d'État, à la mécanique immuable et pourtant adaptable, épuise et passionne souvent ceux qu'elle met en scène selon des règles exigeantes.

Régnant depuis vingt-cinq ans, nous nous y plions avec enthousiasme et sourire. Revues militaires, dépôts de couronnes et de décorations, soirées d'opéra, discours, rien n'est épargné des deux côtés. Les visites de crèches et les déploiements de produits industriels sont intercalés de repas somptueux, ponctués de discours et arrosés de coupes de champagne ou de substituts nationaux. Tout cet apparat sous les gerbes de fleurs, les crépitements des caméras et les éblouissements des projecteurs.

Souvent la presse met en doute les raisons valables de telles visites... Pourtant journalistes et photographes ne se plaignent pas de participer à de beaux déplacements qui conservent leur signification symbolique. En favorisant et en entretenant les liens amicaux, ils ouvrent des perspectives d'échanges fructueux.

Pour entreprendre une visite, on peut s'annoncer ou être invité. Avec l'accord des gouvernements, nos chancelleries bâtissent un projet. Les suggestions tiennent compte des goûts et des souhaits de chacun. Aujourd'hui, ces visites n'excèdent pas trois jours. On peut les prolonger par une visite privée hors de l'appareil officiel.

Le ministre des Affaires étrangères nous accompagne. Sa présence garantit la communauté de vues du chef d'État et du gouvernement. Ses entretiens bilatéraux avec ses collègues établissent les lignes directrices des relations entre les deux pays. Notre suite compte des dignitaires de la Cour, dames d'honneur et aides de camp, et des serviteurs du Palais.

Afin de couvrir un champ plus vaste, notre programme est souvent divisé, pour permettre à la Reine de remplir ses obligations de chef d'État. De mon côté, je suis souvent invité à participer à des colloques commerciaux et industriels. De plus en plus souvent une délégation commerciale nous accompagne pour promouvoir les échanges économiques ou industriels.

En balisant la voie, nous entretenons le climat de bonne entente et nous faisons connaître notre pays, notre culture, nos productions au pays visité, tout comme celui-ci se fait connaître chez nous. Avec une émotion nouvelle, depuis la chute de l'empire soviétique, nous avons visité des pays récemment indépendants où nous fûmes chaleureusement accueillis.

Nous nous rangeons à l'avis de notre gouvernement eu égard à l'intérêt supérieur de la nation, s'il nous demande de visiter un pays qui éveille peu de sympathie en raison de ses institutions politiques. Là où les droits de l'homme ne sont pas respectés, notre présence ne légitime pas forcément le régime en place. Il est préférable de dialoguer que de bouder. Une visite ne signifie pas forcément un acquiescement total à la politique de l'autre. Nous rendons visite à l'entité du pays et non uniquement au régime en place. Si l'on nous cèle des violations de droits de l'homme, une allusion voilée n'est pas interdite. Ni la Reine ni moi ne sommes dupes de la réalité ; nous observons bien des faits, même tus. On nous montre beaucoup, et à toute vitesse. A nous de garder notre esprit critique et les yeux ouverts.

Naguère, j'ai visité des pays communistes en privé, dans mes fonctions à la Croix-Rouge ou d'autres organismes internationaux.

Les présidents de ces États insistaient pour organiser des chasses en mon honneur dans leurs vastes réserves, sachant combien je les apprécie.

En pays communiste, la chasse réservée à la « Nomenklatura » était passe-temps sportif mais aussi réunion où se débattaient des options politiques. Le Président et de hauts fonctionnaires y participaient. Sur les terrains de réunion, des groupes dansaient, ripaillaient, criaient : « Vive le Président », « Longue vie au régime ». En Roumanie on entendait : « Vive notre conducator », « la perle de la mer Noire », « le lion des Carpates »... etc. Ces ovations pittoresques ravissaient le Président Ceaucescu grisé par sa popularité. Il affirmait avec conviction que paysans et prolétaires couraient spontanément par monts et par vaux pour lui manifester leur amour. Je m'aperçus vite qu'en tout lieu ils étaient similaires, habillés des mêmes oripeaux et foulards, et lançaient leurs vivats sur l'ordre d'un chef de chœur ! Ils étaient transportés et nourris, pour acclamer le dictateur béni d'un bout à l'autre de la Roumanie devant les étrangers. La propagande était bien rodée. On les déplaçait même par hélicoptère.

« Pour qui sont ces engins qui sifflent sur nos têtes ? » avais-je envie de lui demander ! Farder de liesses populaires les déplacements des souverains est ancien. Il existe beaucoup de Potemkine pour faire dresser dans les steppes des décors de maisons peintes, et peuplées de moujiks heureux qu'on déplace en hâte pour l'étape suivante.

Au siècle dernier, à son arrivée dans les provinces suédoises, la nouvelle Reine de Suède, Désirée Clary, épouse du premier Roi Bernadotte, fut profondément émue d'être acclamée en français par des : « Vi-ve-la-Rei-ne » enthousiastes. On avait enseigné aux Suédois à prononcer ce vivat phonétiquement avec des : « Vi vil-ha-regn » qui se traduit par : « Nous voulons la pluie », manifestation intelligente d'une propagande sympathique.

Quand j'ai visité l'Iran du temps du chah, on n'avait pas l'impression que l'Empereur souhaitait se laisser tromper ou abuser par une vérité maquillée. On ne lui fardait que peu. Le développement économique était rapide et bousculait les traditions. La société encore féodale, rurale et pastorale comportait une mince élite riche et cultivée. Le décalage entre ville et campagne était immense. Les roues entraînant ce boum économique tournaient à vive allure. D'autres rouages lents patinaient et grippaient. Le développement soudain et prodigieux n'avait pu entraîner une classe moyenne à se stabiliser et à se motiver pour son pays. Les retombées de la richesse n'étaient pas générales. Bien des mécontents qui ne participaient pas à cet essor ressassaient donc leurs rancœurs.

Le chah m'a paru soucieux et concerné par ces problèmes dont il n'était pas dupe. Les événements politiques de l'après-guerre, où il avait failli perdre son trône, l'avaient convaincu de prendre les rênes pour ne pas être un otage de l'étranger et pour insuffler lui-même l'élan des réformes. Je sentais sa dévotion patriotique et avisée pour l'Iran. De nos conversations ressortait son inébranlable volonté de placer son pays au premier rang parmi les grands, et de lui donner un rôle sur la scène internationale. Cela devait passer par une saine économie, une forte armée, une cohésion politique et une population qui le soutienne. Sa santé et une opposition subversive, peut-être mal évaluée, ne lui permirent pas de remplir ses buts, ni d'entreprendre les réformes nécessaires. De là les tragiques déroulements qui amenèrent sa chute.

Mon épouse fut la première souveraine européenne à effectuer une visite d'État en Union soviétique, en mai 1975. Le protocole russe naviguait à vue dans le brouillard. Devions-nous être traités comme des Tsars ? Logés au Kremlin nous décelâmes vite sous les ors et les brocarts des micros dissimulés. Le Président Podgorny et son entourage, dignitaires vétustes et ossifiés, nous imposèrent de longs et ennuyeux exposés exaltant les vertus et les succès du régime. Le camarade Podgorny, après un dithyrambe interminable, demande à la Reine d'exposer la politique de son pays, ses succès, ses projets d'alliance ou ses refus d'accord... La Reine, mal à l'aise, répond excédée qu'elle ne se mêlait jamais de politique et n'en parlait pas. Le ministre danois s'entretiendrait avec son collègue russe de ces points-là. Étonné, le Président rétorque avec un naturel déconcertant : « Mais alors, Majesté, que faisons-nous ici ? Pourquoi perdre tant de temps à ne rien dire d'important ? » Et il interrompt sèchement l'entretien sous l'effroi de Kossyguine et le sourire amusé de Gromyko, son chevronné ministre des Affaires étrangères.

En 1979, le gouvernement chinois nous invita également à une visite d'État et nous fûmes les premiers souverains européens à accepter. Les Chinois n'étaient pas linguistes. En dépit des interprètes, les bouches étaient scellées et les conversations guère animées aux tables où dinaient des capitalistes blancs... Dans tout banquet où la conversation se révèle ardue, on peut, en s'astreignant, trouver un thème qui fera ouvrir la bouche la mieux fermée d'un voisin ou d'une voisine. L'effort est facile si les commensales sont jeunes et jolies ! A un banquet de Pékin, j'eus enfin l'occasion d'utiliser le mandarin si péniblement appris à l'Université. L'animation subite et les rires narquois qui se déchaînèrent me firent supposer avoir exprimé des balourdises. Mais la glace se rompit : le Chinois est disert à table. A Shanghai, je dus prendre la parole devant un millier de personnes. Après avoir récusé l'interprète de danois au mitan de mon discours, je poursuivis dans la langue de Mao. Là, la banquise se fendit ! et des sourires autant de surprise que de politesse coururent dans la salle. *Gan béi !* « A votre santé ! »... Nous passâmes aussi deux jours idylliques dans la somptueuse villa de Mao Tsé-toung, un éden sur les rives fleuries du lac de Hangzhou. Il reposait dans son mausolée pékinois depuis trois ans. Son épouse, égérie de « la bande des Quatre », était sous les verrous. Installés dans leurs meubles et les pièces confortables où aucun objet n'avait été déplacé, nous couchâmes dans le lit du Grand Timonier comme s'il venait de quitter la barre. Mais sur la table de chevet, je n'ai pas trouvé de petit livre rouge.

Un voyage prévoit tout. On pourrait se lasser de ces déplacements bien préparés où l'on nous montre beaucoup en un temps record. Je trouve que c'est plutôt un privilège. Il n'y a pas d'attente, de portes fermées, ou de délais dans les transports. Si parfois de l'imprévu se glisse, c'est une épice souvent savoureuse.

Après la chute du mur de Berlin, la Pologne ayant retrouvé liberté et indépendance, le ministre de la Défense polonais m'invita à une chasse au sanglier. Devant un verre de cognac, un général me confie :

« Prince, je vais vous faire une confession. Sous le régime précédent, le Pacte de Varsovie nous obligeait, si les Russes nous en donnaient l'ordre, d'envahir le Danemark et d'occuper le Jutland. Nous connaissions sur plan le château que vous possédez au Jutland, et aurait-on décidé cette opération pendant un de vos séjours, c'est à moi que revenait la tâche de vous arrêter, la Reine et vous. »

Douce révélation ! Nous avions donc vécu pendant vingt ans comme des pions sur l'échiquier mondial, avec le sursis d'être pris en otages sur une décision du Kremlin. Ce plan autrefois « ultra-secret », il me le montra le lendemain. Conversation surréaliste devant des cartes d'état-major et explication de la stratégie soviético-polonaise pour s'emparer du pays et des souverains danois avec trente-cinq mille soldats et quelques missiles SS 21. Et nous, ensuite ? Étions-nous promis à une belle rançon ou aux mines de sel de Sibérie ?

Un de nos voyages officiels aux États-Unis s'est effectué lors de la tension dans le golfe Persique. La Maison Blanche tressaillait d'une activité fiévreuse. Le Président Bush était à la veille d'engager son pays dans le conflit iraquien. Pendant que nous buvions le café en « famille », il s'excusa de nous quitter à plusieurs reprises pour échanger des conversations téléphoniques. Il ne nous cachait pas qu'il parlait à Gorbatchev, Mitterrand, John Major... Les jeux guerriers étaient en train de se distribuer, et l'opération « Tempête du désert » de se déclencher. Quel billet précieux d'être aux premières loges et de suivre en direct la marche de l'histoire au cœur du temple où se décide la foudre ou l'arc-en-ciel !

Il y avait loin des salons de la Maison Blanche aux bunkers des déserts du Koweït. En revanche, un jour, quelques mètres seulement séparèrent nos fenêtres des canons de chars menaçants. Manière de tourner l'imprévu en spectaculaire ! Nous nous trouvions au Caire et venions de terminer un magnifique voyage officiel qui nous avait menés de la Vallée des Rois au barrage d'Assouan et au monastère de Sainte-Catherine dans le Sinaï. Au dernier jour de ce périple, des troupes mutinées dans la capitale encadrées de chars et d'automitrailleuses défilèrent sous nos balcons et les bâtiments publics proches du palais où nous résidions. Le Président Moubarak, ne pouvant encore évaluer la gravité de la situation, dépêcha des hélicoptères pour nous transporter à l'aéroport en nous priant de nous envoler au plus tôt.

Parlant d'imprévu, il sait prendre des allures de déroute comme lors du premier accueil de chef d'État chez nous, après le changement de règne. Nous recevons autant de chefs d'État que ceux à qui nous rendons visite. Le maréchal Tito fut le premier à s'annoncer. La Cour, le palais bouillonnaient à la préparation de nos festivités. Les programmes étaient imprimés, les détachements militaires sous tension, les bouquets sur leurs meubles, le banquet dressé pour cent soixante personnes. Dix-huit heures avant l'arrivée, le maréchal se décommande. Déception et abattement général. Nous eûmes à distribuer en toute hâte poissons, viandes, et entremets aux institutions avoisinantes. Le palais garda les charlottes au chocolat, qu'il mangea sans rechigner pendant trois jours.

Le sort se vengea deux années plus tard. La visite de Tito se déroula avec succès jusqu'au dîner de retour. Le Président avait choisi un restaurant réputé, proche du palais de Fredensborg. La salle se révéla trop exiguë pour le nombre de convives. La ventilation tomba en panne et la température devint insupportable. Son service de sécurité refusa d'ouvrir les fenêtres. Les serviteurs traînèrent et mirent trois heures à présenter quatre plats tièdes et insipides ; les vins yougoslaves tournèrent. Aux discours les micros se mirent à hurler. La Reine tomba en pâmoison, le maréchal en rage, Yovanka son épouse en crise de nerfs, car son mari semblait lui imputer le désastre. L'ambassadeur horrifié tenta de s'éclipser. Ce fut une défaite... mais inoubliable.

Il est certain que les visites entre souverains européens se déroulent avec des fastes rutilants mais les embrassades et les conversations intimes leur donnent un tour familial. Nous sommes tous apparentés et nous nous connaissons de longue date. Comme nous remplissons des fonctions similaires, nous sommes spectateurs impartiaux et rarement critiques. Du moins nos commentaires ne passent pas notre cercle fermé. Chacun de nous a ses manières d'agir en fonction des usages et des traditions de son pays. Nous les comparons, nous cherchons l'inspiration l'un chez l'autre, mais chacun demeure convaincu que le seul raisonnable, c'est lui.

La presse transmet souvent une image déformée de nos personnalités et de nos vies. Elle les connaît de l'extérieur par recoupements et suppositions. Elle juge les apparences, souvent superficielles et erronées, mais quelquefois elle tombe dans le mille.

D'autres portraits, dessinés en début de règne, baignent dans le flou et sont basés sur des interprétations déformées et amplifiées. Quand la presse internationale relaie des informations nationales bénignes, un fait qui semble naturel dans un pays devient parfois sensationnel et incompréhensible en passant les frontières.

Ceux qui occupent la fonction suprême pendant de nombreuses années peuvent espérer voir dessiné un portrait plus authentique et plus franc en prenant de l'âge...

Chapitre 12

Soins et sollicitudes

Paris. Ce matin-là nous parlons avec le Prince des titres à donner au livre. Le Prince en a plusieurs, dont l'un, « Brouillade aux truffes », est le plus singulier. Brouillade signifiant la variété de son destin et truffes la saveur et la noblesse.

Je lui objecte que le risque est grand de le retrouver au rayon des livres de cuisine. Nous rions et tombons d'accord sur « Destin oblige ». Puis notre conversation dure le temps d'épuiser quelques sujets qui dominent l'actualité en France.

Le Prince aime parler. Et nourrir ses conversations d'une multitude de sujets les plus divers, reflet d'une culture variée et, pour finir, immense. Ce goût pour la discussion lui vient de sa famille française. « Nous pouvons discuter des heures entre nous, et ne jamais tomber d'accord », m'avait un jour confié le Prince, évoquant la joyeuse tablée familiale du Cayrou.

Henrik de Danemark sait écouter. Mais il faut aussi savoir l'entendre. Vous voulez le faire changer d'avis ou lui faire prendre un choix différent de ce qu'il avait décidé : s'il ponctue la conversation d'un « Ah bon, vous croyez ?... », c'est généralement assez mauvais signe. Cela signifie qu'il est d'un avis diamétralement opposé au vôtre, que vous ne l'avez pas convaincu, et que, surtout, il n'envisage pas un seul instant d'en changer.

Mais le Prince, comme tout homme de culture, a l'adjectif juste. Ses arguments ne sont pas jetés en bataille, sans ordre ni raison. C'est tout l'inverse. Ils interviennent au moment adéquat, en rang serré et sonnent une charge fatale pour l'adversaire. Il ne déteste pas être contredit et se range à votre opinion si vous faites preuve d'un même professionnalisme.

On l'aura compris, à la lecture des chapitres précédents, le Prince sait ce qu'il veut, et nous savons aussi qu'il ne veut pas n'importe quoi. Sa vision du monde est celle d'un homme épris de respect pour la planète. A travers le patrimoine, la chasse, la Croix-Rouge internationale, la défense des animaux, Henrik de Danemark mène un combat pour l'homme, sa liberté et son environnement. A la place qui est la sienne, armé d'une volonté de fer, il tient tête aux idées reçues et fait un joli pied-de-nez aux vérités attendues.

★

Quand je remarque, lors de mes déplacements, l'état d'abandon ou de négligence dans lequel sont tenus de nombreux bâtiments magnifiques en Europe, mon cœur se serre.

J'ai donc trouvé attrayante la proposition qu'on me fit, en 1990, d'assumer des responsabilités au sein d'Europa Nostra. C'est une organisation non gouvernementale, créée il y a une vingtaine d'années pour préserver le patrimoine architectural européen. Elle est patronnée par le Conseil de l'Europe à Strasbourg. Je fus élu son Président en 1991. Tout pays membre du Conseil de l'Europe, qui comprend une trentaine de pays démocratiques, est affilié à Europa Nostra. Notre rôle est de distribuer des conseils, d'encourager des initiatives ou de les susciter. Colloques, assemblées, conférences, notamment dans les pays de l'Europe centrale, établissent les thèmes de travail. Nous décernons des encouragements et bien sûr des prix et des médailles.

Il est réconfortant de constater que les médias et l'opinion publique entretiennent aussi l'idée que la protection du patrimoine historique est indispensable.

Ira-t-on jusqu'à prôner la création d'une charte du patrimoine européen plus ouverte que la liste mondiale établie par l'Unesco ?

Aucun État ne peut prendre en charge la totalité bâtie de son patrimoine. Celui digne d'être préservé en Europe est colossal et les bonnes volontés privées sont donc bienvenues.

Aux États-Unis, « les villes sont dominées par les banques, en Europe, elles le sont par les cathédrales », a souligné l'archiduc Otto de Habsbourg. Cette remarque évoque une mission spirituelle. Mission depuis longtemps entreprise par diverses associations nationales efficaces, dont, à l'échelon européen, Europa Nostra est devenu le coordinateur. La chute du mur de Berlin a doublé le champ des activités en libérant aussi le patrimoine laissé longtemps à l'abandon des pays jadis communistes. Par une sélection qui glorifiait le communisme, des bâtiments officiels ou représentatifs furent l'objet de soins attentifs, mais maintes églises, châteaux, moulins, ponts... ne retenaient guère l'attention. Les priorités étaient ailleurs.

Personne ne s'est dressé contre les autorités de la DDR, satellites de Moscou, qui ont rasé les vestiges de Dresde, rescapés des bombardements, pour éradiquer les souvenirs des rois de Saxe. Par une volonté politique délibérée, sur les ruines d'anciens monuments, ont été élevées des HLM au mépris du tracé historique urbain. *Idem* pour Bucarest et des villages entiers de Roumanie que le Président Ceaucescu a rasés. Qui a contesté ces destructions ? Mais notre Europe occidentale n'est pas sans faute ! Arrivera-t-on à créer une conscience populaire pour assurer la survie des « décors » de notre civilisation ? Néanmoins, de nombreux succès ont déjà été obtenus. Déviations d'autoroutes quand elles défigurent un paysage, empêchements de constructions industrielles intempestives, comme une usine d'aluminium à Delphes, ce lieu sacré, interdiction de lotissements dans des vallées protégées, etc. Le classement de littoraux pittoresques, de rives de lacs, la reconstruction de monuments détruits par des conflits militaires, comme dans les Républiques balkaniques, sont des tâches urgentes. Et il y a pléthore !

Tous souhaiteraient léguer leur héritage architectural, dans sa dignité et son intégrité, à la génération suivante. Les jeunes seront nos légataires et notre ambition est d'œuvrer pour eux. De plus en plus nombreux ils s'intéressent à nos activités et je les vois nous rejoindre avec plaisir. Donner à Europa Nostra, organisme européen, une envergure comparable à d'autres organisations apolitiques et internationales serait une de mes aspirations car elle profiterait à l'humanité, à la nature et à l'art.

Nous ne disposons pas, hélas, de moyens pécuniaires assez étendus pour donner à notre œuvre l'envergure qu'elle mériterait. Un sponsorat plus étendu serait souhaitable et apporterait la manne nécessaire à une aide efficace.

Concentrer exclusivement l'attention sur la conservation du patrimoine ancien ne saurait faire négliger l'architecture de notre époque. Ses expressions actuelles me semblent bien timides. Les constructeurs d'un « Sans-Souci » ou d'un « Bagatelle » ne se montrent pas ou n'osent plus. Peu de gouvernants et encore moins de particuliers se risquent à insuffler à l'architecture une expression grandiose, même majestueuse, pourtant facilitée par les moyens colossaux dont nous disposons. L'élan semble en veilleuse.

Des pays neufs d'Asie et des Amériques, quelques monarchies riches comme le Brunei, l'Arabie Saoudite, le Koweït, construisent cependant grand et beau. Certains se lancent dans des travaux pharaoniques, ajoutant à un maigre patrimoine ancien des témoignages imposants de leur opulence. La force de la foi et l'affirmation d'une religion se sont matérialisées récemment dans la pierre et le béton. Simultanément se sont élevés à Yamoussoukro, Rabat et Hongkong, des édifices colossaux attestant la vigueur locale des trois religions concernées, le christianisme, l'islam et le bouddhisme.

Des métropoles, et Paris plus que toute autre, se sont dotées ces dernières décennies de bâtiments grandioses. S'étale en France, comme un axe triomphal, la perspective du Louvre initiée par Le Nôtre, prolongée au cours des siècles par les chefs d'État successifs, et couronnée avec éclat à la Défense sous le Président Mitterrand, avec l'Arche de Schprekelsen. Encore trente lieues pour la tirer jusqu'à la mer !

Toutes les époques ont voulu aménager des décors anciens avec des structures modernes. Même un urbanisme incommode et vétuste devient attrayant par de savantes innovations. Haussmann a fait des ravages mais le bien-fondé de ses travaux ne peut être contesté. La cour du Louvre n'a pas perdu de sa splendeur quand elle enserre une pyramide de verre élégante. Sa majesté demeurera avec ou sans et elle soulèvera une constante admiration. Des inclusions savantes comme des aménagements audacieux mettent en valeur des monuments dégradés ou désuets. Mais gardons-nous d'aller jusqu'à modifier un monument pour faire seulement sensation ou par prétention à l'avant-garde. L'œil est attiré par les nouveautés mais un ajout n'est pas forcément admirable parce que nouveau.

Le sens esthétique ne peut être galvaudé et assaisonné de douteuses réclames comme pour une incitation à la grande consommation. Il est une des expressions de l'excellence du goût, et doit le rester.

Toute vie a sa logique et je n'aurais déployé autant d'enthousiasme pour la cause des pierres si celle des hommes et des animaux ne m'avait auparavant préoccupé.

Dès 1969 l'œuvre de la Croix-Rouge m'a occupé avec ardeur comme coordinateur entre notre croix-rouge nationale et le comité international à Genève. Les Danois sont généreux. Ouvrant volontiers leur bourse aux aides humanitaires nationales comme mondiales, ils permettent à nos institutions caritatives d'être très actives. Nos interventions sont donc appréciées.

D'intéressantes conférences internationales m'ont fait voyager en de nombreux pays. Mes activités me menaient surtout dans ceux frappés par des catastrophes naturelles, par des guérillas intestines ou des conflits désastreux. J'ai vu de nombreux pays ravagés, Soudan, Bangladesh... des provinces décimées par des tremblements de terre, Mexique Roumanie, des populations soumises à la famine ou à des épidémies brutales. En sillonnant ces pays avec des Jeeps et des hélicoptères, les dégâts que les hommes s'infligent entre eux ou que la nature leur impose s'étalaient devant moi. Mais mon œil enregistrait aussi la fragilité de la nature et l'agression perpétrée sur elle par les humains.

Ces déprédations m'incitèrent dès 1972 à établir au Danemark une section du WWF international à l'instigation du Prince Bernard des Pays-Bas, son premier Président, pour la protection de la nature.

Zoologues, ornithologues, forestiers, industriels, mécènes se sont joints de grand cœur à ma croisade. Collectes de fonds, dons, cotisations, héritages, campagnes d'information, permettent de financer des projets danois aussi bien qu'internationaux coordonnés par la direction siégeant en Suisse.

A notre instigation fut établi le plus grand parc naturel du monde au nord-est du Groenland, dans un territoire aussi vaste que la France, qui abrite des ours polaires, phoques, morses, bœufs musqués, aigles et oiseaux de mer. Ces arpents glacés déclarés désormais vierges et protégés recèlent une faune arctique vigoureuse et rare. Au Danemark, dans de moindres réserves, des loutres, des sauvagines, des hérons et des aigles reviennent vivre en paix pour le plaisir des amateurs de la nature. Grâce à l'intérêt populaire les problèmes d'écologie ont été soulevés à temps alors que les politiciens n'en parlaient guère encore. Si nous arrivons à canaliser les déprédations et la négligence des humains, la nature conservera peut-être des droits.

La découverte au Viêt-nam d'un cervidé inconnu, le Vung Tao, m'a rempli d'espoir. On ignore peut-être encore l'existence d'autres animaux dans le monde. Mais pour quelques espèces nouvelles dont notre patrimoine s'enrichit, combien en perdons-nous chaque année ?

Le sauvetage du tigre du Bengale est à compter parmi les succès du WWF. Son avenir est pourtant menacé par le rétrécissement de ses territoires de chasse et d'habitat. Le destin de l'éléphant d'Afrique est incertain, si on compte garder le pachyderme à l'état sauvage. Ses territoires de pâturage diminuent et il accomplira peut-être son destin dans des parcs naturels contrôlés. Les campagnes en faveur du rhinocéros de Sumatra à une corne et de ses cousins d'Afrique à deux cornes, victimes des croyances aux vertus aphrodisiaques de leur ornement, seront-elles efficaces ? Pauvres animaux condamnés à mourir pour satisfaire l'ambition érotique masculine !

La préservation de la faune africaine, tâche qui nous concerne tous, n'aura de succès que lorsque nous aurons convaincu les Africains des bienfaits d'une telle croisade pour eux. Nous devons leur en laisser la gloire et les bénéfices tout en rétablissant à leur profit des droits nouveaux sur les territoires anciennement vierges. Le sauvetage d'espèces menacées a été surtout présenté comme une nécessité pour la distraction et le tourisme des Blancs. Nous avons oublié que les populations locales en ont pris de tout temps un soin discret en négligeant d'exploiter ces terrains, garde-manger naturels et terrains de chasse nécessaires à leur survie. Le braconnage, coutume autorisée, et le carnage, acte inconnu, maintenaient ces vastes territoires en réserve de chasse communautaire. Ils étaient considérés comme don des dieux et bienfait pour l'alimentation commune.

Je suis allé observer lors d'un voyage au Rwanda, en 1978, des gorilles dans leurs forêts vierges. Victimes de bandits avides, une famille entière est sacrifiée pour la capture d'un bébé revendu ensuite à un parc zoologique. L'espèce, gravement menacée, risque de disparaître. Honte pour l'humanité.

En Chine, j'ai pu vadrouiller, dans les montagnes intouchées du Sichuan, près de Guan Xian, à 2 000 mètres d'altitude, sur les pentes orientales des contreforts himalayens. Là, dans des forêts de bambous, de rhododendrons sauvages, où les bruines continuelles font ruisseler des rideaux de lianes, j'ai bivouaqué quelques jours au milieu de pandas sauvages que nous avons pris pour logo. Cet « ours » paresseux se nourrit exclusivement de bambou et se trouve ainsi dépendant de son cycle de croissance. Le bambou meurt en fleurissant, et comme la floraison se produit dans une forêt entière simultanément, tous les soixante ans environ le panda perd sa subsistance. Autre malheur : la sexualité restreinte de l'animal si indolent que ni le mâle ni la femelle ne pense jamais « à ça ». Comment enrayer son extinction ? Voilà une espèce qui court à sa perte sans que l'homme soit mis en cause ! Avec l'aide du WWF, le gouvernement chinois a établi sur ces montagnes intouchées un laboratoire d'étude doublé d'une clinique de reproduction par insémination artificielle. Les résultats sont, hélas, peu probants. Après mes observations, j'eus le temps de jouer et de m'ébattre avec ces nounours de taille humaine, dans leur environnement spectaculaire. Ce fut inoubliable. Les tribus locales, qui vivent surtout de chasse et de cueillette, mentionnaient aussi la présence en ces lieux sauvages de l'abominable Yéti. Mais lui n'est pas encore inscrit sur nos listes pour la conservation de l'espèce !

Les climats, dit-on, se dégradent ou évoluent par des changements brusques et irrationnels. On ne peut en rendre l'homme responsable avec certitude. Cependant l'augmentation de la population mondiale ajoutée à la consommation d'énergie par habitant, en accroissant l'émission de gaz nocifs, entraîne certainement un effet de serre. Défi de notre fin de siècle, les gouvernements comme les particuliers doivent le prendre en compte.

La protection des forêts semble une urgence absolue. Elles constituent le réservoir d'un nombre incalculable de plantes aux vertus curatives non encore répertoriées, ainsi que d'insectes inconnus. Contrôler la déforestation des forêts tropicales, réservoirs de chlorophylle et d'eau, tout autant que des forêts primaires et naturelles en zones tempérées ou boréales, me paraît un devoir.

Régions côtières, mers ou lacs proches de zones surpeuplées, récifs de coraux, côtes bordées de palétuviers, marais, fonds marins végétaux, tous ces écosystèmes recèlent des variétés d'espèces importantes qui ne doivent pas se dégrader. Évitons de surexploiter les mers et pensons que la raréfaction de l'eau douce peut entraîner des conflits entre populations et États.

Les tensions écologiques entre pays développés et en voie de développement se sont calmées depuis la conférence de Rio. Maintenant, les débats prennent un tour mondial et deviennent constructifs. Maintenir une organisation viable sur terre est dans notre propre intérêt car nous sommes tous dépendants du même système écologique.

L'environnement, luxe de riche ? Non !... Les pays pauvres y sont autant intéressés.

Sans négliger leur développement économique, les nations industrielles ont l'obligation morale d'aider les moins nanties à entreprendre les investissements nécessaires. Le futur de la planète, donc de l'homme et de la nature, est entre nos mains. Ne nous comportons pas comme si la terre était réservée à l'homme seul. Je ne peux l'imaginer sans la multitude des créatures qui ont aussi leurs droits. La croissance démographique, qu'il est temps de contrôler, est une menace imminente.

Souvent mon intérêt pour la défense des animaux est considéré comme contradictoire avec mon goût pour la chasse. Les deux sont loin d'être incompatibles.

Tout chasseur s'intéresse aux mœurs, à la santé et au maintien des animaux dans un environnement sain afin qu'ils s'épanouissent... et soient chassés ! Les prélèvements qu'il opère sont nécessaires à l'équilibre du gibier. Moissonner, élaguer le surplus, maintenir les cycles de reproduction correspond à l'éthique de la chasse. Cervidés et sangliers s'abâtardissent vite s'ils vivent en surnombre. Beaucoup d'idéalistes voulant interdire toute forme de chasse oublient que la conséquence en serait le surpeuplement et la dégénérescence. Maintenir un équilibre dans la nature est fondamental. Un vrai chasseur respecte les animaux, sélectionne son gibier, prend en compte l'âge, le sexe, la rareté et la taille. Rares sont ceux qui cherchent à tuer pour tuer.

Où réside l'hypocrisie ou le conflit moral à être chasseur et protecteur ? Les traditions millénaires de la chasse coulent dans nos veines. Elles immergent l'homme dans les cycles lents de la nature, du moins en ce qui me concerne, et me lient intimement à son mutisme expressif.

L'instinct du chasseur comme l'instinct érotique, héritage génétique, est essentiel à notre psychisme, à condition d'être libéré sans excès.

Les copieux tableaux de chasse et records du siècle dernier ne sont plus recherchés ni appréciés. Chasser doit rester un art rural attaché à l'art de vivre campagnard. Une vague méconnaissance des citadins envers les ruraux crée souvent une opposition psychologique à la chasse. Il serait sain que cette tendance fût raisonnée et non impulsive.

Si je suivais mon choix, il m'entraînerait à partir à cheval, solitaire ou en compagnie réduite, à travers landes et forêts, et j'associerais les plaisirs du cavalier à ceux du chasseur. Le temps et mes talents le permettraient-ils, je pratiquerais la chasse sous ses formes séculaires, à mon goût fort attrayantes : le tir à l'arc, pourquoi pas le javelot ou l'arbalète ? en tout cas la vénerie et la fauconnerie. Un fusil entre mes mains souligne trop pour ma conscience l'inégalité entre la proie et moi.

La chasse à l'arc, réglementée de nos jours, demande un entraînement constant qui m'en exclut. Je n'ai plus la force physique et la concentration nécessaires. La fauconnerie, pratiquement disparue en Scandinavie, n'a jamais été autant pratiquée qu'en Europe méridionale ou dans le monde arabe actuel. C'est un art exigeant.

Quant à la vénerie, la configuration du pays, le rétrécissement des domaines forestiers et l'opinion publique ne la favorisent pas ici. Les rares équipages danois ont disparu à la fin du siècle dernier et la chasse à courre est désormais interdite.

Nos Rois danois ne furent jamais réputés comme veneurs passionnés sauf Christian VI et la Reine Sophie-Magdeleine (1730-1746). Des monarques antérieurs avaient déjà modelé, pour la chasse à courre, trois forêts royales proches de la capitale, plantées d'essences utiles, tracées d'allées cailloutées et dessinées d'étoiles. Le château de Fredensborg est situé entre deux de ces forêts. Maintenant randonneurs et promeneurs en profitent. L'abondant cheptel de cervidés, contrôlé par les forestiers, nous permet même d'en envoyer des exemplaires pour repeupler des forêts européennes et même néo-zélandaises. Les meilleures têtes de cerf et de daims que je tire se rangent parmi les plus grands trophées du monde et m'ont souvent mis en compétition provocante avec les présidents d'Europe centrale.

La vénerie, que je ne pratique qu'à de rares intervalles, m'a toujours émerveillé, avant même que j'en découvre toutes les subtilités. Elle est un art qui appartient à Diane depuis toujours et où de nombreuses muses se sont donné rendez-vous. L'Histoire, la Poésie, la Musique, la Comédie, la Tragédie, la Danse, voilà déjà une majorité ! Elles apparaissent toutes au cours de la chasse. Celle-ci requiert aussi que les cinq sens restent aiguisés ; montrer des dons subtils, une passion sans détour, une éthique noble, tout autant qu'une endurance résolue est nécessaire. C'est un divertissement astreignant pour la seule satisfaction de l'homme, qui ne s'y trouve plus despote ou seul récipiendaire égoïste du plaisir, mais simplement chef d'orchestre. Les grands rôles sont tenus par les chiens et les chevaux. Le héros, la vedette qu'on courre, doit adapter son allure et ses mouvements aux réflexes des autres acteurs, comme un musicien jouant un concerto avec orchestre.

Se trouve dans la chasse à courre la trame d'une tragédie classique et, puisqu'elle est surtout pratiquée en France, des tragédies cornéliennes par leur noblesse, et raciniennes par la poésie. Prologue, exposition dévoilent le complot, qui se dénoue dans l'apothéose d'un hallali et d'une curée poignants. Quel pathos tout au long ! On entend dire que ses formes sont désuètes. Pourrait-on en changer les règles sans lui enlever son essence et détruire l'unité d'une construction magnifiée et polie par tant de siècles ?

Tradition bien ancrée dans certaines provinces qui s'y prêtent par leur géographie et leurs forêts, les codes et la logique de la vénerie ouvrent quand même une porte sur l'improvisation. La dénommer cruelle ne lui est pas particulier. Toute chasse est cruelle. L'homme utilisera toujours sa supériorité cérébrale à développer des inventions ultra-meurtrières afin de s'emparer d'une proie qui n'a que sa ruse et son endurance comme défense.

Les traditions de la vénerie sont si belles qu'elles intéressent bien d'autres personnes que les veneurs actifs : forestiers, éleveurs, artisans qui perpétuent des métiers en voie de disparition. Elle passionne les professionnels mais aussi combien de curieux et d'âmes artistes, à la recherche de rêve et de spectacle, ou en fuite devant le vacarme et l'agitation citadine.

En Angleterre, je me suis diverti à suivre des équipages britanniques qui chassaient mes chers amis renards, dans les comtés de l'Ouest. Ma préférence va cependant à la magnificence déployée par la « grande vénerie », celle du cerf et du chevreuil. Chasser à courre en France ou en Belgique m'a procuré des souvenirs captivants et des moments exaltants.

Une de mes sœurs, Maurille, mère de sept enfants, connaît d'irrésistibles enchantements à courre le lièvre en Aquitaine. Elle ne répugne pas à l'occasion à être « fesse-lièvre » en le courrant à pied derrière la meute. La « petite vénerie » à mon goût moins attrayante, peut-être parce que encore plus sportive, doit cacher des subtilités que ma résistance physique et mes poumons chargés de nicotine m'empêchent d'apprécier. Je préfère la chasse du cerf ou du chevreuil, leurs lubies, leur intelligence, et mon confort rugueux sur une selle par beau ou mauvais temps.

Ne pourrait-on qualifier la vénerie de chasse écologique, puisque le mot est à la mode ? Quelle parcimonie de ne courre qu'un unique animal toute une journée et d'occuper tant de personnes, de chevaux de chiens au déroulement de l'aventure !

Que de fatigue, d'agacements, d'enthousiasme, mais quelle déception pour le veneur, quelle fierté pour l'animal si la chasse demeure en défaut ! Il me paraît flatteur pour la vénerie que des myriades de spectateurs pédestres, villageois ou citadins, viennent dans les futaies suivre avec passion ce ballet spectaculaire et s'emballent aux prouesses du chasseur comme du chassé !

Il est remarquable que la chasse à courre demeure encore pratiquée et populaire en France, malgré des oppositions comme en d'autres pays. Car ainsi se perpétueront des traditions cynégétiques qui sont un aspect notable de l'histoire des civilisations. Venue de la préhistoire, passant par les Assyriens et les Perses, la Renaissance française où elle fut codifiée, le XVIIIe siècle où elle connut son apogée, elle est encore alerte dans notre XXe siècle finissant.

Je bats souvent ma coulpe mais reste muet, hélas, sans m'insurger contre la barbarie avec laquelle nous laissons traiter les animaux de bouche. Ni la compétitivité ni la rentabilité ne justifient l'absence d'humanité et la cruauté avec laquelle nous les élevons. Si je m'impliquais activement dans ces nobles causes on risquerait d'évoquer Don Quichotte.

C'est aussi en silence que je me révolte contre les tortures infligées aux animaux dont nous nous régalerons plus tard, au cours de leur élevage, transport et abattage.

Quant aux pratiques de vivisection pourtant si nécessaires à nos recherches médicales, j'en souffre.

A notre époque surtout, entraîner son corps, le maintenir en bonne santé, sont des nécessités encouragées par la mode. Dans mon cas éliminer les calories des banquets bien arrosés est encore plus essentiel.

Hormis les promenades à cheval et les parties de tennis, les descentes à ski sont mes exercices favoris. Mais j'abandonne mon épouse quand elle part skier en Norvège. Après notre mariage, je l'ai entraînée dans les Alpes. L'année suivante, elle me persuada de partir avec elle en de longues randonnées de fond en Norvège. Sans être convaincu par l'engouement de l'autre, et après avoir renouvelé l'expérience en vain, nous nous accordons désormais des séjours individuels dans nos lieux favoris. Nos fils n'ont pas hésité sur le choix de leur père... et l'ont abandonné le jour où ils ont été plus rapides que lui.

La tradition maritime du Danemark et sa configuration géographique le rendent un pays idéal pour les sports véliques — aucun point du royaume n'est distant de plus de cinquante kilomètres d'une côte. Il n'y a guère un jour sans vent. Ces avantages m'ont immédiatement séduit et j'ai repris le flambeau sportif déployé par Christian X, régateur réputé, alors que mon beau-père réserva ses talents aux navires de la Marine Royale. Après avoir couvert mes premiers milles avec un Knarr, puis un six mètres international, un Dragon m'emmène maintenant à de nombreuses compétitions internationales, si j'arrive à être sélectionné.

Dans la compétition et la course, la vitesse, la tactique, la concentration avec cet élégant coursier essorent mes soucis et déversent dans mon esprit une douche mentale hygiénique. Mais de violents baquets d'eau salée ne manquent pas non plus !

Je retrouve des mers plus grandioses et agitées dans l'Atlantique Nord, quand le yacht royal, le *Dannebrog*, vogue vers les Féroé et le Groenland, territoires sous la couronne. À bord de cette demeure flottante nous passons des jours de détente autant que de tangage. Ce grand yacht, un des derniers construits avec les lignes élégantes des voiliers de jadis, en 1932, a été doté de nouveaux moteurs en 1982. Cabotant d'île en île dans le chapelet des Féroé couvertes de moutons, nous trouvons le temps, lorsque nos fonctions officielles sont remplies, d'observer les myriades d'oiseaux nichés dans les falaises de basalte noire qui tombent en verticales sur les rouleaux de l'Océan. Quel paradis pour les ornithologues ! D'autres années, les côtes occidentales du Groenland reçoivent notre visite. Frayant notre route entre les colossaux icebergs, quelquefois en brisant la banquise, nous naviguons près de pics enneigés hauts de mille mètres qui tombent dans l'océan. La visite du *Dannebrog*, toujours un chaleureux événement, s'accompagne d'un accueil coloré et émouvant de la famille royale. En nous permettant de remplir nos fonctions représentatives chaque croisière nous met en contact plus intime avec ce vaste et attachant pays.

Les communautés groenlandaises sont séparées

entre elles par des centaines de kilomètres que nous couvrons en bateau ou en hélicoptère. Le traîneau est réservé aux déplacements hivernaux ou à la distraction des touristes l'été.

Nous trouvons à l'occasion le temps de faire une randonnée traînés par des chiens. Ce pays spectaculaire où la survie est un prodige étourdit par sa force. Même le silence cristallin peut être angoissant. On s'enchante de crépuscules et d'aubes flamboyants, et d'un relief majestueux sans végétation. Hormis une frange côtière au sud, le pays est un désert de glace. Des glaciers rugissent en gésine et de colossaux icebergs flottent au gré des courants. Dévorés de moustiques on peut s'égarer pour pêcher un saumon ou tirer, assisté d'un chasseur réputé, un phoque dont le village se régalera.

Souvent, l'été, au soleil de minuit, les anciens psalmodient des sagas locales rythmées par un tambourin, et font oublier les piaillements des oiseaux de mer et les aboiements des chiens affamés, avant de permettre un peu de sommeil...

Voyager à la voile sous les cieux plus cléments de la Polynésie ou des Antilles me donne une joie différente, car elle est tonifiante et insouciante. J'ai accompli une fois la traversée de l'Atlantique en voilier, empruntant la route prise par Christophe Colomb de l'Espagne à Antigua : vingt jours sans tempête, porté par les alizés. Rares rencontres avec d'autres voiliers et des pétroliers majestueux, mais indifférents à notre course. Oubli du monde entre nuages et vagues ; émoi à la vue de la pollution générée par les humains et de... quelques monstres marins. Un jour de calme plat, mon humeur incite mes compagnons à plonger dans l'océan. Nager en plein Atlantique en dominant des abysses profonds de plusieurs milles me semblait procurer une excitation suprême. Mes compagnons, réticents au début, devinrent enthousiastes au bout de cinq minutes d'ébats.

Soudain, l'eau autour de moi s'agite de remous, et je sens un frôlement bizarre. Quelques secondes plus tard, pointe à la surface lisse un aileron noir élancé, puis se dessine une colline luisante. Sa masse me repousse de quelques mètres. Deux autres dos émergent comme des baudruches et s'immobilisent près de nous. Recherche de contacts amicaux même intimes entre mammifères « confiants » ? Cet accueil flegmatique nous paraît louche. Remontés prestement à bord, je suis sévèrement chahuté pour ma folle initiative. Car à la gorge blanche des monstres nous reconnaissons des orques, ces baleines carnivores réputées agressives.

Pendant cette traversée où nous prenions à tour de rôle les quarts de nuit, je tenais le cap vers le Ponant magnifiquement étoilé, sans lassitude ni ennui, presque en extase. Des bouffées de joie sublime m'emplissaient à l'idée de me dépasser et d'assumer une responsabilité solitaire malgré ma fragilité de fétu de paille perdu dans l'immensité écrasante.

De tels moments de solitude remettent l'homme à sa modeste place cernée par la puissance déterminée de l'environnement. Éloigné aussi des mesquineries quotidiennes, les promesses et les menaces semées par le destin agitent ses réflexions.

Chapitre 13

Goûtons voir si le vin...

Pâques. La France. Nous sommes assis sur la terrasse du château de Caïx. Devant nous l'harmonie d'un paysage qui commence avec des vignes, la rivière Lot, un rideau d'arbres verts et s'achève dans un horizon de collines et de clochers. Rien n'indique aux promeneurs que nous sommes dans la résidence des souverains de Danemark et il faut faire un effort pour apercevoir les discrets mouvements d'un véhicule de la gendarmerie. A Caïx la vie de Cour devient celle du cœur. Une seule obsession domine le couple royal, vivre sans règle. « On est très occupé à ne rien faire », résume la Reine. Mais le Lot apporte davantage qu'une liberté retrouvée. Ici convergent les racines françaises du Prince. Son enfance est à portée d'yeux. Ses passions, comme la vigne ou la poésie, s'imposent naturellement et son regard redevient émerveillé. L'époux de la Reine de Danemark est un gentilhomme à l'esprit ouvert, curieux de tout. Sa vision du monde est saine, conséquence d'une démarche qui ne laisse rien au hasard. Comme nous venons de le lire, la nature et sa défense, le patrimoine et son avenir, les animaux et leur survivance sont les thèmes d'une croisade que livre le Prince avec un enthousiasme prudent, un optimisme tempéré, une logique à toute épreuve : dans un monde où la politique sait utiliser le mensonge, le Prince impose sa vérité.

Ce matin-là, sur la terrasse qui domine ses souvenirs d'enfance, je découvre cette province de France qui fut la sienne et qui retient prisonnière secrètement une part de lui-même.

★

Les nombreuses pérégrinations qui m'éloignent trop souvent de mon foyer danois me font aussi regretter de ne pas profiter davantage des douceurs de la France. Je n'y viens que pour de courts séjours surtout à la campagne et le creuset culturel qu'est Paris me manque parfois.

Un des plus beaux pays du monde, dont les monuments, les paysages, l'art de vivre sont des plus variés ! Peu peuplée comparée à ses voisins, la France a encore gardé un équilibre entre nature, environnement et urbanisation. De l'Estérel à la Bretagne, des dunes de Flandre aux plages de Gascogne, des Pyrénées aux Alpes, quel parcours en pays différents ! Comment me sentir étranger en France ! Mes racines, mon enfance, sans compter connaissances et amis la rendent vivante. Mes lectures, les communications audiovisuelles me tiennent informé de son évolution.

Comme tout pays, la France change aussi, mais conserve une spécificité originale dont je suis un témoin fréquent et que l'étranger lui reproche quelquefois sans raison mais admire. Alors que la mondialisation des modes de pensée et le rouleau compresseur culturel anglo-américain semblent araser les mœurs, la France redresse la tête et affirme sa volonté de ne pas se la faire couper. Souvent on croit l'entendre crier : « Halte-là ! » Une originale diversité plutôt qu'une culture globale anonyme risquant de couler tout le monde dans un même moule lui paraît préférable. Trois cent cinquante millions de francophones dans le monde revendiquant « l'exception française », comme des hispanophones encore plus nombreux « l'exception hispanique », donnent des arguments justifiés. Cependant la France s'adapte avidement à son siècle et se prépare avec adresse aux changements nécessaires pour le XXIe siècle. L'originalité de son âme n'est pas encore perdue.

La campagne française est solide mais évolue vite et se vide. Le monde paysan se rétrécit comme une peau de chagrin. L'Europe rurale n'offrira-t-elle bientôt que du folklore pour touristes ? Dépossédée de sa force sereine par un afflux de citadins qui risquent de la vider de son suc, trouvera-t-elle une nouvelle sève ? Nombre de citadins, n'y venant que pour quelques semaines, la voudraient inchangée, romantique, apaisante. On en ignore les problèmes, les contraintes ; on s'en offusque parfois. Récemment, une fillette charmante s'étonnait que le lait commodément empaqueté dans les cartons rectangulaires du supermarché ne jaillît pas d'un robinet comme l'eau !... Pauvres vaches méconnues !

Ne souhaitant pas que nos fils se sentent touristes en France, nous avons tenu à approfondir leurs liens effectifs avec leur parenté française. A dessein d'en faire un foyer, nous avons acquis, en 1974, le domaine de Caïx, familier à mon enfance, puisqu'il est situé à quinze kilomètres du Cayrou. Coup de foudre partagé par mon épouse. La campagne lotoise n'est pas pour mes enfants un lieu de retraite ou d'ennui, mais de rencontre. Ils y convient des amis, retrouvent leurs cousins, jouissent du soleil et du bon-vivre français.

L'ancien hameau de Caïx, doté d'une église romane, se niche dans un méandre du Lot et étale ses vignobles sur les pentes de la Cévenne. Pour restaurer son château d'importants travaux furent nécessaires. Une vieille demeure, il faut partir à sa découverte, sentir couler sa sève dans les murs, découvrir son âme, s'en imprégner avant d'entreprendre des remaniements importants, sinon s'accumulent les erreurs. Des documents et des pans de construction ont révélé des vestiges du XVe siècle. Aux XVIIe et XVIIIe siècles, le domaine appartint à la famille Lefranc de Pompignan, dont un membre poète et académicien est resté dans l'histoire davantage à cause de son inimitié avec Voltaire que par ses écrits. Transformé sous Louis XVI, les fenêtres Renaissance perdirent leurs meneaux et devinrent de larges et harmonieuses ouvertures. On réaménagea salles et caves, on créa des terrasses. Les quatre tours rondes oublièrent leur aspect défensif et les façades sourirent comme une demeure du siècle des Lumières. Aucun témoin de décoration ancienne ne subsistant, nous avons réaménagé l'intérieur à notre guise. Quant au vignoble, je me suis attaché depuis vingt ans à le replanter et il est maintenant dans la force de l'âge.

Dans les paysages bleutés où les causses arides se fendent de vallées étroites, l'histoire parle à travers des ruines romaines, des abbayes romanes et des églises gothiques. Quelques forteresses et châteaux crénelés attestent des querelles féodales et mouvementées de cette région, marche entre le roi de France et le comte de Toulouse, ou entre la France royale et les possessions anglaises d'Aquitaine. Le Quercy, plus tard comté ecclésiastique, échut à l'évêque de Cahors. L'architecture rurale est inventive et harmonieuse. Les maisons paysannes bâties en calcaire doré sont dotées en majorité d'un escalier extérieur et souvent accolées d'un pigeonnier. Le pays, colonisé par les Romains, déploie une saine joie de vivre et des valeurs paysannes succulentes. Le bonheur, recherche faite de simplicité, n'est pas dépendant de la fortune. Je revis ici les souvenirs chatoyants de mon enfance et j'évoque mes rêves d'adolescent. J'y jouis d'une âpreté adoucie par l'homme depuis des millénaires. Artistes décorateurs des grottes préhistoriques, bergers de moutons ou de chèvres, laboureurs élevant des murettes de pierre sèche, vignerons sarclant les coteaux, tous ont façonné la nature selon leurs besoins et leur inspiration, comme un sculpteur taille dans le marbre.

L'enfant du pays a fait plaisir en revenant s'y installer. La présence des souverains danois a provoqué une petite médiatisation de la région. Mais étant connu ici depuis longtemps, on a senti à l'acquisition de ce vignoble, qu'il ne s'agissait pas d'une distraction de gens célèbres, mais plutôt d'une vocation sérieuse. Les ceps des vignes paternelles avaient-ils prolongé leurs racines dans mon sang ? Mon attrait pour la viticulture n'était pas douteux. Nous menons ici une vie dense et insouciante, nos enfants ayant dorénavant quitté le nid. Mon épouse se régale au marché de Cahors, sur le parvis de la cathédrale, à choisir les produits locaux sur les étals débordant de victuailles appétissantes. Lieu de « convivance » chaleureuse, c'est le rendez-vous des ménagères attentives. Si j'y rencontre d'anciens camarades, on se tutoie, et je suis aussi bien Henri que Altesse, Monseigneur que « mon Prince », comme on dit « mon général ». A l'adresse de ma femme, on entend « ma Reine », aussi souvent que « Madame la comtesse » : je sais alors que mon épouse est considérée vraiment comme une Monpezat. Nos jours ici, enchantés comme dans une thébaïde, légers comme des papillons, laissent beaucoup de temps pour faire peu. De nos terrasses à l'écart du village de Luzech, dans les collines odoriférantes et les vignobles alignés, on écoute respirer la nature. Bains dans la rivière ou les ruisseaux frais des vallées adjacentes, sous les voûtes verdoyantes des vergnes ; promenades dans les causses, randonnées, canotage sont les passe-temps favoris. Et bien sûr, canicules et orages, cigales et grillons, effluves de romarin et de thym, agapes familiales, composent les ingrédients du délassement champêtre.

Sans clôture ni grille, le vignoble comme nous s'ouvre à tous les vents... Des touristes arrêtent leur voiture sur la route en contrebas, d'autres montent l'allée et, alléchés par le bon vin du cru, certains même tentent de voir si les « ours de foire » sont sur place !

On a produit du vin au hameau de Caïx de temps immémorial. Exporté en descendant la rivière Lot jusqu'à Bordeaux par des gabares, barges à fond plat, il devient tôt réputé. Le vin de Cahors a les attributs pour être un vin à la mode, car il est agréable et généreux. Le vignoble est un des plus anciens de France. Après la colonisation romaine, les Cadourques, tribu gauloise qui donna son nom à Cahors, apprirent à cultiver la vigne. Luzech, pittoresque village massé dans un isthme formé par la rivière, fut un bourg gallo-romain important. Dominé par un donjon du XIIe siècle, il est supposé être un des trois sites probables de l'ancienne Uxellodunum, le fameux oppidum gaulois que César conquit péniblement après neuf mois de siège. Lors de la reddition, l'Empereur fit couper la main droite à tous les prisonniers mâles en âge de porter les armes. Aux générations suivantes le vin de ces coteaux coula plus rouge que le sang versé au supplice. L'Empereur Probus, au IIIe siècle, dut réglementer la culture de la vigne tant elle était étendue. La rivière, coulant ici sous les murs du château, permettait un transport facile du vin à Bordeaux où on l'appelait le « vin noir » de Cahors pour sa robe sombrement pourprée. Mélangé au vin de Bordeaux, il en augmentait la robustesse. Car le bordeaux plus clair, le nom de « claret » le désigne encore en pays anglais, voyageait moins bien. Les Bordelais taxaient très cher le vin de ce « haut-pays » et, après des coupages, c'est Bordeaux qui en tirait prestige. Ces mesures et des tracasseries de commerce suscitèrent des querelles et des récriminations continuelles entre les deux provinces, qui furent enfin réglées sous

Louis XVI par le ministre Turgot. Le vin de Cahors exporté jusqu'en Russie y fut utilisé comme vin de messe. Des crus de Crimée et de Géorgie portent encore le nom de *cagorskoié vino*, vin de Cahors. Leur goût évoque celui du Rogomme, un vin cuit épicé d'ici fabriqué selon des recettes antiques. Des vignerons traditionalistes tel mon père gardent jalousement leur formule secrète et ma femme et moi, au château de Caïx, l'avons appliquée avec succès. Le phylloxéra, entre 1860 et 1880, a détruit entièrement le vignoble. Suite à ce désastre, le Quercy, dont le sol calcaire fait une province pauvre, sauf dans les vallées où toute culture réussit, s'est vidé de sa main-d'œuvre active. Au Second Empire la population lotoise était le double d'aujourd'hui. Après la deuxième guerre, un élan éclairé décida des vignerons à replanter des vignes de qualité avec des cépages anciens. Peu à peu, le vin de Cahors a retrouvé sa force, son bouquet, son tanin, et reconquis sa renommée. En 1971, le Président Pompidou a signé son reclassement en Appellation Contrôlée, mesure justifiée et acclamée qui couronnait les efforts. Le cahors est soumis à des règles rigoureuses d'encépagement pour maintenir ses caractéristiques : 75 % de plant auxerrois, appelé aussi « Cot » ou « Malbec », le reste au choix en merlot, tannat, syrah ou autres cépages.

C'est un petit vignoble : les 5 000 hectares actuels, le vingtième d'il y a cent trente ans, ne font pas une vaste appellation. Au château de Caïx, d'une production de 100 000 bouteilles environ dans les années fastes, la moitié est vendue en France, et un quart au Danemark qui se révèle un fervent connaisseur de la région et grand appréciateur de son vin.

M'occuper directement de viticulture est pour moi difficile mais, quand je suis ici, je ne me lasse pas de tout surveiller. Mon épouse me trouve même trop fébrile. La vigne, enfant à la croissance fragile, suit un cycle humain : éclatante à vingt ans, sage à quarante, vieillie à soixante. En sa compagnie fortifiante on se retrouve père, mari et amant !

Elle donne autant de soucis et d'angoisses que de motifs d'espérance et de fierté. D'aucuns croient qu'à Caïx aussi la Reine a pour mission d'être vigneron et directeur du domaine. Dieu merci, mon épouse se débarrasse avec soulagement sur mes épaules des tracas viticoles et ne songerait nullement à me priver de mon rôle. On imagine facilement combien le seigneur de ces vignes trouve de raisons de se sentir à l'aise ici !

La vinification se déroule dans le chai-vinerie ultramoderne construit récemment en souterrain.

Mon frère Jean-Baptiste, dont le domaine de Léret à Albas est trois fois la taille du mien, vigneron attitré de la famille, est un gérant précieux pour moi : culture, vinification, vente sont sous sa férule. Diplômé d'écoles d'agriculture et d'œnologie, il étudia aussi un an la viticulture dans la vallée de Napa en Californie, sans se laisser dévier par les méthodes locales. Son vin du château de Léret-Monpezat possède toutes les caractéristiques originales et, comme le mien, c'est un cahors typique. Notre voisinage et les soins qu'il prend de mon vignoble nous rendent compétitifs mais non concurrents. Un autre compétiteur, ma dernière sœur Maurille, a repris le vignoble de mon père au Cayrou. La famille se vante ainsi de produire trois crus mais en fin de compte le terroir a le dernier mot et imprime son cachet original au vin.

L'autre frère cadet, Étienne, est resté sourd aux tentateurs appels des vignes. Écrivain et journaliste, il partage son temps entre Paris et les quiétudes du Quercy, où il s'est installé dans les maquis des causses avec sa famille.

Quant à l'aînée, Françoise, lotoise depuis toujours,

elle demeure la vestale affectionnée de toute la tribu. La chaleur du foyer de mes parents a réussi ce prodige de nous assembler tous, en dépit de notre individualisme, autour du nid, à portée de leurs ailes.

Chapitre 14

Dans le jardin des muses

A quoi tient qu'un prince puisse apparaître aux yeux d'une opinion comme un personnage léger à qui seulement l'apparat et les ors de ses palais donnent du poids ? Est-ce la prudence verbale dans laquelle sa fonction l'oblige à se tenir ? Les reportages des chroniqueurs, qui se plaisent à mêler le sensationnel au dérisoire, donnant l'impression que les marques de cigarettes d'un souverain sont plus importantes que le regard qu'il pose sur le monde ?

Envers Henrik de Danemark, l'image que me renvoyait la presse s'est brisée sous le choc de nos rencontres successives. On savait le Prince Consort amateur de musique et de poésie, je l'ai découvert un grand mélomane et un vrai poète. Riche d'une culture variée, étonnamment doué, le Prince s'est révélé dans la plénitude de son humanisme.

Il vit entouré de livres, ses bureaux et salons privés en sont tapissés sur d'impressionnantes hauteurs, dictionnaires, biographies, classiques, livres d'art, catalogues d'exposition..., les bibliothèques regorgent d'ouvrages qui exhibent, comme une fière blessure, les traces de l'usage fréquent que l'on en fait.

Lorsque je dis à Henrik de Danemark, que pour compléter ses souvenirs il était important qu'il révèle dans ce livre les facettes de sa culture, je me suis heurté à de nouvelles réticences. Il lui semblait que ce pan de sa personnalité rele-

vait d'un jardin secret. Il paraissait craindre que l'on cherche à atteindre le prince en critiquant le poète ou le musicien.

Au détour d'une promenade, au cours d'un déjeuner, le temps d'un dîner, j'ai pu mesurer, à l'aune de sa conversation, l'étendue de son édifice culturel : la musique et la poésie, inséparables muses, lovées autour de sa sensibilité. Comme je lui demandais un jour d'où lui venait sa prédilection pour Ravel, le Prince me répondit : « J'aime le ton primesautier, léger, de la mélodie ravelienne, comme un soleil dans un plan d'eau qui jette des feux dans tous les sens. » Déjà, dans sa réponse, la poésie venait au secours de la musique pour tenter d'en déchiffrer l'émotion.

Henrik m'a aussi séduit par la diversité de ses goûts. Le Prince collectionne les musiques de requiem à travers les âges, reconnaît avoir succombé à la grandeur de Wagner, s'être un peu lassé de la musique « facile » de Tchaïkovski, et se laisser distraire avec sincérité par la musique de Pierre Boulez, qui « éveille et suscite la controverse ». Son éclectisme est indissociable de sa volonté de se surprendre.

J'ai eu, au cours d'un séjour à Copenhague, le privilège de lire quelques-uns de ses poèmes, ordonnés comme le parterre d'un jardin de Le Nôtre, et mélodieux comme un parc anglais où sourd parfois une nostalgie douloureuse. J'en concluai au classicisme du prince-poète. Puis, un jour, il me lut un poème totalement débridé, où les mots n'avaient un sens que par la musique qu'ils inventaient. J'étais complètement dérouté et Henrik, ravi de son effet, riait. Je me rendis compte alors que le Prince est différent de celui que l'on croit avoir saisi.

Henrik de Danemark a la passion du mot. Il semble tordre une phrase comme le marteau sur le bout de fer rougi arc-bouté sur l'enclume. Domptant l'adjectif, il jongle avec les pronoms et protège avec une religiosité parfois même excessive l'authenticité du verbe. Chez lui, le débat sur la simplification de l'orthographe tourne court. Les accents, qu'ils soient graves, aigus ou circonflexes, sont des incontournables pour ce fervent des règles grammaticales. Il ne s'autorise aucune facilité et traque la faute d'accord comme un chasseur sa proie. Le Prince bannit avec l'autorité d'un tyran tout anglicisme, et préfère utiliser un mot oublié ou l'inventer plutôt que l'emprunter à une langue étrangère ! Il méprise le « franglais » et ses utilisateurs. Sur la scène internationale, je sais qu'il est un défenseur acharné de la francophonie, il n'est pas un adepte de cette mode qui consiste à faire des discours en anglais. Il encourage l'emploi du français sans complexe. Il rejette la domination anglophone au nom du respect et de la diversité des cultures, pour que soit maintenue l'équivalence officielle de ces deux langues internationales.

⋆

Dès l'âge de cinq ans, les premiers vers ânonnés et récités en automate, tirés des sonnets de Ronsard ou des *Fables* de La Fontaine, m'ont fait pénétrer dans les béatitudes du rythme vocal. J'aimais dans ces récitations la seule musique sans savoir encore que l'ultime « art poétique » de la littérature, celui de Verlaine, « ... De la musique avant toute chose... », conforterait ce goût.

Le rythme et les sonorités me fascinent. Je les considère indissociables car la poésie, romance à paroles, est une musique sans notes, qui enchante l'inconscient tel le bercement des bras maternels dans l'enfance. Les déclamations littéraires de mon père dans mon âge tendre m'ont probablement aussi transmis l'attrait pour le bourdonnement des mots et les cadences scandées qui tanguaient au gré de son emphase théâtrale.

Adolescent, les sonorités élaborées et sophistiquées, toutefois intimes, des poètes maudits ou symbolistes allant de Baudelaire à Mallarmé, je les murmurais en y cherchant des échos envoûtants. La versification latine où les brèves tricotaient avec les longues, où les dactyles combattaient les spondées, je la trouvais fascinante avec ses codes mystérieux. En peinant sur le grec, le souffle épique d'Homère me semblait insurpassable. J'en retrouvais le ton dans tous les textes médiévaux qu'ils soient tirés du *Roman de la rose*, de *La Chanson de Roland* ou de *Perceval*... Les images fraîches et naïves, étalées en phrases rythmées essentielles au récit (aide mnémotechnique), sautillaient avec vigueur. La poésie est une quête de musique, de rythme, d'image et, bien sûr, de sentiment afin que l'harmonie parle à l'oreille comme au cœur.

La musique du mot, dont je me gargarise avec délectation à voix basse ou mieux encore à voix haute, est l'attrait souverain que je trouve au poème. Lancer le mot dans l'air, le voir éclater comme une bulle, s'amalgamer à un autre, se contracter à la proximité du voisin, frissonner, rire, pâlir devant un autre, me comble de joie.

Je me régale des mots jetés en confettis papillonnants comme le firent, par exemple, Apollinaire et Prévert : « Un duc de Guise qui se déguise en bec de gaz... » De même me charment les prosodies strictes et cocasses, babebines ou autres utilisées avec drôlerie pour des joutes de l'esprit.

Contrairement aux suppliciés qui somnolent aux homélies ou aux discours (bien sûr) soporifiques, je débranche mon attention et, en évitant de me laisser arroser de sens, j'écoute le sonore, sur lequel je brode ma tapisserie d'images. Demeurer éveillé est indispensable dans ma position !

Dans mon enfance, un autre registre de sonorités me séduisit : je lançais à cœur joie de longues philippiques incompréhensibles contre les vaches qui broutaient les betteraves du voisin ou contre mon père qui me forçait à les garder. Celles-là, je les proférais en proto-bulgare, langage imaginaire qui coulait à mesure que je me grisais de ma déclamation.

Parmi les langues que je ne parlerai jamais, le groenlandais me ravit. Les mots s'allongent démesurément selon leur fonction grammaticale dans la phrase, et les sonorités musclées et hachées conservent une musicalité caressante comme des crissements de pas sur une neige givrée.

Des divagations philologiques ont ouvert une porte qui m'a amené à composer des exercices de jonglerie sémantique où l'euphonie se mêle au farfelu. Manière de libérer son esprit ! Facéties débridées qui me font imaginer être l'initiateur d'un canular de collégien. Tantôt se déploient des historiettes sanglantes ou érotiques où je me contrains à n'utiliser que des substantifs tirés d'une famille, telle celle des mammifères, des métiers, de la botanique... Tantôt je tente, sans négliger le poétique, de rendre un écho du rap, si populaire chez les jeunes qui l'exploitent en musique. J'ose inviter à participer à mon jeu, qui peut dérouter par l'emploi exclusif de substantifs évocateurs de verbes. Ma composition, limitée à la rime, au rythme et au timbre, exclut le sens que le lecteur choisira de mettre, sage ou paillard.

Nyons, Nevers, Ninon

Sans un « ne », sans un « pas »
Je la fibule pour qu'elle carrosse
Elle bidule, je la bosse.
On clavicule, ô ses appas !
Nous paillassons et opinions...
Qu'à Dieu ne fraise que nous oignons !

Sans un « non », sans un « point »
Je la mélèze pour qu'elle sargasse
Elle falaise, et je la farce.
On s'hypothèse, ô le tintouin !
Nous guéridons et nous chignons...
Qu'à Dieu ne fraise que nous oignons !

Sans un « ni », sans « nenni »
Je la victime pour qu'elle fesse
Elle régime, je l'abbesse.
On cacochyme, ô le doux nid !
Nous esturgeons et cromagnons...
Qu'à Dieu ne fraise que nous oignons !

Envoi :
Si tu la glaises quand nous pognons
Que Dieu se fraise que nous n'oignons !

Cette attirance de jeunesse pour la caresse des mots m'amena comme tant d'autres à consoler mes états d'âme adolescents en alignant des vers qui tâtonnaient vers la mélodie. Il y a une quinzaine d'années, en rangeant des papiers, parmi de nombreuses « mirlitonnades », j'ai trouvé quelques poèmes dignes. Suppléés par de plus récents, ils ont été publiés au Danemark à compte d'auteur en 1982. A ma grande joie, ce recueil me valut d'être élu « Maître » de l'Académie des jeux floraux de Toulouse et de recevoir une médaille d'honneur de l'Académie française et de l'Académie d'Alsace.

La vie moderne fait du silence une rareté. Perpétuellement secoués, agressés, embruités, le silence est devenu pour tous luxe suprême. Pour moi un précieux souhait car la tranquillité, le détachement, la disponibilité d'esprit sont des ingrédients qui mènent à l'équanimité. L'état d'âme trouve là le terreau fécond pour qu'éclose l'inspiration. Si on arrive à la brider par une abstraction extrême, on atteint les raffinements sublimes de Li Po, le génial ivrogne chinois qui a délecté des générations de lettrés. Ou bien on obtient des haïku et des tanka japonais dans lesquels le sentiment comprimé fait régner une litote souveraine.

La musique, à mon avis sœur jumelle de la poésie, la supplée et la complète. Son absence de paroles éveille des émotions aussi suggestives qu'un poème. Si elle se sert de mots, qu'ils traduisent des romances ou des drames, elle me touche encore plus profondément parce que son instrument est la voix humaine.

Les troubadours de notre temps, chanteurs et chansonniers, égrènent des refrains évocateurs de tous les temps et accessibles à toutes les âmes. Parfois profonds, souvent nostalgiques, ils permettent à la poésie de survivre et de rester populaire. Leurs trouvailles d'humour ou de sens commun, leurs rimes faciles, éléments essentiels aux rengaines, entretiennent la gouaille de la rue autant que la plainte des cœurs et déversent un flot d'émotions âpre ou romantique. Que vive la chanson des rues !

La musique, plus qu'un divertissement, se révèle pour moi un moyen d'évasion. La pratique du piano dès ma tendre enfance a dû aiguillonner la musique qui m'a sûrement appelé à elle. Mon professeur affirmant que j'étais un enfant « prometteur » exprimait un compliment qui ne m'est jamais monté à la tête. Je jouais parce que j'aimais jouer comme frappé par un sortilège. Si j'ai pratiqué avec sérieux le piano, c'était poussé par le désir de transformer les clôtures de cinq fils barbelés où étaient posés de mornes têtes d'oiseaux, en des balustrades sur lesquelles les notes blanches et noires devenaient des hirondelles perchées qui chantaient tout le répertoire des émotions. Par l'effort, mes doigts sautaient sur les obstacles, libérant des sons qui charmaient ou cassaient mes oreilles. Alors, les notes de musique bedonnantes ou maigres, vivaces ou lentes, attelées en quadrige ou à la d'Aumont, solitaires ou grégaires, en écho ou en fanfare, éclataient au contact des autres en une phrase expressive. Feu d'artifice qui exprimait l'inexprimable, de l'abstraction à la confidence, en couvrant tous les registres du cœur.

Souvent, l'aventure musicale, péniblement soutenue, me promettait des victoires délirantes...

Les plus beaux morceaux sont évidemment, comme les poèmes, ceux qu'on a découverts par ou à côté d'une personne aimée. Avec un père qui vous amène dans sa confidence en sifflant, une mère qui caresse votre front en murmurant une comptine, un premier amour qui s'empare de votre main lors d'une envolée de Rachmaninov, une maîtresse lassante qui vous agrippe avec un Piaf... Ceux qui ressentent avec vous l'émotion exprimée par une mélodie sont des initiateurs à votre goût musical. Le charme envoûtant de la musique, comme le réconfort ensorceleur de la littérature, est d'avoir été partagé, que ce soit par une voix confidente ou par le silence prolongé d'une personne aimée. Puis comme le goût se cultive, plus tard des émois différents naissent sans l'aide d'une présence amie. Cette explosion due à la découverte personnelle remplit d'une joie tonifiante.

Le macabre et l'angélique touchent en moi des cordes sensibles et m'attirent vers la musique funèbre. Les requiem me font tressaillir, et je compare les *Dies irae*, pivots de toute messe des morts, afin d'apprécier la maîtrise et l'inspiration des compositeurs. Modèle souverain dans la musique grégorienne, sa mélopée lancinante et incantatoire a trouvé sa sublime orchestration avec Berlioz dans sa *Symphonie fantastique*.

Mais la manière des autres de traiter ce thème

sombre et éternel me révèle leur talent à évoquer la douleur et la crainte.

Il m'est difficile de définir quelle musique j'aime le plus. Encore moins d'établir une hiérarchie de compositeurs. La musique se trouve partout, dans un bruissement d'eau, un trille d'oiseau, un vent coulis à travers une vieille maison, même dans les voyages en train. Qui n'a comme moi inventé ou laissé trotter dans sa tête des fugues tenaces rythmées par les roues emballées sur les interstices des rails ?

Les gongs tonkinois, les pincements des cithares, les nasillements des flûtes ont ouvert tôt mon ouïe aux harmonies étranges. Bien des Européens y sont encore imperméables tout comme naguère les Asiatiques restaient froids à nos compositeurs occidentaux... Les goûts s'éduquent vite chez les uns comme chez les autres et la musique est devenue un langage universel. Est-ce une raison suffisante pour subir la musicomanie contemporaine ? La « musaque » permanente en avion, au téléphone, au restaurant, en salle d'attente, ne se lasse pas de caraméliser nos oreilles. On vogue de Mozart à Hallyday, de Mireille au rap, dans un flot lénifiant. Leurs talents sont évidents... quand on a envie de les écouter.

Comment se prémunir contre la rage des décibels tonitruants lâchés dans les boîtes de nuit ? L'inondation musicale engloutit l'émotion et nous nous désaccoutumons de la majesté du silence, qui devient incongru. Il effraie même. Vive le mélomane qui sait espacer astucieusement ses moments musicaux et refuser les bourdonnantes niaiseries !

Des vagabondages physiques autant que mentaux me portent souvent vers l'Extrême-Orient. Pour peu, je me sentirais asiatique. Mais non transfuge. Une culture qui a fécondé une grande partie de l'humanité, et une civilisation qui a essaimé sur un continent immense ne pouvaient éviter de m'effleurer. Bien sûr, l'art, les inventions, la philosophie sont des jardins d'émerveillement pour l'esprit.

En Chine, plusieurs millénaires de guerre et de paix ont érigé une solide pensée politique et suscité de fermes théories de gouvernement. La codification morale, l'humanisme ont défini la place de l'homme dans le cosmos mais aussi dans l'Empire et la société. État puissant et organisé, l'Empire chinois et ses successeurs ont révélé leur force hautaine avec une constance admirable depuis l'antiquité.

Le confucianisme et le taoïsme peuvent paraître des religions rivales. Les deux se superposent et se révèlent être des philosophies plus que des religions. Le code et l'éthique confucianistes enseignent à l'homme des manières de s'intégrer à la vie de l'État, de la cité, de la famille... Le taoïsme, philosophie plus personnelle, prône essentiellement un but à atteindre, trouver en soi-même et pour soi-même la voie idéale. *Tao* veut dire voie. Découvrir la voie permet de s'améliorer, et de s'exprimer dans sa totalité égocentrée. L'homme doit s'astreindre à une recherche ardue vers l'épanouissement individuel par une métaphysique et une morale strictes. Comme le confucianisme le taoïsme est une morale sociale autant que politique et inspire la connaissance de soi-même.

Deux millénaires n'ont pas empêché la vie chinoise d'être toujours imprégnée de confucianisme et de taoïsme. Leur rayonnement tourné vers le social et le politique satisfont des aspirations générales d'ordre. Si le confucianisme paraît extraverti, le taoïsme est plus introverti. Toutefois, d'autres courants sollicitent l'intellect chinois qui ne se contente pas de ces philosophies. Il y intègre surtout le bouddhisme, religion qui prêche aussi la vertu pour soi-même et la vertu comme exemple. « Après ma mort, pensez à la loi que j'ai prêchée », recommande Bouddha. En émigrant au Japon après avoir touché la Chine, le bouddhisme, faisant une synthèse avec le taoïsme, s'épanouit en « zen ».

Confucianisme et taoïsme, profondément ancrés dans l'esprit d'un Chinois, se retrouvent superposés ou présupposés à toute religion qu'il adopte, même lorsqu'il s'agit de la foi chrétienne.

Pour nous Occidentaux, la Chine puissante ou faible demeurera toujours une inconnue et une inquiétude. Elle ne peut que fasciner. De par ses institutions, ce pays dont la population représente le quart de l'humanité n'acceptera que du bout des lèvres les suggestions politiques des autres. La démocratie, meilleure forme de gouvernement à nos yeux, risque d'y n'être qu'un pieux souhait. Si la démocratie est la mieux appliquée chez nous, sa faveur est loin d'être universelle. On peut la décrire comme notre luxe car de rares gouvernements autres que les nôtres peuvent se permettre de la pratiquer. « La démocratie est la conception politique la plus éloignée de la nature », disait Bergson : on est toujours proche d'une nature imposante et puissante en Chine !

Depuis l'enfance, l'art asiatique que je n'analysais pas me côtoyait et m'entourait. En art, l'éclectisme se révèle aussi nécessaire qu'en poésie et en musique : toute œuvre harmonieuse et élégante de lignes est porteuse d'émotion esthétique, et toute civilisation a produit des chefs-d'œuvre.

L'art primitif, appelé maintenant de préférence art premier, fut pour moi une découverte faite il y a un quart de siècle lorsque je ressentis le désir de sculpter. Créer en trois dimensions chatouillait mes mains. Je commençai à modeler dans la glaise, le plâtre, la cire. Un professeur de sculpture à l'école des beaux-arts de Copenhague, Holm Olsen, fut mon mentor et m'enseigna les rudiments. Comme il était collectionneur d'art nègre, ses yeux me firent reconnaître des charmes à cet art, nouveau pour moi. Il est libéré des contraintes académiques et invente des audaces, des rythmes et des lignes de forces instinctives cachées à nos habitudes occidentales de voir. Un souffle nouveau et puissant, doué d'une autre logique et d'un autre inconscient, le porte. Une spontanéité dont le but est moins la recherche esthétique que la traduction de mythes et de concepts religieux.

Cet art rend évidente une croyance ou l'interprétation d'un culte, en utilisant l'expression d'une face humaine ou animale abstraitement ou concrètement suggérée. La plastique des corps me frappe davantage que l'expressionnisme des masques. Ces derniers, permettant de revêtir une autre personnalité, transmettent des ondes issues de la terre et des messages à la communauté. L'émotion ainsi suscitée se répand à la tribu. Le corps, toujours hiératique et doté d'une vie intense par son regard concentré vers l'intérieur, me séduit par les canons traditionnels à cet art, mais inhabituels pour nous. Les idéaux physiques d'une tribu s'y reflètent.

Peu à peu familiarisé avec ces rythmes linéaires occultes j'ai ressenti un souffle revigorant pour ma vision de l'art, qui passait parfois du surréalisme au surnaturel.

Je doute que des forces bénéfiques ou maléfiques soient encore contenues dans les sculptures de ma collection depuis longtemps rangée à Fredensborg. Cependant des invités installés dans les appartements contigus se plaignent d'entendre des bruits étranges et des craquements insolites certaines nuits. Une dame en blanc est supposée depuis longtemps roder dans les salles du château vers minuit. Mes teckels n'ont jamais reniflé de spectre mais avec crainte et réticence ils me suivent dans cette salle. Ils hérissent l'échine, aboient coléreusement à certaines statues et négligent sofas et coussins favoris pour se coucher au seuil à la porte. Une de mes chiennes, Téyé, levrette élégante du désert, tournait trois fois autour d'un fétiche du Congo, retroussait ses babines avec menace et disparaissait furieuse. Mais elle était une « pharaonne » !

De telles lignes massives et des attitudes rarement légères se retrouvent dans l'art inuit dont j'ai assemblé une collection ethnographique. La statuaire groenlandaise comme celle du Pacifique parle par suggestion. Chez elles aussi, les sens et les sentiments jouent un rôle primordial : spontanéité, délire de lignes, réalisme abrupt imposent des suggestions. Je les sens parentes des rares statuettes de la préhistoire, aux lignes plantureuses et abstraites, exhibées aussi par d'autres idoles. Un trait commun semble unir toute sculpture primitive, sa religiosité incantatoire. Pourtant familier des peintures pariétales des grottes préhistoriques de Dordogne et du Lot voisines de Caïx, une de mes plus intenses émotions artistiques, partagée aussi par mon épouse, se manifesta grâce à des connaissances ariégeoises qui nous firent pénétrer dans leurs grottes du Tuc d'Audoubert, soustraites pour raison de conservation aux yeux du public. Là, après avoir rampé sur les coudes et les genoux, dans la boue et sur les cailloux, le long d'un boyau étroit et long de centaines de mètres, nos torches illuminèrent soudain deux bisons éclatants. Façonnés dans la glaise, cachés au cœur ténébreux de la grotte, leur attitude sublime était aussi fraîche de ligne et d'expression que s'ils avaient été façonnés hier et non il y a quinze millénaires. Ces animaux en ronde bosse, cousins des cerfs et bouquetins peints sur d'autres parois, nous laissèrent pantois d'une admiration presque religieuse, car ils semblaient consacrés par leur tabernacle calcaire.

Les nombreuses fois où mes voyages pour des œuvres humanitaires ou non m'emmenèrent en Afrique, je me fondais comme sucre dans les savanes ou les forêts. Mon âme se mettait au vert et mon esprit faisait peau neuve. Oubliant mes habitudes, j'essayais d'adopter les mentalités que ces paysages ont façonnées. Le rire ou la peine, la colère ou la déception s'y montraient spontanés et dénués d'artifice.

Par des amis dakarois j'avais rencontré il y a longtemps des politiciens africains, députés ou ex-ministres de la République française, qui après l'indépendance de leurs pays, en assurèrent les destinées. Les Présidents Senghor du Sénégal et Houphouet-Boigny de Côte-d'Ivoire rehaussèrent d'une touche familière certains de mes voyages. Ce dernier étala et commenta devant moi les plans de la future capitale Yamassoucro avant même le défrichage des terrains de la brousse. La coupole de la basilique, plus vaste que Saint-Pierre de Rome, commençait déjà à s'élever sur les papiers de ce visionnaire et bâtisseur. Mais où étaient Michel-Ange et le Bernin ?

A Ouagadougou, l'Empereur des Mossis, représentant d'un Empire brillant mais évanoui, déploya en mon honneur des fêtes animées aux fastes pittoresques, dignes de récits d'explorateurs. Sa cour singulière maintenait encore vivantes des traditions d'apparat héritées d'un peuple conquérant désormais sédentaire.

Au cœur de la brousse du nord de la Côte-d'Ivoire, le Roi de l'ethnie Senoufo décida de me nommer son coadjuteur blanc. La cérémonie d'intronisation se déroula dans son bourg-capitale par un après-midi suffocant.

Mon siège distinctif, ceux de ma suite et des dignitaires locaux furent placés sous un arbre vénérable au tronc énorme orné de branches basses et supposé doté de mérites solides. La place, noire de monde, s'égayait de danses et de tam-tam. Afin de jouir d'une revigorante aération et de voir mieux les évolutions des danseurs, je priai qu'on transportât nos sièges à un endroit moins sacré mais plus éventé. Lorsque « ministres », marabouts et sorciers contresignèrent le décret, la foule se déchaîna avec des acclamations délirantes. Alors, l'arbre centenaire sous lequel nous aurions dû siéger s'écrasa dans un bruit infernal. Les plus hautes branches n'égratignèrent que mes pieds mais déchirèrent les pantalons de mes compagnons. On releva, hélas, des morts et des blessés à l'endroit précis où nos fauteuils auraient dû être placés. Le poids d'une centaine d'enfants grimpés sur les branches d'un seul côté de l'arbre l'avait fait basculer. Choqué et ému par cette catastrophe, je convins d'y voir ce qu'on m'assura être un signe de longévité pour moi et pour ma suite.

L'Afrique noire émet en mon sein un sentiment de libération physique et spirituelle. Elle m'immerge dans des espaces non égratignés, me fond dans des silences d'aube de l'humanité. Elle me laisse divaguer dans des horizons sans ingérence industrielle, assommé par des éblouissements, dévoré par des ombres qui exhalent des ondes menaçantes. Tableau romantique et idyllique, parce qu'il se déroule loin des villes ! Mais que la chance m'accorde une paillote ou une tente, voilà que se révèlent un accord mystique entre l'homme et l'environnement et une spontanéité enfantine dans les relations humaines.

Il m'est arrivé de dévier, sans désirer la décevoir, cette spontanéité touchante. Je n'ai pu résister à la joie de changer de peau et d'identité pour un jour. En voyage privé en brousse, incognito, non escorté d'officiels locaux, on ne reverrait jamais en cet endroit le Prince et sa suite. Qu'un autre soit moi était sans conséquence. Mes compagnons se prêtèrent de bon cœur à ce dessein et je déléguai au plus malicieux mon identité. Enfin ! j'allais jouer le Calife de Bagdad sans fausse barbe. Cette facétie n'avait pas pour but d'apprendre des doléances sur mon compte, mais d'observer un rôle emprunté et des conversations usurpées, comme aux fêtes des fous au Moyen Age.

Mon ami reçut de ma part du Monseigneur et de l'Altesse Royale. On lui donna les meilleurs postes d'observation, les plus confortables moyens de transport, les morceaux de choix au dîner, et après. Moi, je me régalai à étudier mon double, à l'observer évoluer et pérorer péremptoirement. Tenant le rôle de sa conscience muette et critique, j'étais accoudé de l'autre côté d'une barrière fictive où je pouvais cerner une nouvelle identité. Je fis en sorte qu'on le fasse digresser sur sa vie privée de prince, décrire sa vie officielle, mais aussi forcer ses dégoûts culinaires.

Mon substitut assuma son rôle royal avec aisance et regretta de s'en défaire si tôt.

Chapitre 15

Obligeamment vôtre

Les spectres d'une guerre planétaire ou de conflits mondiaux sinon locaux ne m'inquiètent pas outre mesure. La guerre existera toujours puisqu'elle est, hélas, un mal inhérent à l'humanité. Comment l'éradiquer sans que la paix perde son sens ? On ne peut définir une notion que grâce à l'existence de son contraire ; la beauté se réfère à la laideur, la richesse à la pauvreté, la méchanceté à la bonté... La raison d'être de l'une accorde une réalité à l'autre. Comment cerner la lumière si l'ombre n'est pas là ? Le Yin et le Yang cohabitent.

Bien des catastrophes que nombre de Cassandre nous prédisent peuvent être esquivées si nous prenons conscience de nos méfaits envers la nature et le prochain. Faisons au moins un pas vers la contrition et la prudence. L'ingéniosité et la sagesse des humains trouveront parades et remèdes sans trop d'efforts.

Mes craintes naissent davantage des changements qui déjà se manifestent dans l'âme, dans les relations entre individus, dans les métamorphoses de nos sociétés. Pour éviter un long et philosophique débat, je nommerai en vrac quelques domaines où le pire me paraît possible : une évidente confusion des valeurs spirituelles ; un flou qui entoure les problèmes moraux essentiels qu'on ne sait trancher de manière satisfaisante : euthanasie, avortement, peine de mort, disposition de ses organes. De même, une indécision lâche qui flotte autour de l'éthique et de notre spiritualité. Les progrès scientifiques éclatants des chercheurs, nous les acclamons sans restreinte par peur d'exprimer un choix moral. Les sciences médicales, avec leurs exploits admirables dans les transplantations d'organes et des chirurgies étonnantes, nous fermons l'œil sur leurs possibles déviations : manipulations génétiques, utilisation des fœtus, eugénisme. Elles risquent d'entraîner nos consciences vers une démiurgie orgueilleuse. Les conséquences de ces progrès sont encore insondées et imprécises.

La valeur accordée à l'individu risque d'être réduite jusqu'à l'irrespect pour la personne, entité primordiale déjà menacée par la suprématie du nombre souverain. Éradiquer l'individualisme porte à l'intolérance. Aux siècles dits prudes ou religieux, on taisait beaucoup et se manifestait une muette tolérance. Au nôtre, qui parle énormément, se mêle de tout, débat, discute, l'intolérance pointe sous le caquètement. La logomachie contemporaine dissimule un vide évident et une solitude poignante de l'âme. L'indifférence au prochain semble croître. Nous jacassons à tout vent, mais causons-nous simplement avec le cœur ? L'égoïsme généré par les formes nouvelles peut-être artificielles de nos sociétés m'alarme. L'égoïsme de voisinage, l'indifférence au proche, entretenus par l'illusion que l'aide à l'échelon planétaire résout aussi les misères d'à côté, se développent. Une bourse officielle qui distribue des secours célébrés par les médias calme notre conscience mais enterre la discrète générosité du cœur touchée par la détresse d'un voisin.

La mondialisation des politiques, des économies, des informations semble entraîner un vide de conscience sociale. Une mondialisation parallèle des modes de pensée nous écarte de nos sentiers familiers. Comment retrouver la tribu à laquelle nous appartenons ? Nos racines sont coupées : transferts de masse, transports de groupe, pensées réductrices, slogans universels, réflexes de troupeau ont anéanti les limites de notre pré carré. La systématisation de l'information fait craindre la tyrannie culturelle, et peut engendrer la venue d'une dictature de la pensée soumise à la loi du grand nombre. Comment évaluer les conséquences de la dégradation des valeurs traditionnelles et leur confusion, si radicalement entretenues depuis peu, sinon en stipulant que le règne de la Vulgarité est proche ?

Je crains l'homme nouveau et je crains pour l'idée que nous nous faisons de l'Homme.

Le propre du destin est de suivre les cours les plus variés. Engagé dans une carrière de diplomate, j'aurais pu être nommé... à Tonga, à Tananarive, à Copenhague et présenter mes lettres de créances à... J'aurais pu étudier la composition musicale, tant trottent dans ma tête des musiques étranges... J'aurais pu me retirer du monde pour me consacrer à des recherches fantaisistes comme la conjugaison des verbes du yunnanais archaïque... J'aurais pu courir l'aventure dans le désert de Gobi et rencontrer le Prince héritier de Danemark qui l'a sillonné et y a dressé une yourte pendant des semaines... J'aurais même pu tomber sur la Reine de Danemark en participant à des fouilles dans les ruines de Palmyre...

Mais justement le destin, évitant de me rendre sédentaire, m'a établi pour toujours dans le beau Danemark, et m'a entouré affectueusement de ceux que je viens d'imaginer en des lieux que leur destin aurait pu rendre propices à me rencontrer.

La place offerte par le destin, où j'ai atteint la sérénité, se trouve de plus réchauffée par le soutien et l'affection populaire que je ressens en toutes occasions. J'en ai été spécialement touché lors de mon soixantenaire en 1994, et lors de récents troubles de santé où a explosé avec amitié une reconnaissance sincère à mon égard.

Être fêté fait toujours plaisir. Mais quand l'hommage est rendu autant à la fonction assumée qu'à la personne qui l'incarne, le réconfort est doublement puissant. Celui qui le reçoit comprend alors que les efforts qu'il s'est donnés sont appréciés et que sa vie n'est pas vaine.

En m'accordant pleinement à mon destin, j'ai marché avec enthousiasme, et de rares détours, sur le chemin qu'il m'indiquait. Ma transhumance fructueuse, accomplie silencieuse, m'a permis de cueillir les bienfaits d'une lente mutation intérieure où je me suis séparé de certaines facettes de mon « moi » et où j'ai trouvé un « devenir » spirituel illimité. Honnête avec moi-même, je crois être loyal envers les autres. Me rappelant Socrate et son « connais-toi toi-même », j'ai tenté de ne pas me leurrer sur mes capacités et de conserver la probité attachée à mon rôle.

Si l'on se rappelle un jour que mon épouse et moi avons été des souverains humains, intéressés par notre époque, soucieux du service du pays et demeurés en symbiose avec nos concitoyens, je serai comblé. Si l'image que nous laissons dans l'histoire de notre pays est digne de l'attente de nos concitoyens ; s'ils trouvent que notre action a réussi à maintenir l'institution monarchique sans la démoder en prouvant qu'elle était une forme crédible de la démocratie, je serai serein.

En épousant mon destin, j'ai écouté mon cœur, puis vint la joie...

Il pleuvait sur la ville
le jour de mon arrivée au Danemark il y a trente ans,
et le soleil ruisselait dans mon cœur.
Il y demeure...

In Caïano meo,
juillet 1996.

LA MAISON DE DANEMARK

CHRISTIAN IX
(né 1818)
Roi de Danemark 1863-1906
X (1842) Louise, princesse de Hesse-Cassel (1817-1898)

FREDERIK VIII
(né 1843)
Roi de Danemark 1906-1912
X (1869) Louise, princesse de Suède
(1851-1926)

Alexandra
princesse de Danemark
(1844-1925)
X Edouard VII (né 1841)
Roi d'Angleterre 1901-1910

Guillaume
prince de Danemark (né 1845)
élu Roi de Grèce (1863-1913)
sous le nom de Georges Ier
X Olga, grande-duchesse de Russie
(1851-1926)
→ Maison royale de Grèce

Dagmar
princesse de Danemark
(1847-1928)
X Alexandre III (né 1845)
Tsar de Russie 1881-1894
→ Maison impériale de Russie

Thyra
princesse de Danemark (1853-1933)
X Ernest-Auguste II de Hanovre (1845-1923)
duc de Cumberland
→ postérité

Valdemar
prince de Danemark (1858-1939)
X Marie d'Orléans (1865-1909)
→ postérité

CHRISTIAN X
(né 1870)
Roi de Danemark 1912-1947
Roi d'Islande 1918-1944
X (1898) Alexandrine, grande-duchesse
de Mecklembourg-Schwerin (1879-1952)

Charles
prince de Danemark (né 1872)
Roi de Norvège sous le nom de Haakon VII 1905-1957
X (1896) Maud, princesse d'Angleterre (1869-1938)
fille d'Edouard VII et de la Reine Alexandra née princesse de Danemark
→ Maison royale de Norvège

FREDERIK IX
(né 1899)
Roi de Danemark 1947-1972
X (1935) Ingrid, princesse de Suède
(née 1910)

Knud
prince de Danemark (1900-1976)
X (1933) Caroline-Mathilde, princesse de Danemark (née 1912)

MARGRETHE II
(née 1940)
Reine de Danemark 1972
X (1967) Henri, comte de Laborde
de Monpezat,
prince Henrik de Danemark
(né 1934)

Benedikte
princesse de Danemark (née 1944)
X (1968) Richard, prince de Sayn-Wittgenstein-Berleburg (né 1934)

Anne-Marie
princesse de Danemark
(née 1946)
X (1964) Constantin II
(né 1940)
Roi de Grèce 1964-1967

Elisabeth
princesse de Danemark
(née 1935)

Ingolf
comte de Rosenborg
(né 1940)
X (1968) Inge Terney
(née 1938)

Christian
comte de Rosenborg (né 1942)
X (1971) Anne Dorte Maltoft-Nielsen
(née 1947)
→ postérité
(3 filles)

Frederik
prince héritier de Danemark
(né 1968)

Joachim
prince de Danemark
(né 1969)
X (1995) Alexandra Manley

prince Gustave
(né 1969)

princesse Alexandra
(née 1970)

princesse Nathalie
(née 1975)

princesse Alexia
(née 1965)

Paul
prince héritier, duc de Sparte
(né 1967)
X Marie-Chantal Miller
Maria Olympia (née 1996)

prince Nicolas
(né 1969)

princesse Theodora
(née 1983)

prince Philippos
(né 1986)

Cet ouvrage a été composé par
Nord Compo (Villeneuve-d'Ascq)
et imprimé par **Bussière Camedan Imprimeries**
à Saint-Amand-Montrond (Cher),

Achevé d'imprimer le 4 décembre 1996.

N° d'éditeur : 12691. N° d'impression : 1/2858.
Dépôt légal : novembre 1996.
Imprimé en France